THE CHARACTER AND
VIRTUES OF CHILDCARE TEACHERS

보육교사 인성론

최인숙 · 김혜라 · 이정현 장유진 · 채진영 · 최은정 공저

학지사

머리말

영유아가 어린이집에 다니는 시기가 빨라지고 있고, 어린이집 보육 영유아 수가 2019년 기준으로 136만 명에 이르고 있어 양질의 보육을 제도적으로 보장하는 것이 우리나라 영유아의 성장과 발달에서 핵심적인 과제가 되었다. 보육은 영유아의 건강과 전인적 발달을 목적으로 한다. 보육교사는 보육을 실행하는 주체로 영유아를 안전하게 보호하고, 영유아가 건강하게 전인적 발달을 이룰 수 있도록 중요한 역할을 수행한다. 따라서 보육교사의 자질과 역량은 보육의 질을 결정하는 가장 중요한 요인 중 하나이다.

그렇다면 좋은 보육교사는 어떤 교사일까? 이에 대해 고민하는 과정에서 이 책의 집필을 시작하게 되었다. 저마다 좋은 교사에 대한 다양한 의견을 가지고 있지만, 그중에서도 좋은 보육교사가 되기 위하여 꼭 갖추어야 할 자질과 지식 및 기술 등의 내용을 이 책에 포함시키고자 하였다. 이 책 이전에 『보육교사론』이 나온 후 3년 남짓 시간이 흐르면서 우리나라의 보육과정에서 많은 변화가 있었으나, 좋은 보육교사에 대한 관점은 여전히 유효하다. 먼저, 영유아의 성장과 발달을 지원하는 역할을 수행하는 데 있어서 보육교사가 영유아의 권리를 존중하고 현대사회의 변화에 부응하여 올바른 보육관을 확립하는 것이 필수적이다. 이에 따라 보육교사의 인성 함양을 위한 자질과 역할에 관한 내용을 다루었다. 또한 보육업무를 효과적으로 수행할 수 있는 전문적인 직무 내용과 보육전문가로서의 직업적 성장을 위한 전문적 역량 개발 내용 등을 포함시켰다. 이 외에도 이 책을 통해 현대사회의 직업인으로서 보육교사직과 직업윤리에 대한 이해를 도울 수 있도록 내용을 구성하였다.

이 책은 전체 3부로 구성되어 있는데, 제1부는 보육교사의 기초, 제2부는 보육교사의 직무수행, 제3부는 보육교사의 준비를 다루었다. 제1부 제1장에서는 현대사회의 변화에 따른 보육교사직의 변화와 보육교사라는 직업을 이해하기 위해서 우리나라 보육과 보육교사의 지위 및 역할 변화를 살펴보았다. 제2장에서는 교직으로서의 보육교사직의 특성을 살펴보고 보육교사직의 고유한 직업적 특성에 대해 다루었다. 제3장에서는 교사발달의 개념과 관련 이론을 살펴보고, 이에 영향을 미치는 요인에 대해 설명하였다. 또한 보육교사의 전문성을 발달적 관점에서 이해하고 지원방안을 소개하였다. 제4장에서는 보육을 수행하는 보육교사와 원장의 역할과 자질을 소개하였다. 특히 보육교사의 자질을 개인적 자질과 전문적 자질로 나누어 살펴보았다.

제2부 제5장에서는 표준보육과정 및 누리과정의 성립과정, 근거법과 제도를 다루었다. 또한 표준보육과정과 누리과정의 내용과 목표를 살펴보고, 표준보육과정과 누리과정의 공통점과 차이점을 이해할 수 있도록 하였다. 제6장에서는 영아보육과정의 운영을 위한 교수학습방법의 기본 원리를 표준보육과정의 지도 원리에 근거하여 살펴보고, 영아 대상 교수학습방법, 영아와의 상호작용방법 등에 대해 다루었다. 제7장에서는 유아보육과정의 운영을 위한 교수학습방법의 기본 원리를 누리과정의 지도 원리에 근거하여 살펴보았다. 또한 유아와의 상호작용방법, 교사의 역할, 유아 평가방법 등을 다루었다. 제8장에서는 보육교사의 업무에 포함되는 영유아 특성 파악에서부터 보육계획, 보육과정 환경 구성 등 보육업무 전반을 다루었다. 제9장에서는 보육교사의 근무환경에 영향을 미치는 복무규정과 업무분장 그리고 보육교사의 직무만족도 및 직무스트레스에 대해 살펴보았다. 제10장에서는 보육교사의 인간관계를 이해하기 위하여 일반적인 인간관계의 원리와 학부모, 동료교사, 원장, 지역사회 등 다양한 인간관계의 특징과 바람직한 관계 형성방법을 다루었다.

제3부 제11장에서는 보육교사 및 원장의 자격 취득과 승급을 위한 기준, 보육교사 양성 교육과정에 대해 살펴보았다. 제12장에서는 어린이집 유형을 살펴보고 예비보육교사의 보육교사 취업을 돕기 위해 채용 절차와 보육교사직 지원을 위한 자기소개서 및 면접 등의 준비방법을 다루었다. 제13장에서는 보육교사의 직업윤리와 직업윤리의 필요성을 다루었다. 더불어 보육교사의 교직윤리와 영유아의 권리, 우리나라를 포함한 세계 여러 나라의 보육종사자 윤리강령에 대해 소개하였다.

보육교사의 역할과 자질, 업무 등에 관한 내용은 이론뿐만 아니라 보육현장에서 경험할 수 있는 이슈와 연관 지어 고민해 볼 수 있도록 실제 사례를 활용한 활동과 생각해 볼 문제를 추가하였다.

보육교사를 양성하는 것은 단순히 능력 있는 보육교사를 배출하는 것이 아니다. 아이들과 교사 모두가 행복한 보육을 꿈꾸며 부단히 노력하고 있는 예비보육교사들과 현장의 보육교사들이 꿈을 이루는 데 이 책이 도움이 되기를 바란다. 아울러 행복한 보육의 실현을 위해 사회적 · 제도적 뒷받침이 같이 이루어지길 기대한다.

마지막으로 이 책의 출간을 위해 애써 주신 학지사 김진환 사장님과 관계자 및 편집부 직원 여러분께 진심으로 감사드린다.

저자 일동

차례

제2부 보육교사의 직무수행

제3부 보육교사의 준비

제1부

보육교사의 기초

제1장

현대사회의 변화와 보육교사

학습목표

1. 현대사회의 변화와 보육의 필요성을 이해한다.
2. 사회변화에 따른 보육교사의 지위 변화를 이해한다.
3. 사회변화에 따른 보육교사의 역할과 그 중요성을 이해한다.

급변하는 현대사회에서 전통적인 가족의 형태와 기능이 큰 변화를 겪고 있다. 여성의 사회진출이 급격히 증가하면서 전통적으로 가족 내에서 주 양육자의 역할을 맡아 왔던 어머니가 양육을 전담하는 데 어려움이 있으며, 가족의 형태가 핵가족화되면서 과거와 같이 친족이나 이웃의 지원으로 자녀에 대한 양육의 기능을 수행하기도 어려운 실정이다. 지금까지 가정이 해 왔던 이러한 양육의 역할을 지원하는 사회화 기관이 어린이집이다. 어린이집은 단순한 돌봄의 기능에서 더 나아가 아동의 연령에 맞는 적절한 교육을 제공하는 기능까지 담당하고 있다. 이 장에서는 보육교사라는 직업을 이해하기 위해서 우리나라 보육과 보육교사의 지위 및 역할 변화, 현대사회에서 보육의 의미를 살펴본다.

1. 보육의 정의

1) 보육의 의미

보육은 넓은 의미에서 아이를 돌보고 기르는 것이며, 좁은 의미로는 공식적으로 승인을 받은 기관에서 자격을 갖춘 성인이 부모를 대신하여 아이를 안전하게 보호하고 최적의 발달을 위하여 교육하는 것을 의미한다. 우리나라에서 보육은 부모의 양육과 보호의 역할을 보완하기 위하여 시작되었지만 점차 부모의 요구가 증가하고 아동의 권익이 증대되면서 교육의 성격이 강조되었다.

보육이 가지는 의미는 사회변화에 따라 지속적으로 변화해 왔다. 보육이 시작된 초창기에는 빈곤계층 자녀의 보호에 초점을 두고 사회복지서비스의 일환으로 사회복지관이 담당하여 보육을 실시하였다. 대체로 보육을 전담하는 전문 인력이 담당하기보다는 선교사나 자원봉사자가 부모가 일하는 동안 영유아를 맡아서 돌봐 주는 것이었다. 체계적인 서비스를 제공하기보다는 임시로 구호를 제공하는 서비스였고, 대상은 빈곤가정에 한정된 선별적 서비스였다. 이러한 의미의 보육서비스는 광복과 한국전쟁을 거치면서 오랜 시간 동안 지속되었다. 1960년대에 「아동복리법」이 제정된 이후에 보육은 법적으로 부모가 일이나 질병으로 인해 양육하여야 할 자녀를 보호할 수 없을 때 자녀를 맡아 주는 것으로 규정되었고, '탁아'라는 용어가 사용되었다. 아동의 복지를 강조하는 법안에 따라 보육이 사회복지서비스임이 천명되었음에도 불구하고 '탁아' 서비스는 기존의 보육의 의미와 크게 다르지 않았다. 이러한 경향은 1980년대에 들어서면서 변화하였다. 아동의 권리를 강조하고 교육의 기회를 균등하게 주어야 한다는 국가의 정책 추진계획에 따라 유아교육에 초점을 두고 체계적으로 운영하고자 하는 시도가 이루어졌다.

현재에 통용되는 보육의 의미가 정립된 것은 1991년 「영유아보육법」이 제정되면서부터이다. 「영유아보육법」에서는 보육을 "영유아를 건강하고 안전하게 보호·양육하고 영육아의 발달특성에 맞는 교육을 제공하는 어린이집 및 가정양육 지원에 관한 사회복지서비스"라고 정의 내리고 있다. 다시 말해, 영유아를 안전하게 보호하고 돌보며, 영유아의 발달을 최적으로 끌어올릴 수 있는 양질의 교육기회를 제공해 주는 것까지 포함하는 것이다. 또한 보육의 목적은 영유아의 심신을 보호하고 건전하게 교육하여 건강한 사회 구성원을 육성함과 아울러 보호자의 경제적·사회적 활동이 원활하게 이루어지도록 함으로써 영유아 및 가정의 복지 증진에 이바지하는 데 있다.

「영유아보육법」 발췌

[시행 2021. 8. 17.] [법률 제18415호, 2021. 8. 17., 일부개정]

제1장 총칙 〈개정 2007. 10. 17.〉

제1조(목적) 이 법은 영유아(嬰幼兒)의 심신을 보호하고 건전하게 교육하여 건강한 사회 구성원으로 육성함과 아울러 보호자의 경제적·사회적 활동이 원활하게 이루어지도록 함으로써 영유아 및 가정의 복지 증진에 이바지함을 목적으로 한다. 〈개정 2011. 8. 4.〉

[전문개정 2007. 10. 17.]

제2조(정의) 이 법에서 사용하는 용어의 뜻은 다음과 같다. 〈개정 2008. 12. 19., 2011. 6. 7.〉

1. "영유아"란 6세 미만의 취학 전 아동을 말한다.
2. "보육"이란 영유아를 건강하고 안전하게 보호·양육하고 영유아의 발달특성에 맞는 교육을 제공하는 어린이집 및 가정양육 지원에 관한 사회복지서비스를 말한다.
3. "어린이집"이란 보호자의 위탁을 받아 영유아를 보육하는 기관을 말한다.
4. "보호자"란 친권자·후견인, 그 밖의 자로서 영유아를 사실상 보호하고 있는 자를 말한다.
5. "보육교직원"이란 어린이집 영유아의 보육, 건강관리 및 보호자와의 상담, 그 밖에 어린이집의 관리·운영 등의 업무를 담당하는 자로서 어린이집의 원장 및 보육교사와 그 밖의 직원을 말한다.

[전문개정 2007. 10. 17.]

제3조(보육이념)

① 보육은 영유아의 이익을 최우선적으로 고려하여 제공되어야 한다.

② 보육은 영유아가 안전하고 쾌적한 환경에서 건강하게 성장할 수 있도록 하여야 한다.

③ 영유아는 자신이나 보호자의 성, 연령, 종교, 사회적 신분, 재산, 장애, 인종 및 출생지역 등에 따른 어떠한 종류의 차별도 받지 아니하고 보육되어야 한다. 〈개정 2011. 8. 4.〉

[전문개정 2007. 10. 17.]

제4조(책임)

① 모든 국민은 영유아를 건전하게 보육할 책임을 진다.

② 국가와 지방자치단체는 보호자와 더불어 영유아를 건전하게 보육할 책임을 지며, 이에 필요한 재원을 안정적으로 확보하도록 노력하여야 한다. 〈개정 2013. 1. 23.〉

③ 특별자치도지사·시장·군수·구청장(자치구의 구청장을 말한다. 이하 같다)은 영유아의 보육을 위한 적절한 어린이집을 확보하여야 한다. 〈개정 2011. 6. 7., 2011. 8. 4.〉

④ 국가와 지방자치단체는 보육교직원의 양성, 근로여건 개선 및 권익 보호를 위하여 노력하여야 한다. 〈신설 2015. 5. 18., 2020. 12. 29.〉

[전문개정 2007. 10. 17.]

2) 보육제도의 변화

우리나라 보육의 목적과 이념은 사회적 변화와 맞물려 변화해 왔다. 보육제도 및 보육 관련 법이 변화하는 과정을 상세히 살펴봄으로써 보육의 성격과 보육교사의 지위 및 역할에서의 변화를 확인할 수 있다.

(1) 보육의 태동기

이 시기에 아이를 돌보는 일을 담당하는 시설에는 탁아소라는 명칭이 사용되었다. 당시에 탁아라는 용어는 명확하게 개념이 정의되지 않아 일시적으로 아이를 맡기는 곳이나 부모가 없는 고아를 수용하는 시설이나 차이를 두지 않고 빈곤가정의 자녀를 보호해 주는 기능을 하는 복지시설로 분류되었다.

우리나라 최초의 보육은 빈민구제를 목적으로 1921년 우리나라 최초의 사회복지기관인 태화기독교 사회복지관의 전신인 태화여자관에서 선교사들이 주도하여 시작되었다. 선교사업의 일환으로 가정과 사회에서 가장 취약한 상황에 처해 있는 빈곤가정의 여성과 아동을 위한 모자 보건 프로그램이 실시된 것이다.

일제 강점기라는 시대적 특성으로 인해 국가가 주도하는 공적인 의미의 보육이 시

[그림 1-1] 사회복지법인 감리회 태화복지재단[유희장에서 아이들이 뛰어노는 모습(1928년)]
출처: 태화복지재단(http://www.taiwhafound.org/story/96?page=&search_type=&search_text=&postType= gallery).

작되기 이전에 자선에 목적을 둔 선교단체가 주체가 되어 보육을 담당하였다. 이 시기에 일본에서 발생한 보육운동의 영향을 받아 전국에 11개의 탁아소가 설치·운영되었고, 직장에서 운영한 탁아시설로 평양에 설치된 전매국 탁아소가 최초의 직장 탁아시설이라는 기록이 남아 있다(주정일, 1990).

광복 이후에 탁아소의 역할은 과거와 크게 달라지지 않았고, 고아나 빈곤으로 인해 요보호 상태에 있는 아동을 구제하는 역할을 그대로 수행했다. 뒤이어 발발한 한국전쟁을 거치면서 정부에서는 전쟁 이후 늘어난 고아와 빈곤가정 아동을 위해 복지 차원에서 탁아소를 복지후생시설로 규정하였다. 일을 하는 부모를 위해 자녀를 위탁받아 돌보아 주는 시설인 탁아소를 다른 복지후생시설 운영과 같은 규정 아래 두고 관리하였는데, 이 당시에 '후생시설 운영요령'에 탁아소 운영에 관한 내용을 포함하여 제시하였다.

(2) 보육의 정착기

우리나라의 보육이 관련된 법의 관할 아래 놓이게 된 것은 1961년 「아동복리법」이 제정되면서부터이다. 보육시설에 대한 내용을 법조항에 명시할 때 탁아시설이라는 명칭을 사용하여 기능과 역할의 차이를 제시하였다. 「아동복리법」에 명시한 아동복리시설에는 '보육시설'과 '탁아시설'이 있는데, '보육시설'의 수용 대상은 보호자가 없는 아동 또는 이에 준하는 아동이라고 규정한 반면에 '탁아시설'은 보호자가 근로 또는 질병 등으로 인하여 양육하여야 할 아동을 보호할 능력이 없는 경우에 자녀를 위탁해 주는 시설로 명시함으로써 현재의 보육시설의 의미와 역할에 더 가깝다고 볼 수 있다.

「아동복리법」에는 탁아시설을 포함한 전체 복리시설의 목적, 설치규정과 아동의 복리를 위한 일반적인 보호 관련 내용이 포함되어 있었지만, 탁아시설에 대한 세부규정이나 탁아를 맡은 이의 역할에 대한 구체적인 규정에 있어서는 미흡하였다. 그럼에도 불구하고 과거의 탁아소 관련 사업이 구제사업의 성격이 분명하였던 것에 비해 「아동복리법」의 제정으로 인해 아동의 복리를 증진시키는 사업으로 그 성격이 변화하였다.

(3) 보육의 확대기

「아동복리법」이 제정된 이후에 개정과 시행령이 공포되면서 보육시설의 확대를 위한 법적 기반이 마련되었는데, 시설기준과 종사자, 보호시간, 보호내용, 보호자와의 연

[그림 1-2] 부산 새마을 탁아소의 놀이 모습

출처: 국가기록원(http://theme.archives.go.kr/next/common/archWebViewer.do?bsid=200200069765&dsid=000000000003&gubun=search).

계 등에 관한 기준이 명시되었다. 점차 경제발달이 가속화되면서 여성의 사회진출이 확대되고 보육수요가 크게 증가하였다. 이에 따라 정부에서는 증가하는 보육수요에 대한 대응책으로 민간 탁아시설을 늘리기 위하여「미인가 탁아시설 임시 조치령」(1968)을 내리고 법인체에서 운영하던 '탁아소'를 민간에서도 설치 · 운영할 수 있도록 하였다. 또한 보육시설의 명칭을 '어린이집'으로 변경하도록 하여 단순히 아이를 맡긴다는 의미에서 더 나아가 어린이를 보호 · 교육하는 역할을 하는 전문적인 기관이라는 근거를 갖추게 되었다. 이와 함께 탁아시설에 대한 정부보조도 시작되어 탁아시설의 인건비, 운영비로 전환 지급되었는데, 이로써 보육시설의 공적인 성격이 강화되었다.

(4) 보육의 분화기

1980년에 제5공화국 정부가 들어서면서 유아교육이 정부의 중요한 시책 가운데 하나가 되었다. 복지사회 건설과 교육혁신이라는 국정지표를 달성하기 위해 어린이집과 유치원에 다니는 아동에게 차별적 혜택이 주어지는 것이 아니라 모든 아동에게 균등하게 교육기회를 제공하는 것을 원칙으로 탁아시설을「유아교육진흥법」아래에 통합하게 되었다. 따라서 모든 탁아시설과 어린이집은 통합되어 내무부가 관리하는 '새마을 유아원'으로 통일되었다(유희정, 2006).

그러나 여전히 유치원은 교육부의 관할 아래 놓임으로써 보육과 유아교육의 이원화된 체제가 유지되었다. 이 시기 교사와 관련해서는 교사의 처우를 개선하고자 하는 노력의 일환으로 교사의 보수를 현실화하는 것이 새마을 유아원의 목표 중 하나로 제시되었다(김혜인, 2012).

한편, 새마을 유아원에 저소득층 취업모의 자녀가 우선적으로 다닐 수 있게 하였으나 정부의 시책이 교육을 강조하는 경향이 두드러져 보육에 복지적 성격이 제대로 반영되지 못하는 한계가 있었다(김문옥, 1999). 또한 종일반 운영 강화를 목표로 하였으나 대부분 하원이 오후 4시 이전에 이루어지고 방학기간도 있어 민간인들에 의해 법적 근거 없이 운영되는 지역사회 탁아소가 자생적으로 생겨나기도 했다(유희정, 2006). 이러한 한계를 극복하고자 「남녀고용평등법」 제정으로 직장탁아제도를 도입하고, 1989년 「아동복지법 시행령」을 개정하여 보육시설 설치 · 운영 근거를 다시 마련하였으며, 「아동복지법 시행규칙」의 세부지침으로 '탁아시설의 설치운영규정'을 마련하여 탁아사업을 적극적으로 재개하고 보육에 대한 사회의 요구를 충족시키고자 하였다.

[그림 1-3] 청주시 새마을 유아원의 모습

출처: 국가기록원(http://theme.archives.go.kr/next/common/archWebViewer.do?bsid=200200002362&dsid=000000000014&gubun=search).

(5) 「영유아보육법」 제정 시기

여성의 사회진출이 증가하는 것과 맞물려 보육에 대한 수요는 지속적으로 증가하였고 보육문제가 사회문제라는 인식이 확산되자 정부는 1991년 영유아보육을 위한 특별법으로 「영유아보육법」을 제정하였다. 「영유아보육법」은 영유아의 보호와 교육을 위해서 별도의 입법을 통해 보육시설을 양적으로 확대하고 체계적으로 운영될 수 있도록 함으로써 영유아를 보호하고 교육하며, 양육자인 부모의 경제 · 사회적 활동을 지원하여 가정복지의 증진을 도모하고자 하는 것이었다(김혜인, 2012). 「영유아보육법」은 양육에 대한 사회적 책임, 특히 국가의 책임에 무게를 둔 것이다. 기존에 시행되었던 저소득층을 대상으로 한 보육서비스는 선별적 복지서비스였던 데 비해, 이제는 소득에 상관없이 맞벌이 가정의 자녀를 대상으로 보육서비스를 제공하는 보편적 복지서비스로 변화하였고 보육서비스 수혜 대상이 확대되었다.

「영유아보육법」이 제정되면서 중요한 정책과제는 보육시설을 양적으로 확대하는 것이었다(백선희, 2009). 특히 보육시설에 대한 민간의 참여를 확대하기 위해서 민간 보육시설 설립을 지원하는 정책이 추진되었다. 민간 보육시설 설립을 쉽게 하기 위해서 구체적으로 어린이집의 1층 설치 원칙 완화, 보육료 자율화, 보육시설 설치 신청서류 간소화 등을 실시함으로써 민간 보육시설이 양적으로 확대되는 결과를 가져왔다. 실제 설립 주체에 따른 시설 설립 비율을 살펴보면, 국공립 보육시설이 계획 대비 53.1%, 직장 보육시설은 8.4%, 민간 보육시설은 237.8%의 목표를 달성하여 보육시설이 지나치게 민간 중심으로 확대되는 현상이 나타났다(유희정, 2006). 또한 시설이 급격히 증가하면서 어린이집 종사자, 즉 보육교사가 부족하였고, 이러한 문제를 해결하기 위해 정부에서 보육교사의 자격 완화, 보육교사 자격 관련 학과 확대, 보육교사 양성을 위한 단기과정기관 설치 제도를 실시하였다.

민간 보육시설의 확대와 보육교사 자격 취득 제도의 완화로 인해 여러 측면에서 보육의 질이 저하하는 문제로 이어졌다. 보육서비스가 지나치게 민간에 의존하는 경향이 심화되었고, 보육시설이 급격히 증가하면서 보육교사의 수가 증가하였으나 교사 양성교육과 보수교육 과정이 미흡하고 관리 또한 소홀하여 보육이 질적으로 악화되는 부작용을 낳았다. 이에 따라 정부에서는 보육의 질을 제고하기 위한 다양한 정책을 추진하였다. 먼저, 보육교사 2급 자격 취득을 위한 보육교사 양성교육 시간을 800시간에서 1,000시간으로 연장하였다. 보육교사 1급 자격 인정기준에 보육시설 · 유치원 · 사

회복지시설에서 4주 이상의 보육실습을 추가하고 보육교사 자격 승급 시에 보수교육의 의무화, 위탁교육 훈련시설의 설립 기준 강화 등을 통해 보육교사 자격제도의 관리를 강화하였다. 보육교사의 처우를 개선하기 위해 우수인력의 보육교사 유치, 보육교사의 장기근속 유도, 보육프로그램 개발 및 보급 등의 정책을 시행하였다. 그리고 보육정보를 제공하고 보육 관련 상담 등의 기능을 수행하기 위하여 중앙보육정보센터를 설립하였다(김혜인, 2012).

(6) 「영유아보육법」 개정 이후

2004년 정부에서는 보편주의의 보육이념을 토대로 보육의 공공성과 보육에 대한 사회적 책임을 강화하고 보육의 질 제고를 위한 보육인력의 전문성 강화를 기본 방향으로 하여 「영유아보육법」을 전면 개정하였다. 보편주의의 보육이념은 영유아보육의 대상을 보호자의 근로, 질병 등으로 보호자가 보호하기 어려운 영유아에서 '모든 영유아'로 명시한 데서 구체화되었다. 또한 국공립 보육시설과 민간 보육시설에 대한 재정지

표 1-1 2004년 「영유아보육법」 전부개정 내용

구분	개정 내용
보육 대상	• 보호자가 근로 또는 질병 기타 사정으로 인하여 보호하기 어려운 영아 및 유아 → 영유아
보육의 성격	• 보육이 모든 영유아를 대상으로 하는 사회복지서비스임을 명시 • 선별적 → 보편적
보육시설의 종류	• 법인 보육시설과 부모협동 보육시설을 민간 보육시설과 별개로 분류함
보육시설 설치	• 보육시설 설치 시 신고제 → 인가제
보육교사 자격	• 관련 학과 졸업 → 관련 학과 졸업 및 보육 관련 교과목, 학점 이수제로 변화 • 보육교사 자격: 인증 → 자격 검정 이후 자격증 교부 • 보육교사 등급: 1, 2, 3등급으로 구분하고 기준 제시 • 보육교사 자질 향상을 위한 보수교육 강화
보육시설 운영	• 보육시설 운영위원회 구성: 시설종사자 · 보호자 대표 및 지역사회 인사 등으로 구성된 보육시설 운영위원회 구성 및 운영 • 보육시설 운영의 자율성과 지역사회 연계 강화
보육과정	• 표준보육과정의 개발 및 보급
보육시설 평가 체계	• 보육서비스의 질적 수준 향상을 위하여 보육시설 평가인증제 도입
보육 관련 연구	• 보육개발원 설치 · 운영 및 위탁

원의 형평성을 제고하기 위하여 기존의 시설별 지원방식에서 아동별 지원방식으로 전환하였다. 또한 정부는 보육시설에 대한 관리·감독을 강화하였고, 지방자치단체는 적극적인 보육정책을 수립하여 보편적 보육서비스를 제공하게 되었다.

2010년 이후 보육의 가장 큰 변화는 누리과정의 도입이다. 2011년 정부는 어린이집의 보육과정과 유치원의 교육과정을 통합하여 '만 5세 공통과정'을 발표하고 2012년부터 '5세 누리과정'을 처음 실시하였다. 2013년부터는 누리과정이 3~4세까지 확대되어 현재는 어린이집과 유치원이 통합된 보육/교육과정인 누리과정을 실시하고 있으며, 학부모의 소득에 관계없이 보육료를 지원하고 있다. 아울러 2019년 놀이중심의 보육과정을 재정립한 3~5세 개정 누리과정이 고시되었고, 2020년에는 아동중심, 놀이중심을 기본방향으로 하는 0~5세 표준보육과정이 고시되어 현장에 적용되기에 이르렀다. 이와 함께 정부에서는 보육의 질을 강화하기 위하여 보육교사 자격기준을 점진적으로 강화해 왔고 보육시설 평가제도를 지속적으로 개선하고 있다.

▣ 활동

우리나라 보육의 변화에 따른 시기별 특징을 비교해 봅시다.

보육 태동기	
보육 정착기	
보육 확대기	
보육 분화기	
「영유아보육법」 제정 시기	
「영유아보육법」 개정(2004) 이후	

2. 현대사회의 변화와 보육교사

1) 현대사회의 변화와 보육의 필요성

(1) 가족 변화와 보육

현대사회의 가족은 가족형태에서 과거와 큰 차이점을 보인다. 현대사회의 가족형태는 핵가족이 다수를 차지한다. 조부모와 부모, 친족이 함께 모여 가족공동체를 이루던 확대가족 중심의 과거와 달리 현대사회의 가족은 부모와 자녀로 이루어진 소규모의 핵가족이 대부분이다. 또한 이혼율의 증가, 경제위기로 인한 가족해체 때문에 한부모 가정이 증가하고 손자녀 양육을 조부모가 담당하는 조손가정이 등장하면서 가족의 전통적인 역할과 기능이 그대로 유지되기 어려운 현실이다.

가족형태가 변화하면서 확대가족 안에서 가족 구성원이 담당했던 자녀양육 및 노인부양 등의 기능을 현대 가족 내에서는 수행하기 어렵게 되었다. 이러한 가족의 돌봄 기능을 핵가족 체계 안에서 수행하기 어려워지면서 점차 가족과 사회가 공동으로 책임을 짐으로써 돌봄의 사회화가 진행 중이다. 국가적으로도 출산과 양육에 대해 사회가 적극적으로 지지하고 공동의 책임을 다해야만 출산율 제고에 기여할 수 있을 것이다. 이러한 차원에서 보육서비스의 확충과 질적 제고가 동시에 이루어질 필요가 있다.

(2) 여성의 역할 변화와 보육

현대사회는 산업기술의 발달로 노동인력에 대한 요구가 높아지면서 여성의 사회진출이 증가하였다. 여성의 경제활동 참가율이 꾸준히 늘어나 2020년에는 52.8%에 이르고 있다. 이러한 추세는 산업의 분화와 전문화로 다양한 노동력에 대한 수요가 늘어나고 여성의 교육수준이 향상하면서 경제활동에 대한 욕구가 커지며 두드러지기 시작했다.

이것은 맞벌이 가정의 증가로 이어져 자녀를 가진 여성의 취업률도 늘어나고 있다. 그러나 여성의 경제활동은 남성과 비교했을 때 결혼 이후 출산과 양육이라는 장애물로 인해 유지되기 어려워지기도 한다. 이러한 현상은 여성의 연령대별 고용률에서 확인할 수 있다([그림 1-4] 참조). 2019년 여성의 고용률은 25~29세에서 71.1%, 50~54세

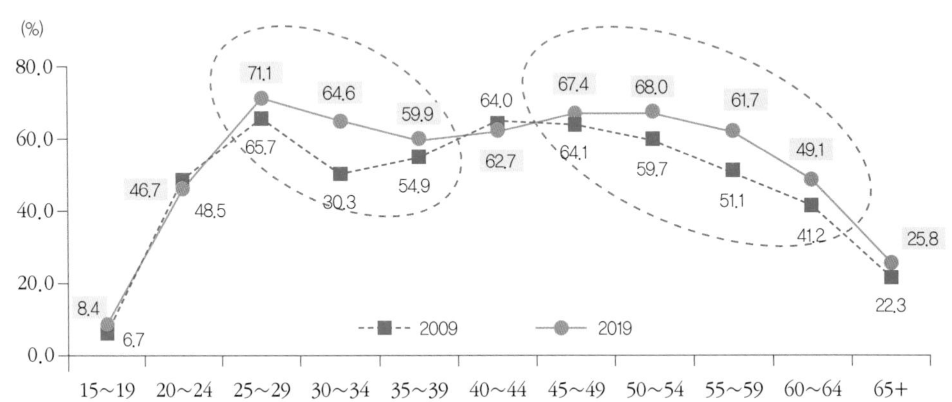

[그림 1-4] 연령대별 여성 고용률

출처: 통계청(2020).

에서 68.0%로 높게 나타나고 있다(통계청, 2020). 결혼, 임신, 출산, 육아 등의 경력단절이 발생하는 30대를 기점으로 고용률이 감소하다가 40대에 다시 증가하기 시작한다.

최근 10년간 여성 전체 고용률은 전반적으로 상승하였으나, 30대 고용률 저점이 30~34세에서 35~39세로 이동하였다. 이는 여성의 결혼과 출산이 늦어지면서 경력단절 발생 연령도 늦어지는 것으로 해석할 수 있다. 따라서 여성의 경력단절 문제를 해결하고 지속적인 경제활동이 가능하기 위해서는 자녀양육을 지원할 적절한 보육서비스의 제공이 필수적이다.

(3) 인구 변화와 보육

통계청(2019a)의 '2018년 출생 통계' 자료에 따르면, 우리 나라는 OECD 가입 37개국의 최근 합계출산율 기록 중 37번째 수치를 기록했다. 합계출산율은 한 여성이 가임기간(15~49세) 동안 낳을 것으로 예상되는 평균 자녀의 수로 국제 비교가 가능한 수치이다. 합계출산율이 1.3명 이하인 경우 초저출산국으로 분류되므로 우리나라는 2001년부터 초저출산국에 합류하게 되었다. 2020년 출생 통계 잠정 결과(통계청, 2021)에 따르면, 합계출산율이 0.84까지 떨어져 출산율 감소가 심각한 수준이다.

출산율이 낮아지면 국가적 관점에서 경제활동 가능 인구가 감소한다는 것을 의미하므로 국가의 미래 경쟁력을 약화시키는 요인이 된다. 우리나라는 출산율 감소와 함께 노인인구의 비율이 증가하면서 고령화 사회로 변화하고 있다. 이러한 현상은 사회복

지비용의 증가 등으로 인한 국가 재정 부담을 가져오고 국민 전체의 삶의 질이 떨어지는 문제를 야기할 수 있다. 따라서 출산율 증가를 위한 다양한 정책적 지원방안이 필요하다. 그런 의미에서 보육서비스를 포함한 육아지원정책이 출산과 양육에 우호적인 환경을 조성하는 데 중요한 역할을 할 수 있을 것이다.

(4) 다문화가정 증가와 보육

우리나라의 국제결혼 비율이 증가하고 있으며, 특히 해외 이주 여성과 한국 남성의 국제결혼 비율이 높아 한국인 아버지와 외국인 어머니와 그 자녀로 이루어진 다문화가정이 증가해 왔다. 현재 다문화가정에 대한 정의는 국제결혼을 통해 형성되는 가정에 한정되지 않고 외국인 근로자 가족 중에 한국으로 이주한 가정, 북한에서 태어나 한국에 들어와 결혼한 북한이탈주민 가족을 모두 포함한다(박은정, 박창현, 조혜주, 2020). 다문화가정의 월평균 소득수준에 관한 여성가족부의 2018년 다문화가족 실태조사에 따르면, 다문화가정의 약 32%가 200만 원 미만의 소득수준을 보이고 있어 경제적 어려움이 다문화가정의 가장 큰 어려움 가운데 하나로 꼽히고 있다. 또한 사회에서 경험하는 편견, 언어적 의사소통의 어려움에서 비롯된 자녀양육 등의 문제 등이 다문화가정의 어려움으로 나타나고 있다. 다문화 출생아 수는 2012년 정점에 이른 뒤 7년 연속 감소추세이다. 그러나 전체 출생아의 수가 줄면서 다문화가정 출생아의 비중은 2019년 5.9%로 전년대비 증가했다(통계청, 2019b). 이와 같은 사실은 경제적 어려

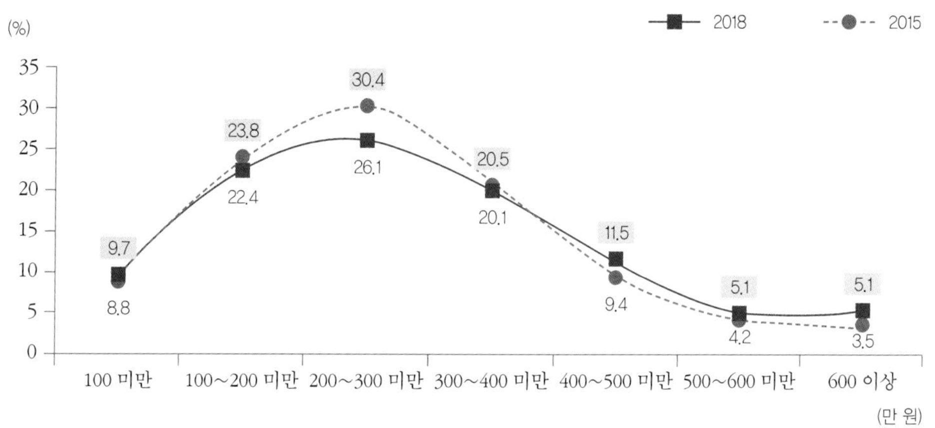

[그림 1-5] 다문화가족 월평균 가구소득

출처: 여성가족부(2019b).

움이나 사회적응에 어려움을 겪는 다문화가정의 부모가 영유아기 자녀양육에 있어서도 어려움을 겪을 수 있다는 것을 의미한다. 사회 전체의 통합을 위해서는 다문화가정의 적응, 특히 다문화가정의 자녀양육 지원을 위한 다양한 서비스가 제공되어야 하며, 다수를 차지하는 다문화가정 영유아의 건강한 발달과 적응을 돕기 위해서 적절한 보육서비스의 제공이 필수적이다. 이것은 다문화가정에서 영유아를 어린이집에 쉽게 맡길 수 있는 보육서비스에 대한 접근성을 높이는 것과 함께 다문화가정 영유아의 적응을 위하여 언어 및 문화 교육 등을 포함한 양질의 보육서비스를 제공하는 것 또한 중요하다는 것을 의미한다.

2) 보육교사의 중요성

(1) 보육 패러다임의 변화와 보육교사

우리나라의 보육은 1991년 「영유아보육법」이 제정되고 2004년 「영유아보육법」이 개정되는 과정을 거치면서 현재에 이르러 지속적으로 변화해 왔다. 사회적 변화에 따라 보육도 변화를 거듭해 왔고, 이는 보육에 대한 요구의 변화를 반영함과 동시에 사회 구성원이 보육에 대해 갖고 있는 지배적인 개념이나 인식체계인 패러다임이 변화했다는 것을 의미한다. 보육 패러다임이 변화하면서 보육교사의 중요성 또한 강조되고 있다.

① 보편적 보육과 보육교사

초기에 보육이 시작되었을 때 보육의 주된 목적은 빈민구제였으며, 빈곤가정의 경제활동을 지원하고 자녀양육을 대신하기 위해 실시되었다. 즉, 자녀인 아동의 입장에서 보육이 실시되었다기보다는 부모의 노동권 등을 보장해 주기 위한 성인 중심의 선별적이고 소극적인 복지서비스의 일부로 실시되었다. 그러나 현대에 와서는 보육 대상이 빈곤가정의 영유아에게 한정되지 않고 모든 영유아로 확대되었다. 이것은 전반적으로 시민의 소득수준이 향상되고 취업여성의 수가 증가하면서 중산층 가정의 부모도 경제활동을 위해 자녀양육에 대한 지원을 필요로 하기 시작했기 때문이다. 또한 부모의 노동권 보장도 중요하지만 영유아가 아동으로서의 권리, 즉 건강하게 성장하고 발달할 수 있도록 생존권, 보호권, 발달권, 참여권 등을 보장받을 수 있기 위하여 보육

이 모든 영유아를 위한 보편적이고 적극적인 복지서비스로 변화하였다.

모든 영유아를 위한 보편적 보육서비스의 성격이 강조되면서 어린이집의 양적 확대가 필수적이었고, 어린이집에서 영유아를 양육해야 할 보육교사도 늘어날 필요가 있었다. 또한 양적 팽창이 보육의 질을 떨어뜨리는 문제를 가져오는 것을 막기 위하여 보육의 질을 제고하는 법의 개정으로 이어졌다. 법적으로 어린이집의 환경이나 시설에 대한 규제를 엄격하게 하기 이전에는 보육교사 한 명이 많은 수의 영유아를 돌보기도 하였지만, 이제는 자격을 갖춘 교사가 영유아의 안전한 보호와 교육을 실행할 수 있도록 보육교사의 자격기준을 정하고 어린이집의 환경기준을 개선하도록 하였다. 이러한 변화는 영유아를 위한 보육의 질을 보장하고 보육을 실행하는 보육교사의 자격을 강화하는 제도적 장치를 확보하였다.

② 보육의 국가 책임 확대와 보육교사

과거에는 자녀양육이 가족 또는 부모의 책임이라고 보았지만, 이제는 더 이상 아동의 양육을 부모만의 책임이라고 보지 않는다. 전통적인 관점에서는 아동양육의 문제에 국가가 개입하지 않는 것을 원칙으로 하였다. 그러나 현대 국가에서는 가족의 역기능이나 전통적인 가족 기능의 약화는 부모의 책임과 역할이 제대로 이루어지지 못하는 경우에 국가가 그 책임과 역할을 대신해야 한다는 주장을 반영하여 정책을 변화시키고 있다. 국가의 입장에서 보았을 때 영유아는 한 국가의 중요한 인적 자원으로 영유아의 건강한 성장과 발달이야말로 국가의 존립을 지탱하는 토대가 될 수 있다. 따라서 보육서비스를 부모가 사적으로 해결하기보다는 국가가 양질의 보육서비스를 공급하고 영유아기 자녀를 둔 가정의 보육비를 지원하는 형태로 보육에 대한 국가의 책임을 확대시키고 있다.

보육교사는 영유아 양육에 대한 가족과 국가의 공동 책임을 실천하는 주체이다. 이에 따라 국가에서는 법적으로 보육교사의 자격기준을 강화하면서 동시에 2017년 현재 근무환경개선비, 처우개선비, 누리수당 등을 실시함으로써 보육교사의 근무여건과 처우를 개선하고자 노력하고 있다. 그러나 여전히 민간어린이집이 다수이고 보육교사에 대한 처우도 상대적으로 열악한 상황이므로 국공립어린이집의 확대, 보육교사의 처우 개선 등 보육의 공공성을 강화하기 위한 노력이 계속되어야 할 것이다.

③ 수요자 중심의 보육과 보육교사

사회계층이 분화되고 가족형태가 다양화되면서 보육에 대한 요구가 다양해지고 있어 단일화된 보육의 형태는 다양한 부모나 가족의 욕구를 해소하는 데 어려움이 있다. 또한 국가의 보육지원이 과거의 어린이집에 직접 지원하는 형태에서 수요자인 부모에게 제공되는 형태로 변화함으로써 어린이집에서 부모의 요구와 의견을 반영하여 보육서비스를 다양화하고 있다. 예를 들어, 종일제 보육서비스뿐 아니라 시간연장형 보육서비스, 방과후 보육서비스, 부모의 요구에 따른 시간제 보육서비스까지 보육서비스 형태가 다양화되었다. 또한 수요자인 부모가 어린이집의 운영이나 어린이집 교육에 대한 의견을 적극적으로 제시하고 어린이집에서는 이를 받아들임으로써 공급자 중심에서 수요자 중심의 보육으로 변화하고 있다.

보육교사는 부모의 요구와 영유아의 요구를 수용하면서 동시에 국가적으로 표준화된 보육과정을 실행해야 한다. 따라서 보호와 교육을 실행할 뿐 아니라 부모와 원활하게 의사소통하고 적절하게 정보를 제공하면서 수요자 중심의 보육이 실현될 수 있도록 중요한 역할을 하게 된다.

(2) 중요한 환경으로서의 보육교사

Bronfenbrenner(2001)는 인간생태모델에서 아동이 발달하는 데 있어서 아동 개인과 환경의 상호작용이 중요하다는 인간 발달에 대한 이론을 제시하였다. 아동의 건강한 성장과 발달을 위하여 환경이 미치는 영향이 무엇보다도 중요하다는 것이다. 아동은 자신이 가진 개체로서의 특성을 표출하고 행동하며 환경과의 상호작용을 통해 성장해 나간다. 즉, 아동은 환경의 영향을 받음과 동시에 역동적으로 환경을 변화시키면서 성장해 나간다(이강이, 최인숙, 서현석, 2012).

영유아를 둘러싼 환경은 영유아가 성장해 나가면서 변화하게 되는데, 출생과 동시에 영아에게 가장 중요한 환경은 직접적인 접촉을 하는 미시체계인 부모 및 가족이다. 이후에 사회적 환경이 확대되면서 영유아에게 가장 친밀한 환경 중 하나는 어린이집에서 관계를 형성하는 보육교사와 또래이다. 보육교사는 어린이집에서 영유아가 애착을 형성하는 중요한 대상이며 모델링의 대상이기도 하다. 또한 보육교사는 영유아의 발달과 적응에 직접적으로 영향을 미치는 교육 프로그램과 물리적 환경의 제공자이기도 하다. 보육교사가 영유아의 발달에 영향을 미치는 중요한 환경의 일부가 되는

것이다.

보육교사는 직접적으로 영유아에게 영향을 미칠 뿐 아니라 중요한 미시체계인 부모와의 상호작용을 통해 영유아에게 영향을 미치기도 한다. Bronfenbrenner(2001)의 인간생태모델에 따르면, 아동에게 영향을 미치는 환경인 미시체계들 간의 상호작용도 중요한 외부환경으로 아동의 발달에 영향을 미친다. 이러한 외부환경은 중간체계로 보육교사가 가정통신문 등을 통해 부모에게 제공하는 자녀에 관한 정보와 어린이집의 보육과 관련된 정보, 다양한 방법을 이용한 부모 또는 주양육자와의 상담을 포함하여 보육교사와 부모나 주양육자와 하는 다양한 상호작용이 보육교사가 영유아를 대하는 태도와 행동에 영향을 미치고 동시에 가정에서 이루어지는 자녀의 양육에도 영향을 미칠 수 있다.

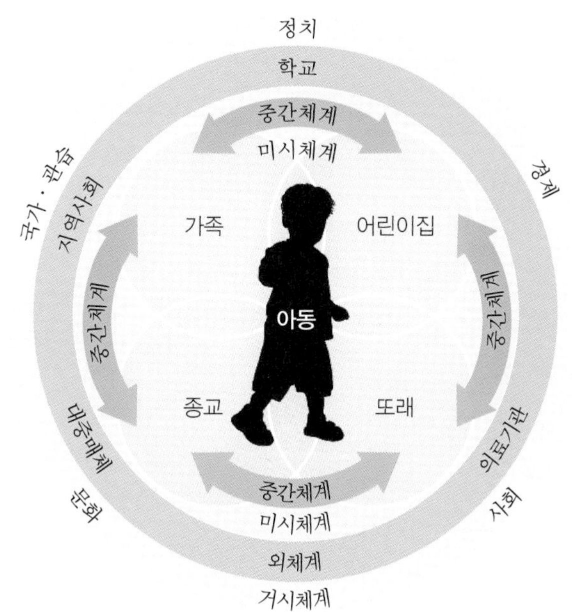

[그림 1-6] Bronfenbrenner의 인간생태모델

출처: YOUTHREX(http://exchange.youthrex.com/blog/development-youth-work-critical-theories-and-questions).

생각할 문제

1. 현대사회의 변화가 영유아의 성장과 발달에 미치는 영향을 생각해 봅시다.

2. 보육교사의 역할의 중요성을 논의해 봅시다.

참고문헌

김문옥(1999). 한국의 영유아보육 법령의 변화에 관한 고찰. 광주대학교 대학원 석사학위논문.

김혜인(2012). 보육정책의 변화와 지속성: 역사적 제도주의의 시각을 중심으로. 서울대학교 대학원 석사학위논문.

남궁선혜(2005). 우리나라 보육사업 역사에 따른 패러다임 및 정책 변화 고찰. **보육정책연구**, 1, 123-137.

박은정, 박창현, 조혜주(2020). 다문화 영유아 어린이집 보육 실태 및 개선방안 연구. 육아정책연구소.

백선희(2009). 김대중 · 노무현 정부 10년의 보육정책 평가: 국가계획을 중심으로. **비판사회정책**, 28, 95-141.

여성가족부(2019). 2018년 다문화가족실태조사.

유희정(2006). 보육시설과 유치원의 공공성 제고 방안. **육아정책개발센터**, 1, 55-96.

이강이, 최인숙, 서현석(2012). 학교급별, 지역별, 학부모 특성별 학부모 학교참여실태조사에 따른 시범학교 운영방안 연구. 서울대학교 대학원 학부모정책연구센터.

이일주(1999). 한국 유아교육 일원화 체제 모형탐색. 동국대학교 교육대학원 박사학위논문.

주정일(1990). 한국탁아사업의 어제, 오늘, 내일. 한국행동과학연구소.

통계청(2019a). 2018년 출생 통계.

통계청(2019b). 2019년 다문화 인구동태 통계.

통계청(2020). 2020 통계로 보는 여성의 삶.

통계청(2021). 2020년 출생통계 잠정결과.

Bronfenbrenner, U. (2001). Growing chaos in the lives of children and families how can we turn it around? In J. C. Westman (Ed.), *Parenthood in America* (pp. 115-125). Madison, WI: University of Wisconsin Press.

통계청 e-나라지표. http://www.index.go.kr/main.do

YOUTHREX. http://exchange.youthrex.com/blog/development-youth-work-critical-theories-and-questions

제2장

보육교사직의 이해

학습목표

1. 교직의 특성을 이해한다.
2. 보육교사직의 특성을 이해한다.
3. 보육교사직의 전문성을 이해하고, 정서노동의 특성을 설명할 수 있다.

보육은 영유아의 보호와 교육이라는 두 가지 주요한 기능을 수행한다. 시대와 환경에 따라 이 두 가지 역할에서 강조하는 부분도 변화해 왔다. 과거에 보육이 보편화되기 이전에는 위기 가정의 영유아를 보호하는 서비스가 강조되었다면, 현대에 와서 영유아의 건강한 성장과 발달을 목적으로 보육에서 교육의 역할이 더욱 강조되고 있다. 이 장에서는 보육교사직의 교직으로서의 특성을 살펴보고, 보육교사직의 고유한 직업적 특성을 살펴보고자 한다.

1. 교직의 특성

1) 교사의 의미

사전적 의미에서 '교육'은 '지식과 기술 따위를 가르치며 인격을 길러 주는 것'이다. 『한국민족문화대백과사전』(한국정신문화연구원, 1991)에서는 교육을 "인간이 삶을 영위하는 데 필요한 모든 행위를 가르치고 배우는 과정이며 수단"으로 정의한다. 교육에 대한 다양한 정의 가운데 규범적 정의로 이문영(2008)은 교육을 "인격완성 및 자아실현의 과정"으로 설명한다. 이러한 정의에서 확인할 수 있는 것은 교육은 지식과 기술의 전수뿐 아니라 인성의 함양까지 포함한다는 것이다. 또한 교육이 이루어진다는 것은 가르치는 것과 배우는 것이 동시에 일어나는 것을 의미한다. 따라서 교육의 중요한 주체는 교사와 학생이다. 고대에서부터 현대까지 여러 문화권에서 다양한 유형의 기관이 교육을 담당해 왔고 가르치는 교사와 배우는 학생 또한 다양한 형태로 교육에 참여하였다. 이러한 교육을 통해 한 국가와 사회는 고유의 문화유산을 유지하고 발전시킬 수 있었다.

학교교육이 정착되면서 국가와 사회의 존속과 발전을 위하여 제도화된 교육이 확립되었고, 교사는 전문 직업인으로서 일정한 자격을 갖추고 교육을 담당하는 자를 가리키게 되었다. 즉, 교사란 학교에서 학생들의 행동을 계획적으로 변화시키는 일을 직업으로 삼고 있는 전문적인 직업인들이다(윤종건, 전하찬, 1998). 이때 교사의 자격을 중시하고 학교 내에서 가르친다는 점을 강조하고 있지만, 교육의 의미에서도 확인하였듯이 교사가 단순히 지식을 가르치고 전달하는 일만 하는 것은 아니다. '敎師'라는 한자어에서도 드러나듯이, 예로부터 교사는 인격적인 측면에서 모범을 보이고 다른 사람의 인성까지도 교화하는 가르침을 주는 사람이다. 교사에 대한 다양한 정의를 고려하면, 교사는 남에게 모범이 되며 남을 가르칠 만한 인성과 자질을 모두 갖춘 사람으로 가르치는 대상인 학생의 행동을 변화시켜 전인적으로 훌륭한 사람으로 길러 내는 일을 하는 사람이다.

2) 교직의 특성

교사는 인간을 대상으로 개인이 가지고 있는 지식, 태도 및 가치관을 형성하고 습득할 수 있도록 영향을 미치는 행위를 담당하는 사람이다. 현대사회에서 교육은 사회와 국가를 유지 · 발전시키는 토대가 되며, 교사는 교육활동을 담당하는 주체이다. 교사의 법적인 용어가 교원이라면, 직업의 명칭은 교직이라 할 수 있다. 교사라는 직업은 전문직으로 분류되는 다른 직종과 유사점이 있으나 교사직 고유의 특성 또한 분명하다(곽영우 외, 1997).

교사라는 직업의 다양한 특성을 정리하면 다음과 같다.

첫째, 인간을 대상으로 한다. 인간을 대상으로 하는 직업은 인간의 기본권을 존중하고 인간을 이해하고 소통하기 위한 태도와 자세를 갖추어야 한다. 특히 교사는 한 개인이 가진 배경과 특성에 상관없이 상대를 이해하고 교육활동을 통해 영향을 미치며 지원해야 한다.

둘째, 주로 미성숙한 아동 · 청소년을 대상으로 한다. 전통적인 관점에서 교사는 미성숙한 아동 · 청소년이 모든 영역에서 건강하고 완전한 성인으로 성장할 수 있도록 교육한다. 단순히 지식을 전달하는 것에 그치지 않고 인성과 지식 습득, 체력 증진 등을 포함한 전인교육을 실시하게 된다.

셋째, 사회적으로 봉사의 성격을 갖는다. 전문직종이 개인의 이익, 노동에 대한 물리적 보상을 추구하는 직업이지만, 교사는 사적인 이익만을 위해 일하지 않는다. 국가의 인적 자원이며 미래인 아동이 건강하게 성장할 수 있도록 사회적으로 기여할 책임과 의무를 가지며 이에 수반하는 도덕성과 윤리의식을 갖추게 된다.

넷째, 사회진보에 기여하며 인류공영에 이바지한다. 교육은 현재의 사회를 유지하고 새로운 방향으로 이끌어 나가는 힘이 된다. 과거의 문화유산을 계승하고 새로운 문화와 기술을 창출해 낼 수 있도록 하는 것이 교육이며, 교사는 이를 담당하게 된다. 이것은 한 개인의 행복과 번영에 기여할 뿐 아니라 사회와 전체 인류에 기여할 수 있는 토대를 만드는 일이기도 하다.

다섯째, 지속적인 자기 갱신을 필요로 하며 자기 향상을 도모할 수 있다. 사회의 변화와 함께 새로운 지식과 기술, 가치가 도입되면서 가지고 있던 지식과 자질만으로 교육활동과 지도를 수행한다는 것은 한계가 있다. 교사 스스로가 지속적으로 자기를 계발하고 노력해야 하며, 이를 통해 교사는 자기를 수양하고 자질을 함양하며 자기 발전을 이룰 수 있게 된다.

3) 교직관

교사라는 직업을 보는 관점도 시대와 사회의 변화에 따라 달라져 왔다. 교직을 바라보는 관점에는 성직 · 전문직 · 공직 · 노동직으로 보는 관점(고전, 1997)과 공직 · 장인 · 예술인 관점(임승렬, 2001)에서 보는 것 등 다양한데, 이러한 관점을 바탕으로 교직을 보는 관점을 성직, 전문직, 노동직, 장인 및 예술인의 관점으로 정리하였다.

(1) 성직

교사직을 성직으로 보는 것은 교사가 직업으로 독립되기 이전에 종교기관의 성직자가 교육을 담당한 데서 비롯된 관점이다. 성직자에게 사랑, 희생과 봉사를 요구하는 것을 당연한 것으로 간주하듯이, 교사를 성직으로 보는 관점은 교사가 학생 또는 배우는 대상에게 사랑 · 희생 · 봉사하는 것을 당연하게 여긴다. 이러한 관점에서 교사가 보수나 승진 등 세속적인 욕구를 추구하는 것은 바람직하지 않다.

(2) 전문직

전문직의 관점은 가르치는 일을 전문적인 지식과 기술이 요구되는 일로 보고 교사가 가르치는 일에 있어서 전문가라고 보는 관점이다. 이러한 관점에서 교사는 의사결정자로 이론적 지식을 바탕으로 교실에서 발생하는 문제를 자율적으로 해결할 수 있다. 전문직업은 사회적 측면에서 도덕성과 윤리의식이 수반되어야 한다는 것이 강조되고 있다. 이러한 관점에 따라 교사도 전문직으로 의사결정 과정 등 교사의 책무를 수행하는 과정에서 도덕성을 갖추어야 할 필요가 있다. 또한 교사가 전문직 종사자로서 조건을 충족하기 위해서는 전문성을 확보하기 위한 교육과 훈련을 받아야 하며, 변화하는 사회에 대응하여 새로운 지식을 습득하고 자기 발전을 위한 노력을 계속해야 한다. 또한 전문직 종사자로 사회적 책임감을 지녀야 한다.

(3) 노동직

가르치는 일을 노동으로 보고 가르치는 사람을 근로자, 즉 노동자로 보는 관점이다. 교사를 노동자로 보는 관점에 따르면, 교사는 계획된 교육과정을 절차에 따라 수행하는 사람이다. 교육과정은 교사가 직접 구성하는 것이 아니고 다른 전문가에 의해 구성된 것이다. 교육과정 안에는 교육의 효율적 전달과 수행 방법이 미리 명시되어 있으며, 교사는 교육과정의 구성과 운영에서 자율권을 보장받지 못하고, 교육과정을 충실하게 수행했는지가 교사의 능력을 평가하는 기준이 된다. 교사를 노동자로 보는 관점에 따르면, 교사는 근무조건과 보수 향상을 위해 노동조합을 결성하고 단체결성권, 단체교섭권, 단체행동권의 노동 3권을 행사할 수 있다.

(4) 장인

교사를 장인으로 보는 관점은 가르치는 일을 기술로 보고 가르치는 사람인 교사를 숙련된 기술자, 장인으로 보는 관점이다. 이러한 관점에서는 가르치는 일이 교사 개인의 신념이나 지식의 정도에 따라 달라질 수 있다. 또한 가르치는 일을 배우기 위해 형식적인 과정이 아니라 관찰 등을 통한 도제제도를 거쳐야 한다. 장인으로 보는 관점에서는 교사의 능력이 얼마나 능숙하게 학급을 운영하고 학습자가 참여하게 만드는가에 달려 있다.

(5) 예술인

가르치는 일을 예술로 보는 관점은 가르치는 일이 개인화된 일이므로 창의성과 직관이 필요하다는 점을 강조한다. 교사는 오케스트라의 지휘자의 역할을 하며 전체 학급의 아이들이 개성을 발휘하고 이것이 조화를 이루어 좋은 음악을 만들어 내는 일을

하는 것으로 비유하여 설명할 수 있다.

교직에 대한 관점은 개인이 가지고 있는 가치와 신념에서 비롯되어 나타난다. 그리고 교육의 대상인 아동에게 하는 행동, 즉 직무수행은 이러한 교직관의 영향을 직접적으로 받게 된다. 교직에 종사하는 사람은 올바른 교직관을 가져야 할 필요가 있으며, 아동을 존중하고 직업적인 사명감이나 도덕성을 갖추어야 할 필요가 있다.

▣ 활동

다음의 체크리스트는 예비보육교사의 교직관에 대한 평가입니다. 자신의 교직관을 점검해 보고, 보육교사로서 올바른 교직관에 대해 토의해 봅시다.

〈예비보육교사의 교직관 체크리스트〉

번호	설문 내용	자신의 견해와 일치하는 정도				
		최소				최대
1	보육교사는 미성숙자를 대상으로 하므로 성숙한 전인으로 기른다는 자부심과 보람을 가져야 한다.	1	2	3	4	5
2	보육교사는 봉사를 위한 직업으로 소명의식을 갖고 있어야 한다.	1	2	3	4	5
3	보육교사는 아동을 사랑하고 존중해야 한다.	1	2	3	4	5
4	보육교사는 교직에 대한 책임과 사명을 다해야 한다.	1	2	3	4	5
5	보육교사는 변화하는 사회에서 아동의 성장에 매우 필요하다.	1	2	3	4	5
6	보육교사의 역할은 사회 · 국가 발전에 지대한 영향을 준다.	1	2	3	4	5
7	보육교사는 아동을 사랑으로 대하고 그들의 인격을 존중해야 한다.	1	2	3	4	5
8	보육교사는 신체적 · 정신적으로 건강하고 안정되어 있어야 한다.	1	2	3	4	5
9	보육교사는 프로그램의 선택과 개발에 풍부한 지적 능력을 지니고 있으며 창의적이어야 한다.	1	2	3	4	5
10	보육교사는 유머 감각이 있어야 하며 아동의 흥미와 선호에 맞게 지도해야 한다.	1	2	3	4	5
11	보육교사는 교직윤리를 지키고 보육교사로서 교양을 갖추어야 한다.	1	2	3	4	5
12	보육교사는 자기 발전을 위해 부단히 노력해야 한다.	1	2	3	4	5
13	보육교사는 보육 전반에 관한 고도의 지식을 갖추고 있어야 한다.	1	2	3	4	5
14	보육교사는 아동의 상황에 맞게 응용하여 지도할 수 있는 능력을 지니고 있어야 한다.	1	2	3	4	5

15	보육교사는 장기간의 준비교육을 받은 후에도 자기계발과 발전을 위해 교육에 참여해야 한다.	1	2	3	4	5
16	보육교사는 아동과 사회에 봉사하는 자세로 교원으로서의 윤리강령을 준수해야 한다.	1	2	3	4	5
17	보육교사는 부모와 지역사회 인사들을 교육의 자원으로 끌어들일 수 있어야 한다.	1	2	3	4	5
18	보육교사는 단체교섭활동에 참여하기 위하여 자치단체에도 가입해야 한다.	1	2	3	4	5
19	보육교사의 사회적 지위가 다른 직업에 비해 높다고 본다.	1	2	3	4	5
20	보육교사의 교권이 확립되었다고 본다.	1	2	3	4	5
21	보육교사에 대한 경제적 대우가 좋다고 본다.	1	2	3	4	5
22	보육교사직이 다른 직업에 비해 안정된 직업이라고 생각한다.	1	2	3	4	5
23	보육교사직은 개성을 살리고 능력을 발휘할 수 있는 직업이라고 생각한다.	1	2	3	4	5
24	현재의 영유아 보육/교육 풍토가 비정상적이라고 본다.	1	2	3	4	5
25	보육의 문제가 교사들의 자질과 능력에 있다고 본다.	1	2	3	4	5
26	보육의 문제가 보육행정의 모순에 있다고 본다.	1	2	3	4	5
27	보육의 문제가 사회풍토의 모순에 있다고 본다.	1	2	3	4	5
28	보육의 문제가 학부모의 비교육적 의식에 있다고 본다.	1	2	3	4	5

출처: 이연주(2003)의 유아교육 예비교사의 교직관 조사 설문지를 예비보육교사가 응답할 수 있도록 수정하여 구성함.

2. 보육교사직의 특성

1) 보육교사의 의미

법적인 관점에서 영유아 보육교사는 법적으로 규정한 보육교사 양성과정을 이수하고 자격을 취득한 이를 가리킨다. 유아교육과정을 이수한 유치원 교사와 보육교사를 통합하여 유아교사라는 명칭을 사용하기도 하지만(염지숙, 이명순, 조형숙, 김현주, 2014), 보육교사는 법으로 정한 양성과정을 이수하고 자격을 취득한 이후 어린이집에서 보육을 담당하는 이를 명명한다.

「영유아보육법」에서는 보육교사의 자격을 다음과 같이 규정하였다.

「영유아보육법」

〈보육교사의 자격〉

제21조 ② 보육교사는 다음 각 호의 어느 하나에 해당하는 자로서 보건복지부장관이 검정 · 수여하는 자격증을 받은 자이어야 한다.

1. 「고등교육법」 제2조에 따른 학교에서 보건복지부령으로 정하는 보육 관련 교과목과 학점을 이수하고 전문학사학위 이상을 취득한 사람

1의2. 법령에 따라 「고등교육법」 제2조에 따른 학교를 졸업한 사람과 같은 수준 이상의 학력이 있다고 인정된 사람으로서 보건복지부령으로 정하는 보육 관련 교과목과 학점을 이수하고 전문학사학위 이상을 취득한 사람

2. 고등학교 또는 이와 같은 수준 이상의 학교를 졸업한 자로서 시 · 도지사가 지정한 교육훈련시설에서 소정의 교육과정을 이수한 사람

발달적 관점에서 교사는 영유아의 발달에 영향을 미치는 중요한 주체이자 환경이다. 따라서 영유아의 발달에 긍정적인 영향을 미치기 위해 교사의 역할을 충실히 할 필요가 있다. 이와 함께 영유아 또한 교사에게 영향을 미치는 존재이다. 교사와 영유아는 모두 완성되어 있는 존재가 아니고 상호작용을 통해 영향을 미치고 끊임없이 변화하고 성장한다. 이러한 관점에서 교사는 전통적으로 능력과 자질을 완전하게 갖춘 존재라기보다는 교사 스스로의 노력을 통해 성장할 수 있는 가능성을 지니고 있다. 보육교사 개인이 가진 개성을 존중하고 이를 바탕으로 직업적으로 계속 발달해 나갈 수 있도록 지원하는 제도의 뒷받침이 중요하다.

2) 보육교사직의 특성

교직의 특성이 일반적인 교사의 의미와 직업적 특성을 살펴본 것이라면, 보육교사라는 직업은 일반적인 교직과는 다른 직업 고유의 의미와 특성을 가지고 있다. 박은혜(2015)는 유아를 대상으로 보호와 교육을 담당하는 유아교사의 업무와 이미지를 바탕으로 유아교사직의 직업적 특성 네 가지를 제시하였다. 유아라는 대상, 업무 특성, 전문성 등을 직업적 특성으로 제시하였는데, 보육교사의 보육 대상이 영유아이고 유아교사가 담당하는 업무와 유사하므로 이를 바탕으로 영유아 보육교사직의 특성을 정리하면 다음과 같다.

첫째, 보육교사직은 영유아를 대상으로 한다. 보육교사는 만 0세에서 5세까지의 어린 영유아를 대상으로 한다. 교사는 보육의 대상인 아동이 어릴수록 교사의 보호를 필요로 하고, 연령이 증가할수록 교육적 측면에서 교사가 아동에게 지대한 영향을 미칠 수 있다는 점을 인지하고 보호와 교육을 실행해야 한다. 특히 인간의 발달단계에서 영유아 시기는 발달의 속도가 가장 빠르고 이후의 발달에 영향을 미칠 수 있는 중요한 시기이다. 보육교사는 부모 다음으로 중요한 양육자의 역할과 교육자의 역할을 수행해야 한다. 또한 영유아는 아직 완전하게 의사소통 능력을 습득하지 못하는 단계이므로 언어적 의사소통뿐 아니라 비언어적 의사소통을 원활하게 함으로써 영유아의 욕구에 민감하게 반응할 수 있어야 한다.

둘째, 보육교사직은 영유아가 전 영역에서 발달을 이룰 수 있도록 전인교육을 담당한다. 「영유아보육법」을 기초로 구성된 표준보육과정, 누리과정에서는 보육의 목적을 영유아의 심신의 건강과 전인적 발달을 도와 행복을 도모하며 민주시민의 기초를 형성하는 것이라고 기술하고 있다. 전인적 발달을 위해서는 영유아의 발달의 전 영역에 걸쳐 통합적으로 발달할 수 있는 프로그램을 구성하고 운영할 수 있어야 한다. 보육교사는 아동중심의 전인교육을 위한 프로그램의 계획과 실행을 통해 영유아가 전인적 발달을 이룰 수 있도록 지원해야 한다.

셋째, 보육교사직은 돌보는 일과 가르치는 일의 균형을 맞추어야 한다. 보육의 법적 의미는 영유아의 심신을 안전하게 보호하고 교육하는 것이다. 보호와 교육 모두 중요하므로 어느 한쪽에만 치우쳐서는 안 된다. 어린 영유아를 가르치는 일은 연령이 많은 학생을 지도하는 것과는 방식과 내용 면에서 차이가 있으므로 단순히 안전하게 돌보

면서 영유아 스스로 놀이하도록 보호하는 것으로 보일 수 있다. 그러나 영유아교육에서 일상생활지도가 중요한 부분인 것처럼 돌보는 일과 가르치는 일은 명확하게 구분되지 않을 수 있고 교사 스스로 이러한 내용의 균형을 맞추고 조화롭게 보육을 수행할 필요가 있다.

넷째, 보육교사직은 전문직업이다. 전문직이란 일을 하는 데 있어서 전문성이 필요한 직업을 가리킨다. 현대에 와서는 어떤 특정한 분야에서 주요한 지식과 경험을 갖추고 있으면서, 해당 직업에서 종사하기 위한 자격과정을 이수한 이에게 진입할 수 있도록 자격을 부여하는 직업을 전문직이라고 한다. 이와 함께 여러 학자나 사회적 관점에 따라 전문직의 특성으로 직업 내에서의 자율성이나 보수 등의 요건 등을 포함시키기도 한다.

Katz와 Goffin(1990)은 예비유아교사의 준비교육에 대해 설명하면서 유아교사의 직업적 특성을 제시하였는데, 영유아의 보육을 담당하는 보육교사직의 특성에 적용해 설명하면 다음과 같다.

첫째, 보육교사의 역할은 광범위하다. 보육교사가 영유아의 정서적 · 사회적 · 신체적 · 인지적 요구와 발달과업을 충족시킬 수 있도록 지원하고 수행해야 할 역할이 광범위하다. 전인교육은 발달의 일부 영역에 대한 교육이나 프로그램의 실행으로 이루어지지 않으며 그만큼 역할 수행 범위도 넓다.

둘째, 보육 프로그램에 따라 보육교사의 업무가 달라질 수 있다. 어린이집별로 표준화된 보육과정 이외에 교육철학, 교육목적, 목표가 다른 다양한 프로그램을 실시할 수 있으므로 프로그램에 따라 교사가 해야 할 업무가 달라질 수 있다.

셋째, 영유아를 대상으로 한 교육뿐 아니라 영유아를 안전하게 보호할 수 있는 자질과 능력을 갖추어야 한다. 영유아가 독립적으로 사고하거나 행동할 수 없고, 신체적 · 정서적 · 사회적으로 교사에 대한 의존도가 높아 대인관계나 물리적 환경에서 잠재적인 위험요인이 많을 수 있다. 따라서 영유아에게 전인적인 교육경험을 제공하면서 동시에 안전하게 보호할 수 있는 자질과 능력을 갖추어야 한다.

넷째, 영유아의 적응을 지원해야 한다. 영유아가 최초로 가정에서 벗어나 새로운 사회집단에 편입된 것이므로 이러한 단체생활에 적응할 수 있도록 영유아의 분리불안을 해소할 수 있도록 돕고 어린이집에 적응할 수 있도록 지원해야 한다.

다섯째, 학부모와 협력해야 한다. 영유아의 보호, 교육 등 광범위한 영역에서 부모와 친밀한 관계를 형성하고 상호협력할 수 있도록 한다.

여섯째, 직업윤리에 따라 행동해야 한다. 영유아가 교사에게 지나치게 의존할 수 있으므로 교사는 윤리강령을 내면화하고 교사의 직업윤리에 벗어나지 않게 행동해야 한다.

일곱째, 영유아의 요구를 반영하여 보육과정을 구성 및 운영한다. 보육과정은 영유아의 발달과 흥미를 고려하여 구성·운영되어야 한다. 영유아중심의 교육철학을 바탕으로 영유아의 요구를 우선적으로 반영해야 한다.

3) 보육교사직의 전문성

(1) 돌봄노동으로서의 보육

보육교사의 주요한 역할 중 하나가 돌봄이다. 영유아를 보호하고 돌보는 것이 중요한 역할임에도 불구하고 이러한 개념으로 인해 보육교사직의 전문성이 사회적으로 수용되는 데 걸림돌이 되기도 한다. 서경숙(2007)은 '보호'라는 개념이 사회적 맥락이나 해석 주체의 경험에 따라 다르게 해석될 수 있다고 보았다. '보호'의 의미를 스스로를 보호할 힘이 없는 대상을 돌봐 주고 호의를 베푸는 정도의 태도나 감정이라고 정의한다면 보호라는 것이 누구나 할 수 있는 손쉬운 일로 간주될 수 있다는 것이다. 이러한 인식은 보육교사의 교육에 대한 노력까지도 무시하는 결과를 초래할 수 있다. 보육교사의 역할을 영유아를 돌보고 정서적으로 안정시키는 돌봄노동에만 한정한다면 보호의 역할을 하는 사람의 개인적인 책임에만 한정하는 것이므로 보육이 개인의 특성에 좌우되는 일이 된다. 그러나 보육교사의 보호는 개인적인 보호가 아니라 제도적으로 확립된 체계 안에서 영유아의 건강과 행복을 보장할 수 있는 돌봄을 제공하는 것이다. 따라서 보육교사의 보호는 제도적으로 요구하는 자격을 획득한 전문가가 자신의 능력과 에너지를 쏟아붓는 공적인 행위로 볼 수 있다.

(2) 전문직으로서의 보육교사직

김은설과 황미영(2011)은 보육교사직을 전문직이라고 할 수 있는 이유를 직업적 특수성과 보육교사에게 요구되는 특별한 자질이라고 설명하였다. 즉, 보육교사라는 직업은 영유아를 돌보고 가르치는 역할을 수행하므로 희생과 봉사, 엄격한 직업윤리가

요구되고, 특별한 자질과 사명감, 다른 전문직과 구분되는 창의성, 영유아에 대한 보편적 지식과 개별 아동 및 가정이 갖는 특수성에 대한 개별화된 지식과 현장 경력이 중요한 전문직이라는 것이다.

우리나라에서 보육교사직이 전문직으로 분류된 것은 2007년 통계청에서 '한국표준직업분류'에서 보육교사직을 '대분류: 전문가 및 관련 종사자' 아래 포함시키면서부터이다. 현재는 '대분류: 전문가 및 관련 종사자' 아래 '중분류: 보건 · 사회복지 및 종교관련직'의 보육교사직으로 분류되어 있다(통계청, 2017). 이로써 과거에 단순한 돌봄서비스 종사자로 간주하던 사회적 인식도 변화하여 보육교사도 영유아보육에 관한 전문성을 가진 직종의 종사자로 인정을 받게 되었다.

또한 국가직무능력표준을 개발하고 직업능력수준, 산업, 직업이동성, 노동시장 구조 등을 고려해 직업을 분류하고자 새롭게 개발된 고용노동부의 한국고용직업분류(KECO)에 따르면, 보육교사직의 직업분류는 〈표 2-1〉과 같이 분류되었다. 2018년부터 시행될 한국고용직업분류 체계에 따르면, 보육교사직은 '교육 · 법률 · 사회복지 · 경찰 · 소방직 및 군인' 대분류에 속한다. 그리고 '사회복지 · 종교직' 중분류 아래 3개 소분류 중 '보육교사 및 기타 사회복지 종사자' 중 보육교사라는 세 분류로 분류되어 있다. 그리고 산업현장에서 직무를 수행하기 위해 요구되는 지식, 기술, 태도 등의 내용을 체계화한 국가직무능력표준에서는 보육의 능력단위를 다음과 같이 제시하였다.

표 2-1 한국고용직업분류(KECO) 중 보육교사직 분류표

대분류(10개)		중분류(35개)		소분류(136개)		세분류 직업명(450개)	
2	교육 · 법률 · 사회복지 · 경찰 · 소방직 및 군인	23	사회복지 · 종교직	231	사회복지사 및 상담사	2311	사회복지사
						2312	상담 전문가
						2313	청소년 지도사
						2314	직업상담사
						2315	시민단체 활동가
				232	보육교사 및 기타 사회복지 종사자	2321	보육교사
						2329	기타 사회복지 종사원
				233	성직자 및 기타 종교 종사자	2331	성직자
						2339	기타 종교 종사원

출처: 고용노동부(http://www.moel.go.kr/info/lawinfo/instruction/view.do?bbs_seq=20171200272).

즉, 능력단위는 놀이지도, 보육연구, 어린이집 운영방침 수립, 어린이집 보육계획 수립, 어린이집 환경구성, 어린이집 환경관리, 보육활동운영, 생활지도, 신체활동지도, 음률활동지도, 미술활동지도, 언어활동지도, 수 · 조작 활동지도, 과학활동지도, 건강지도, 안전지도, 영양지도, 영유아 관찰 및 평가, 보육과정 및 운영 평가, 발달지원 및 상담, 장애아 발달지원, 가정과의 협력, 지역사회와의 협력, 보육운영관리 및 보육실습지도이다. 각 능력단위의 세부 내용은 〈표 2-2〉와 같으며, 능력단위 체계를 확립하여 전문적 보육인력 양성을 체계화하기 위한 지식, 기술, 태도의 내용이 구체적으로 제시되었다.

표 2-2 보육교사직의 직무능력단위

능력단위	정의
놀이지도	영유아의 놀이발달수준을 높이고 활성화하기 위하여 영아의 기능놀이, 상상놀이, 구성놀이, 실외놀이를 준비하고, 놀이 참여를 촉진하며, 놀이를 다른 활동과 연계 · 통합하는 능력
보육연구	교사의 전문성을 신장하기 위하여 보육현장 관련 연구, 보육활동 및 프로그램 개발, 교사교육 참여, 동료교사와의 멘토링 등을 통해 교사의 전문적 능력과 자질을 계발하고 관리하는 능력
어린이집 운영방침 수립	어린이집 운영철학에 입각하여 당해 연도 운영방안을 수립하는 능력
어린이집 보육계획 수립	연령별 표준보육과정에 기초하여 연간 · 월간 · 주간 보육계획을 작성하는 능력
어린이집 환경구성	영유아의 성장과 발달을 도모하기 위해 영유아의 흥미와 발달적 특성에 적합하도록 물리적 환경을 구성하는 능력
어린이집 환경관리	영유아의 성장과 발달을 위한 어린이집 시설 · 설비와 비품관리, 영유아의 흥미와 발달적 특성에 적합한 활동자료, 환경조성 등 물리적 환경을 관리하는 능력
보육활동운영	영유아들이 자신들의 흥미와 관심에 기초하여 보육활동에 참여할 수 있도록 흥미영역 활동, 대소집단활동, 실외활동을 준비하여 운영하는 능력
생활지도	영유아가 바람직한 기본생활습관의 기초를 형성하고, 긍정적으로 생각하고 행동하는 사회적 유능감을 갖도록 지도하는 것
신체활동지도	영유아의 신체능력을 증진시키기 위하여 신체활동에 필요한 활동자료를 준비하여 영유아의 흥미와 발달수준에 적합한 다양한 보육활동을 지도하는 능력
음률활동지도	영유아의 예술감각 및 심미감을 증진시키기 위하여 음률활동에 필요한 활동자료를 준비하여 영유아의 흥미와 발달수준에 적합한 다양한 보육활동을 지도하는 능력

미술활동지도	영유아의 예술감각 및 심미감을 증진시키기 위하여 미술활동에 필요한 활동자료를 준비하여 영유아의 흥미와 발달수준에 적합한 다양한 보육활동을 지도하는 능력
언어활동지도	영유아의 의사소통능력과 언어적 탐구능력을 증진시키기 위하여 언어활동, 문학활동에 필요한 활동자료를 준비하여 영유아의 흥미와 발달수준에 적합한 보육활동을 지도하는 능력
수 · 조작 활동지도	영유아의 수학적 탐구능력을 증진시키기 위하여 수학활동, 조작활동에 필요한 활동자료를 준비하여 영유아의 흥미와 발달수준에 적합한 보육활동을 지도하는 능력
과학활동지도	영유아의 과학적 탐구능력을 증진시키기 위하여 과학활동, 감각탐색활동에 필요한 활동자료를 준비하여 영유아의 흥미와 발달수준에 적합한 보육활동을 지도하는 능력
건강지도	영유아가 신체적 · 정신적으로 건강하게 지내기 위하여 영유아의 발달단계 특성을 토대로 건강하게 생활할 수 있도록 지원하는 능력
안전지도	영유아가 신체적 · 정신적으로 안전하게 지내기 위하여 영유아의 발달단계 특성을 토대로 안전하게 생활할 수 있도록 지원하는 능력
영양지도	영유아가 건강하게 지내기 위하여 영유아의 발달단계 특성을 토대로 급 · 간식 계획을 수립하고 올바른 식습관을 지도하여 건강하게 생활할 수 있도록 지원하는 능력
영유아 관찰 및 평가	영유아의 행동 관찰을 통해 영유아의 특성과 문제를 파악하고 관찰 자료를 평가하여 영유아 지도에 필요한 사항을 도출하는 능력
보육과정 및 운영 평가	보육과정 평가, 보육운영 평가를 통해 어린이집 운영 전반에 걸쳐 운영방침에 따라 적절하게 운영되었는지를 파악하고, 평가인증지표를 이해하고 적용해 보는 능력
발달지원 및 상담	발달적으로 어려움이 있는 영유아의 행동 사례를 관찰 · 분석 · 선별하고, 사례별 발달 지원계획과 지원, 부모상담과 전문가를 연계할 수 있는 능력
장애아 발달지원	발달적으로 어려움이 있는 장애아를 위해 지도 및 상담의 내용과 방법을 계획 · 결정하여 지원하는 능력
가정과의 협력	영유아의 바람직한 성장과 발달을 위해 부모와의 상담, 교육, 참여지원을 통해 가정과 연계하고 협력하는 능력
지역사회와의 협력	어린이집이 지역사회의 일원으로 기여할 수 있도록 지역사회와의 협력을 확대하는 능력
보육운영관리	보육시설에 의한 직접적 서비스 제공에 있어 부수적인 활동을 지원하거나 촉진하는 과정으로 보육통합정보시스템을 이용하여 인사, 회계를 관리하는 능력
보육실습지도	보육실습 지도 지침을 토대로 보육실습 지도계획을 수립하고 보육실습을 지도하는 능력

출처: 국가직무능력표준(https://www.ncs.go.kr/unity/th03/ncsSearchMain.do).

3. 보육교사직과 정서노동

보육교사직은 직업적 특수성으로 인해 정서노동으로 분류될 수 있다. 따라서 정서노동의 개념과 특성을 살펴보고, 정서노동으로 인한 직무 스트레스에 대처할 수 있는 보육교사의 회복탄력성의 중요성을 인식할 필요가 있다.

[그림 2-1] 상대방의 긍정적 정서를 촉진하고자 하는 정서노동

1) 정서노동의 개념

(1) 정서노동의 정의

정서노동 혹은 감정노동은 개인의 정서를 직업 또는 조직의 규칙에 맞게 관리하는 것이다(Hochschild, 1983). 정서노동은 직무수행을 위해 현재 자신이 느끼는 정서와 상관없이 필요하다고 판단되거나 상황에 적절한 다른 정서를 표현하는 것이며, 의도적으로 적절한 정서를 느끼고 표현하고자 하는 시도를 포함하는 포괄적인 행위이다. 정서노동의 성격을 띠는 직업의 특성은 일대일 상호작용으로 상대방과 관계를 형성하며 자신의 서비스 행위로 인해 상대방의 긍정적 정서를 촉진하는 데 기여하는 것이다.

(2) 정서노동의 전략

① 표면행위와 내면행위

Diefendorff와 Gosserand(2003)는 직업에서 주어진 목표를 달성하기 위하여 정서표현규범에 맞게 개인의 정서표현을 조절하는 과정을 정서노동으로 정의하였다. 그리고 정서표현규범에 맞게 자신의 정서를 조절하는 과정을 정서노동의 전략인 '표면행위'와 '내면행위'로 구분하여 설명하였다.

- 표면행위: 언어적 혹은 비언어적 표현행위를 통해서 구성원으로서의 조직 표현규범에 순응하는 행위를 의미한다. 예를 들어, 일을 하면서 내가 느끼는 기분과는 다른 감정을 나타내야 하는 경우를 가리킨다.
- 내면행위: 표현하고자 하는 행위를 억제하거나 적극적으로 유도하여 실제로 느끼지 않은 감정을 진심으로 경험하기 위해 노력하는 것을 의미한다. 예를 들어, 긍정적 정서를 표현하기 위해 자신이 그런 마음을 실제로 느끼려고 하는 경우를 들 수 있다.

② 실제 정서표현

Ashforth와 Humphrey(1993)는 정서노동을 인상관리의 형태로 조직의 표현규범에 맞게 적절한 정서를 표현하는 행동으로 정의하였다. 이것은 정서노동을 감정을 관리하는 행동보다는 관찰이 가능한 행동으로 설명하는 것이다. 이에 따라 정서노동의 전략인 표면행위와 내면행위에 덧붙여 실제 정서의 표현이 정서노동의 전략에 추가로 포함되었다. 예를 들어, 학대받은 아동을 대상으로 측은한 감정이나 정서를 표현하는 행위도 정서노동의 전략이 되는 것이다. 이러한 행위는 실제 직무수행 안에서 나타나는 정서의 표현으로 표현행위나 내면행위를 해야 할 필요가 없이 자연스럽게 나오는 감정이다.

정서노동에 대한 다양한 정의를 살펴보면 보육교사직도 정서노동의 특성을 가지고 있다. 보육교사는 영유아를 대상으로 하는 직업이므로 보살핌이나 공감능력이 요구되며 정서적 노력과 에너지를 많이 쓰게 된다. 영유아와 상호작용하는 중에 보육교사는 자신의 감정을 숨기거나 자기가 느끼지 않는 감정을 가장하여 표현하기도 한다.

2) 보육의 정서노동 특성

(1) 정서노동의 특성

정서노동의 직업적 특성은 다음의 세 가지로 설명할 수 있다(Hochschild, 1983). 첫째, 소속된 직장이 추구하는 목표를 달성하기 위해 공적으로 다른 대상과 일대일 상호작용하는 관계를 형성해야 한다. 둘째, 자신의 정서적 행동으로 인해 상호작용하는 상대방이 긍정적인 정서를 가질 수 있도록 기여해야 한다. 셋째, 소속된 직장이 교육이나 훈련 등의 방법을 통해 소속된 개인의 정서에 영향을 미친다.

(2) 정서노동으로서의 보육교사직 특성

보육교사직은 보살핌이나 공감능력이 요구되는 직업으로 많은 정서적 투자를 요구한다(탁진국, 노길광, 이은경, 2009). 보육교사직에서 나타나는 정서노동의 특성은 보육교사에게 요구되는 직무 특성에서 확인할 수 있다. 보육교사에게는 영유아가 요구하는 것이 무엇인지 주의 깊게 듣고, 보고, 이해하는 능력이 필요하다. 보육업무 중에 보육교사는 개인의 정서와 상관없이 보육현장에서 적절한 감정을 표현하도록 내적 · 외적 요구를 받게 된다. 다른 사람의 문제에 주의를 기울인다는 것은 나를 떠나서 상대방의 요구와 감정에 따른다는 것을 의미하므로 보육교사는 영유아의 요구에 민감하게 반응하고 요구를 충족시켜 주기 위해 자신의 감정을 그대로 표현하거나 드러내기 어렵다.

보육교사는 영유아의 요구에 어떻게 반응하여야 하는지에 대하여 고민하고 그 요구를 들어주기 위한 다양한 방안을 고려해서 실행한다(서경숙, 2007). 정서노동의 직업적 특성을 보육교사직에 적용하여 보육교사직의 정서노동 특성을 설명하면 다음과 같다(이진화, 2007). 첫째, 보육교사는 자신이 맡고 있는 반의 영유아 수와 관계없이 개별 영유아와 일대일 상호작용을 하며 정서적 교류를 한다. 둘째, 보육교사는 영유아가 긍정적인 정서 상태를 유지할 수 있도록 지속적으로 노력하는 일을 수행한다. 셋째, 보육교사는 자신의 내면적인 정서와는 상관없이 담당하고 있는 영유아를 위하여 바람직하다고 간주되는 정서표현규칙을 지켜야 한다. 또한 보육교사는 보수교육 등을 통하여 지속적으로 정서노동 종사자로서 지켜야 할 정서표현규칙에 대하여 재교육을

받는다. 보수교육 외에도 비형식적인 방법으로 보육교사는 동료나 원장의 관찰, 수업 참여 등을 통하여 필수적인 정서행동의 지식과 기술을 학습하게 된다. 초임교사의 경우에는 선임이나 원장의 모니터링을 통하여 적절한 정서행동을 위한 기술을 습득하게 된다.

(3) 보육교사의 회복탄력성

보육교사직이 가지는 정서노동 특성은 보육교사에게 심리적 스트레스를 야기할 수 있다. 직무부담과 스트레스를 야기하는 요인으로는 대인관계, 업무환경, 직무여건 등 다양하게 살펴볼 수 있다. 이러한 다양한 요인에도 불구하고 모든 보육교사가 이러한 스트레스로 인해 유사한 수준으로 직업에 대해 불만족을 느끼거나 이직을 고려하지는 않는다. 다수의 보육교사는 정서노동 특성으로 인해 야기된 심리적 부담감에도 불구하고 탄력적으로 적응하고 있다. 이러한 특성을 보육교사의 회복탄력성에서 찾을 수 있다.

회복탄력성은 스트레스와 부정적인 상황에서도 유연하고 융통성 있게 대처하고, 성공적으로 적응해 가는 능력이다. 정서노동이 일대일 상호작용 과정에서 긍정적 정서를 유지하고 상대의 긍정적 정서에 영향을 미치는 것이므로 사회적 상호작용에서 적응하는 능력인 회복탄력성의 역할이 중요하다. 회복탄력성은 지속적으로 변화하는 환경에 대한 풍부한 적응능력이며, 여러 가지 문제에 직면해서 융통성 있게 문제를 해결할 수 있는 능력을 가리킨다(Block & Block, 1980). 회복탄력성은 신체뿐만 아니라 심리적으로도 소진을 경험하는 보육교사가 이를 극복하고 업무수행을 성공적으로 해 나가는 데 도움을 주는 요소이다. 또한 보육교사 개인의 건강과 행복감에 영향을 미치는 요소이기도 하다(Reivich & Shatte, 2002).

보육교사의 회복탄력성에 관한 다양한 연구 결과에 따르면, 회복탄력성이 높은 교사는 영유아를 보육하면서 발생하는 스트레스 상황에서도 높은 수준의 낙천성과 생산적 활동으로 영유아들에게 질 높은 보육을 제공하는 것으로 나타났다(황혜신, 2010). 또한 보육교사가 낙관적인 태도로 여유로움과 긍정적인 생각을 가지고 있는 경우에는 영유아가 어려움을 느끼는 때나 영유아와의 상호작용에도 긍정적인 영향을 주는 것으로 나타났다. 회복탄력성이 높은 교사가 정서적 고갈 수준도 낮았고, 비인간화의 경향성도 낮았으며, 개인의 성취감 수준도 높은 것으로 나타났다(심순애, 2007).

▣ 활동

다음의 체크리스트는 회복탄력성 척도입니다. 자신의 회복탄력성 수준을 점검해 보고, 회복탄력성을 높이기 위한 방법을 논의해 봅시다.

〈회복탄력성 척도〉

번호	설문 내용	전혀 그렇지 않다	그렇지 않다	보통이다	조금 그렇다	매우 그렇다
1	문제가 생기면 여러 가지 가능한 해결 방안에 대해 먼저 생각한 후에 해결하려고 노력한다.	1	2	3	4	5
2	어려운 일이 생기면 그 원인이 무엇인지 신중하게 생각한 후에 해결하려고 노력한다.	1	2	3	4	5
3	나는 대부분의 상황에서 문제의 원인을 잘 알고 있다고 믿는다.	1	2	3	4	5
4	나는 어려운 일이 닥쳤을 때 감정을 통제할 수 있다.	1	2	3	4	5
5	내가 무슨 생각을 하면, 그 생각이 내 기분에 어떤 영향을 미칠지 잘 알아챈다.	1	2	3	4	5
6	이슈가 되는 문제를 가족이나 동료들과 토론할 때 내 감정을 잘 통제할 수 있다.	1	2	3	4	5
7	당장 해야 할 일이 있으면 나는 어떤 유혹이나 방해도 잘 이겨 낼 수 있다.	1	2	3	4	5
8	아무리 당황스럽고 어려운 상황이 닥쳐도, 나는 내가 어떤 생각을 하고 있는지 스스로 잘 안다.	1	2	3	4	5
9	일이 생각대로 잘 안 풀리더라도 쉽게 포기하지 않는다.	1	2	3	4	5
10	나는 감사해야 할 것이 많은 편이다.	1	2	3	4	5
11	내가 고맙게 여기는 것들을 모두 적는다면, 아주 긴 목록이 될 것이다.	1	2	3	4	5
12	세상을 둘러볼 때, 내가 고마워할 것이 많은 편이다.	1	2	3	4	5
13	내 인생의 여러 가지 조건은 만족스럽다.	1	2	3	4	5
14	나는 내 삶에 만족한다.	1	2	3	4	5
15	나는 내 삶에서 중요하다고 생각한 것들은 다 갖고 있다.	1	2	3	4	5
16	열심히 일하면 언제나 보답이 있으리라고 생각한다.	1	2	3	4	5
17	맞든 아니든, 아무리 어려운 문제라도 나는 해결할 수 있다고 믿는 것이 좋다고 생각한다.	1	2	3	4	5
18	어려운 상황이 닥쳐도 나는 모든 일이 다 잘 해결될 거라고 확신한다.	1	2	3	4	5

19	나와 정기적으로 만나는 사람들은 대부분 나를 좋아하게 된다.	1	2	3	4	5
20	서로 마음을 터놓고 얘기할 수 있는 친구가 꽤 있다.	1	2	3	4	5
21	서로 도움을 주고받는 친구가 좀 있는 편이다.	1	2	3	4	5
22	나는 재치 있는 농담을 잘한다.	1	2	3	4	5
23	나는 내가 표현하고자 하는 바에 대한 적절한 문구나 단어를 잘 찾아낸다.	1	2	3	4	5
24	나는 분위기나 대화 상대에 따라 대화를 잘 이끌어 갈 수 있다.	1	2	3	4	5
25	사람들의 얼굴 표정을 보면 어떤 감정인지 알 수 있다.	1	2	3	4	5
26	슬퍼하거나 화를 내거나 당황하는 사람을 보면 그들이 어떤 생각을 하는지 잘 알 수 있다.	1	2	3	4	5
27	동료가 화를 낼 경우 나는 그 이유를 꽤 잘 아는 편이다.	1	2	3	4	5

영역	문항	점수
자기조절 능력	1~9번(9문항)	
긍정성	10~18번(9문항)	
대인관계 능력	19~27번(9문항)	
전체	총 27문항	

출처: 신우열, 김민규, 김주환(2009)의 회복탄력성 검사 도구를 수정 · 보완한 도구임.

생각할 문제

1. 교사직과 보육교사직의 차이점을 비교해 봅시다.

2. 영아교사와 유아교사의 직업적 특성을 비교해 봅시다.

3. 자신이 가진 교직관에 대해 이야기 나누어 봅시다.

참고문헌

고전(1997). 교사의 법적 지위에 관한 연구. 교육법학연구, 9, 168-193.

곽영우, 권상혁, 서정화, 신통철, 최성락, 하상일, 황희일(1997). 예비교원을 위한 교사론. 경기: 교육과학사.

김은설, 황미영(2011). 보육교직원의 효율적 보수교육 추진체계 구축방안 연구. 육아정책연구소.

박은혜(2015). 유치원 교사를 위한 교직실무. 서울: 창지사.

서경숙(2007). 보육교사직에 대한 보육교사의 인식. 중앙대학교 대학원 석사학위논문.

신우열, 김민규, 김주환(2009). 회복탄력성 검사지수의 개발 및 타당도 검증. 한국청소년연구, 20(4), 105-131.

심순애(2007). 보육교사의 자아탄력성 및 사회적 지지와 심리적 소진의 관계. 숙명여자대학교 대학원 석사학위논문.

염지숙, 이명순, 조형숙, 김현주(2014). 유아교사론. 경기: 정민사.

윤종건, 전하찬(1998). 교사론. 경기: 정민사.

이경민(2002). 유치원 교사의 생애에 대한 기초연구. 유아교육연구, 22(3), 95-114.

이문영(2008). 교육의 새로운 만남을 위한 교육학개론. 경기: 교육아카데미.

이연주(2003). 유아교육 예비교사의 교직관에 관한 연구. 대구가톨릭대학교 교육대학원 석사학위논문.

이진화(2007). 보육교사의 정서노동과 개인 및 기관의 정서변인, 직무만족도, 소진과의 관계. 이화여자대학교 대학원 박사학위논문.

임승렬(2001). 유아교사 평가의 새로운 접근. 유아교육연구, 21(1), 87-116.

탁진국, 노길광, 이은경(2009). 보육교사의 정서노동유형에 관한 연구. 한국심리학회지: 여성, 14(4), 567-589.

한국정신문화연구원(1991). 한국민족문화대백과사전.

황혜신(2010). 정서노동 및 자아탄력성이 보육교사의 소진에 주는 영향. Family and Environment Research, 48(7), 23-32.

Ashforth, B. E., & Humphrey, R. H. (1993). Emotional labor in service roles: The influence of identity. *Academy of Management Review, 18*(1), 88-115.

Block, J. H., & Block, J. (1980). The role of ego-control and ego-resiliency in the organization of behavior. In *Development of cognition, affect, and social relations: The Minnesota symposia on child psychology* (Vol. 13, pp. 39-101).

Diefendorff, J. M., & Gosserand, R. H. (2003). Understanding the emotional labor process: A control theory perspective. *Journal of Organizational Behavior, 24*(8), 945-959.

Hochschild, A. R. (1983). *The managed heart: Commercialization of human feeling*. Berkeley: University of California Press.

Katz, L. G., & Goffin, S. G. (1990). Issues in the preparation of teachers of young children. *Yearbook in Early Childhood education, 1*, 192-208.

Reivich, K., & Shatte, A. (2002). *The resilience factor: 7 keys to finding your inner strength and overcoming life's hurdles*. New York: Broadway Books.

고용노동부. http://www.moel.go.kr/info/lawinfo/instruction/view.do?bbs_seq= 20171200272

국가직무능력표준. https://www.ncs.go.kr/unity/th03/ncsSearchMain.do

통계청. http://kostat.go.kr/portal/korea/kor_nw/1/4/index.board?bmode=read&bSeq=&aSeq 361380&pageNo=30&rowNum

myheartsisters.com. https://myheartsisters.org/2015/11/01/emotional-labour-heart-disease/

제3장

보육교사의 발달 및 전문성

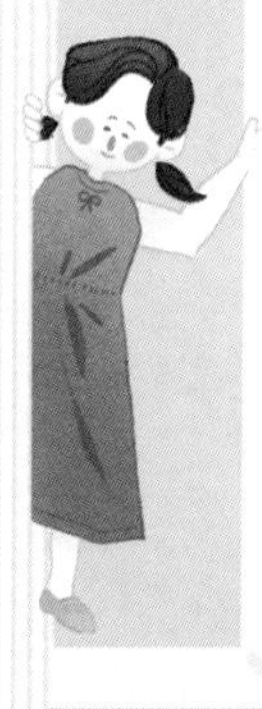

학습목표

1. 교사는 지식과 경험의 축적을 통해 발달하는 존재임을 이해한다.
2. 보육교사 발달의 특수성과 이에 영향을 미치는 요인을 이해한다.
3. 보육교사의 전문성과 이를 촉진할 수 있는 방안에 대해 이해한다.

보육교사는 영유아의 전인적 발달에 대한 지식을 바탕으로 교육과정 내에서 유아들의 개별적 요구와 환경의 변화에 맞추어 이를 융통성 있게 적용해야 하는 전문적 직업 영역이다. 보육교사의 전문성은 지식과 경험의 누적을 통해 변화 · 발전해 나가는 것이며, 다양한 내적 · 외적 요인들이 전문성 발달에 영향을 끼친다. 이 장에서는 교사발달의 개념과 이론을 살펴보고, 이에 영향을 끼치는 요인에 대해 알아보고자 한다. 또한 보육교사의 전문성을 발달적 관점에서 이해하고 이를 지원하기 위한 방안을 모색하고자 한다.

1. 교사발달의 이해

1) 교사발달의 개념

발달이란 특정 개체나 현상이 보편성을 가지고 점진적으로 진보해 가는 과정을 말하며, 이러한 개념을 직업 영역에 적용하면 특정 직무를 수행하는 동안 나타나는 내적 혹은 외적 변화로 설명할 수 있다. 교사발달이란 교사를 직업으로 살아가는 개인이 교직 생활을 통해 경험하는 변화와 성숙의 과정을 의미하는 것으로, 교직과 관련된 지식, 기능, 태도 등에서의 변화를 의미한다. 또한 개인 영역에서의 변화뿐 아니라, 교사훈련 효과와 같은 사회적 영역에서의 변화도 포함하는 넓은 개념의 용어라고 볼 수 있다. 이는 교사를 특정 기술이나 기능을 소유한 대상으로 바라보는 능력 중심적 관점과는 대조를 이루는 것으로, 교사 역시 외부 세계와 상호작용하면서 끊임없이 변화하는 역동적인 존재라는 것을 전제로 한다.

Feiman과 Floden(1980)은 교사발달에 대한 세 가지 관점을 제시하였다. 첫 번째 관점은 기존의 발달이론과 마찬가지로 교직수행의 경험을 통해 나타나는 관심이나 과업, 갈등 등이 몇 가지 순차적인 단계를 거치면서 변화하는 데 초점을 둔다. 예를 들어, 초임교사의 관심사는 자기 자신에게 머물지만 시간이 지나면서 교수행위에 대한 숙련으로, 최종적으로는 관심사가 학생들에게로 옮겨진다. 이 관점은 교직생활을 통해 교사의 내적인 관점이나 태도가 어떻게 변화하는지, 이전 단계의 경험이 다음 단계로의 성숙에 어떠한 영향을 주는지 이해하는 데 유용하다. 두 번째 관점은 인지발달이론에 근거하여 교사의 지식, 전략, 도덕성, 자아에 대한 인식 등이 어떻게 변화하는지에 초점을 둔다. 예를 들어, 교수행위에서 효율성이 증가되는 방식이나 전략이 정교화되는 과정을 설명하는 것이다. 이러한 관점에서 더 높은 수준의 발달은 다양하고 복잡한 교실 상황에 대처할 수 있는 능력을 의미하게 된다. 이러한 접근은 교실운영에서 관찰되는 개인차와 그 관련 변인을 설명하는 데 유용하다. 세 번째는 현직교사들을 위한 지원 서비스의 개발과 운영에 초점을 두고 있다. 즉, 현직교육과 전문적인 프로그램, 교사지원 시스템 등이 교사에게 끼치는 영향과 효과에 대한 논의와 관련된다.

한편, Evans(2002)는 교사발달이 크게 두 가지 개념으로 사용된다고 하였는데, 하나는 교사의 전문성을 향상시키기 위해 수행되는 교육활동을 가리키며, 다른 하나는 교사가 교직생활을 하는 동안 일어나는 발달의 전 과정을 가리킨다고 하였다. 그리고 특히 두 번째 의미와 관련하여 다양한 문헌에서 직간접적으로 내포하고 있는 교사발달에 대한 정의를 추출하여 다음과 같이 정리하였다(이하 Evans, 2002에서 재인용).

- 교사발달은 교사가 전문성에 초점을 두고 교수행위에 대한 자신의 이론을 구축하기 위해 실제 현장을 탐구해 나가는 과정이다(Keiny, 1994).
- 교사발달은 교사가 다양한 관점이나 사고를 접하고 경험하면서 가르친다는 것이 무엇인지에 대한 관점을 넓혀 가는 과정이다(Grossman, 1994).
- 교사발달은 교사가 교수행위에 대한 자신의 신념과 생각을 발전시키고, 교실에서 일어나는 실제 행위를 개선하며, 변화와 관련된 사고와 감정에 주의를 기울이는 것을 의미한다(Bell & Gilbert, 1994).

교사발달은 개인적 · 전문적 · 사회적 영역에서 모두 일어나며, 각 영역이 서로 긴밀히 연결되어 있기 때문에 한 영역의 발달만 독자적으로 이루어질 수 없다. 교사발달이 이루어지기 위해 두 가지 핵심 요소가 필요한데, 하나는 교수행위에 대한 새로운 이론과 실제를 접하는 것이고, 다른 하나는 이를 적용하는 데 있어 협력적 상황을 경험하는 것이다. 즉, 교사가 새로운 이론이나 실제를 적용할 때 지지적인 분위기에서 적절한 피드백을 받는 것은 교사발달에 필수적이다. 교사발달은 교사가 스스로를 지

속적으로 쇄신해 가는 장기적인 과정을 통해 일어난다. 그러나 교사발달이 체계적인 교육환경이나 시스템 안에서만 일어나는 것은 아니므로 이러한 측면을 간과할 경우 자칫 과정보다 결과를 중시한 제한된 해석을 낳을 가능성이 있다.

Day(2002)는 특히 교사의 전문성 발달에 초점을 두었는데, 교사발달은 교사가 스스로 혹은 동료와 함께 교수행위에 대한 신념을 고찰하고 확장해 나가는 과정이라고 하였다. 교사는 변화의 전 과정을 통해 아동이나 동료와의 상호작용에 대한 지식과 기술, 실제 수행에 대한 것을 습득하고 발전시켜 나간다.

이와 같은 정의를 통하여 볼 때, 교사발달은 과정적 개념으로 이해하여야 한다. 또한 교사발달은 제한된 방식이나 환경에서 일어나는 것이 아니며, 매우 다양한 시점에서 다양한 방식으로 나타난다. 어느 시점에서 발달은 이루어진 것처럼 보이나, 그것은 일시적이며 또다시 변화를 향해 나아가고 이러한 패턴이 반복된다. 또한 교사발달은 주관성과 객관성을 모두 가지고 있다. 한편에서 교사발달은 개인의 내부에서 일어나는 일처럼 보인다. 교사 자신의 지식과 기술과 실제가 향상되고 교사의 관심사가 계속 이동하면서 지속적인 상태의 변화가 나타난다. 그러나 교사발달에는 보편적인 변화의 과정이 있으며, 대개 유사한 방식으로 교실현장에 적용된다. 초임교사가 운영하는 교실과 숙련된 교사가 운영하는 교실에 대한 각각의 이미지를 우리는 어느 정도 상상할 수 있다. 즉, 교사발달이란 교직을 준비하는 시기부터 퇴직하는 순간까지 교사의 가치관, 신념, 지식, 태도, 행동 및 기능이 보편성을 가지고 진보해 나가는 양상을 의미한다.

▣ 활동

내가 생각하는 초임교사와 숙련교사에 대한 이미지를 기술하여 비교해 봅시다(예: 교실 분위기, 유아나 부모와 상호작용하는 방식, 교육과정 운영 방법 등).

초임교사	숙련교사

2) 교사발달이론

교사발달을 설명하는 이론은 교사발달을 바라보는 관점에 따라 몇 가지로 구분될 수 있다. 먼저 교사의 교직수행경험을 통한 변화에 초점을 둔 경우, 교직에 입문할 때부터 퇴직할 때까지의 과정을 교사의 연령이나 경력, 생애주기에 따라 몇 가지 단계로 구분하여 제시한다. 이러한 관점에 기초한 이론들은 특정 시점에 공통적으로 나타나는 관심사나 갈등, 과업이 보편적으로 변화하는 양상을 통해 발달단계를 구분할 수 있다고 본다. 또한 대부분의 변화는 점진적이고 순차적으로 일어나기 때문에 이전 단계의 경험이 다음 단계로의 이동에 영향을 준다고 본다. 그러나 다른 한편에서는 변화가 단지 단순한 선형적 특성만을 가지는 것이 아니며, 순환적이고 역동적이라는 입장에서 복합주기 모델을 구성하기도 한다. 교사발달에 대한 또 다른 관점은 인지발달이론에 근거하여 교사의 지식이나 전략, 도덕성, 자아개념 등의 영역에서 나타나는 개인차와 성숙의 과정을 설명한다. 특정 단계의 발달은 이전 단계의 발달과 비교하여 진보와 성숙을 전제로 한다. 또한 다음 단계로의 발달은 경험에 의한 자연적 성숙에 의해서도 가능하지만 교사로서 성장하고 성취해야 하는 과업의 의미도 내포하고 있다.

여기에서는 주로 교직수행경험을 중심으로 한 교사발달이론을 살펴보고자 한다. 특히 Fuller(1969)의 이론, Fuller와 Brown(1975)의 이론, Burden(1982)의 이론을 중심으로 살펴본다. 이 이론들은 주로 교사경력의 증가에 따른 변화에 초점을 두고 있으며, 교직에 입문하는 시점부터 전문성을 확보하는 시기까지의 변화와 적응양상을 직선적 · 순차적 모델에 기반을 두어 설명하고 있다.

(1) Fuller의 이론

Fuller(1969)는 교직에 입문하기 전인 학생들을 면담하여 경력교사들의 진술과 비교하는 방식으로 교사발달이론을 구축하였다. Fuller는 교사들의 관심사가 교직 이전 시기부터 3단계를 거치며 변화하여 간다고 보았다([그림 3-1] 참조).

① 교직 이전 시기(the preteaching phase): 구체적 관심사 이전(nonconcern)

교직을 준비하는 학생 시기에는 '가르친다'는 것 자체와 관련된 구체적인 관심사를 발견하기 어렵다. 교사가 무엇에 관심을 가져야 하는지에 대해서도 잘 알지 못하고,

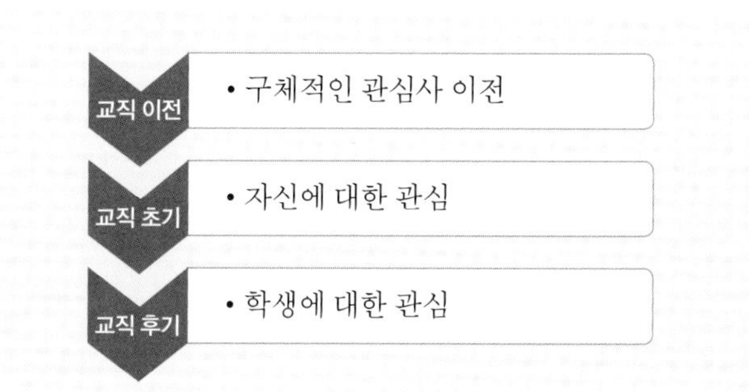

[그림 3-1] Fuller의 교사 관심사 발달이론

교수행위 자체에 대한 명확한 개념이 없는 시기이다.

② 교직 초기(the early teaching phase): 자신에 대한 관심(concern about self)

보통 교생 실습 중 구체적이고 명백한 관심사가 출현하기 시작한다. 예를 들어, 교과목을 가르치는 것, 교실운영의 문제를 예상하고 대처하는 것, 실패를 수용하는 것, 교수행위에 대한 평가를 받는 것 등이다. 이는 모두 교사 자신을 향하여 있다는 공통점이 있다. 외적으로는 학교 교직원들과 잘 지내고 전문가처럼 행동하려고 애쓰지만 내적으로는 학교 환경이 자신에게 얼마나 지지적인지, 얼마나 많은 지원을 받을 수 있을지에 대해 관심을 가진다. 이러한 관심은 종종 지나친 걱정으로 이어져서 교사로서 자신의 능력을 과소평가하거나 교직수행에 대한 염려로 이어지기도 한다.

③ 교직 후기(the late teaching phase): 학생에 대한 관심(concern with pupils)

최종적으로 교사의 관심은 교사 자신으로부터 학생들에게로 옮겨진다. 교사는 자신에 대한 평가의 기준으로 학생이 어떠한 이득을 얻었는지를 고려한다. 이 시기의 교사의 관심사는 자신이 학생을 얼마나 잘 이해하는지, 학생의 목표를 얼마나 구체화할 수 있는지, 학생의 발전을 어떻게 측정할 것인지, 학생의 성취에서 자신의 기여는 무엇인지 등에 대한 것이다.

Fuller는 자신의 이론에서 교사의 관심사가 변화해 가는 것 자체가 실제 학생들의 수행이나 성취에 직접적인 영향을 끼치지 않더라도, 적어도 이러한 관심사의 변화가 교사 행동을 변화시키는 동기로 작용할 수 있다고 보았다.

(2) Fuller와 Brown의 이론

Fuller와 Brown(1975)은 교사의 관심사 발달에 대한 이론을 정교화하였다. 이들에 따르면, 교사의 관심사는 세 가지로 구분될 수 있다. 첫째, 생존에 대한 관심으로, 교사로서 자신의 적절성에 대한 염려이다. 자신이 교실을 효과적으로 통제할 수 있는지, 학생들이 자신을 좋아할 것인지, 동료와 상사의 기대를 만족할 것인지 등에 대한 것이다. 둘째, 교수 상황에 대한 관심으로, 학생 수나 시간 제약, 자료의 부족 등과 같이 교수(teaching) 상황에 영향을 끼치는 요인에 대한 고려를 포함한다. 셋째, 학생에 대한 관심이다. 교사는 학생의 사회적 · 정서적 필요에 초점을 두고, 학생들에게 적합한 교육과정을 제공하는 것, 개별화된 교수방식을 적용하는 것, 학생들에게 공정한 것 등에 대해 관심을 가진다. Fuller와 Brown은 교사의 관심사가 어디에 집중되어 있는지에 따라 4단계의 발달적 모델을 가정하였다.

① 1단계

교직 진입 이전의 교사는 수업에서 배운 내용과 자신의 제한적인 경험을 통해 학생에 대한 이미지를 가진다. 따라서 이 단계의 교사는 구체적인 관심사를 가지기 어려우며 추상적인 수준에 머문다.

② 2단계

교사로서의 생존에 관심을 가지기 시작한다. 즉, 처음으로 교직에 입문하는 경험은 교실 통제, 교과목 숙달, 평가 등에 대한 관심을 불러일으키며, 자신이 교직에 적합한지에 대하여 끊임없이 묻게 만든다. 이 단계의 관심은 교사로서 자기 자신에게 초점을 두고 있다.

③ 3단계

생존보다는 교수 상황에 대한 관심이 나타난다. 이 단계에서 교사는 교수 상황에서 만나는 다양한 요구를 통해 한계와 좌절을 경험한다. 이들은 교과목에 대한 숙달이나 지식 자체에 초점을 두지 않고, 그것을 학생에게 전달하는 것에 관심을 가지게 된다.

교사의 관심사는 더욱 실질적이고 구체적으로 변화해 가지만, 자기 자신에 대한 관심도 여전히 남아 있다.

④ 4단계

교사가 교과목이나 교수행위에 대해 숙련되면 관심사가 학생으로 옮겨 간다. 교사는 학생들의 개별적 요구를 충족시키는 것에 대해 관심을 가지게 되며, 특히 학생의 정서적 요구와 필요를 발견하게 된다.

Fuller와 Brown의 이론이 교사의 수행이나 성취가 아닌 관심사에 초점을 두고 있다는 것을 주목하여야 한다. 각 단계마다 교사는 자신의 관심사에 따라 발견되는 문제를 해결하기 위해 노력한다. 이 이론에서 교사의 실패는 중요한 문제가 아니다. 교사가 각 단계에서 발생하는 관심사를 해결하기 위해 시도하고 노력하는 과정이 교사의 변화나 학생의 이득과 연결되기 때문이다.

(3) Burden의 이론

Burden(1982)은 4~28년의 경력을 가진 15명의 교사 인터뷰를 통해 교사의 전문성 발달에 대한 이론을 수립하였다. 전문성 발달은 총 일곱 가지 영역에서 3단계를 거친

[그림 3-2] Burden의 교사 전문성 발달영역

다. 전문성 발달의 일곱 가지 영역은 교수행동에 대한 지식, 교수환경에 대한 지식, 교사에 대한 이미지, 전문적 통찰력과 지각, 교과과정에 대한 접근과 지도, 유능감 수준에 대한 인식, 그리고 교수법 혁신에 대한 의지이다([그림 3-2] 참조). 이러한 영역에 대한 교사의 인식은 교직 첫해의 생존기, 교직 4년차까지의 조정기, 교직 5년차부터의 성숙기의 3단계를 거치며 발달한다. 각 영역의 발달은 서로 밀접한 관련이 있어서 한 영역의 발달이 다른 영역의 발달에 영향을 준다.

교사발달에 대한 이론들은 시간이 지나면서 교사의 지식, 느낌, 태도, 의지 등이 어떻게 변화하는지를 설명하고자 한다. 교직 첫해는 자신의 적절성과 유능감에 대한 염려로부터 시작한다. 해가 거듭되면서 교과목과 학생, 교수법과 교수환경에 대한 경험과 지식이 증가하면 교사는 안정감과 편안함을 느끼게 된다. 교수 상황에 대해 느끼는 익숙함과 숙련감은 점차 교육의 본질적인 측면, 즉 학생의 요구와 이득에 초점을 맞추면서 전체적인 맥락 안에서 이것들을 효과적으로 충족시킬 수 있는 방법을 모색하려는 시도를 불러일으킨다. 즉, 교사의 관심은 자기 자신으로부터 교수 상황으로 이동했다가 마침내 학생으로 옮겨 가게 되는 것이다. 최종적으로 교사는 지속적으로 학생에게 초점을 두면서 스스로를 평가하고 쇄신해 나가는 것에 대한 흥미와 관심을 계속 유지하는 단계에 이르게 된다.

▣ 활동

졸업 후 처음으로 직장어린이집에서 보육교사직을 수행하게 되었다고 가정해 봅시다. 신설 어린이집이라 보육환경은 무척 좋다고 들었으나 아직 그곳에서 일해 본 선배가 없습니다. 내가 맡게 될 반은 만 2세 토끼반입니다. 함께 일하게 될 교사는 만난 적은 없지만 다른 어린이집에서 일한 경험이 있는 3년차 교사라고 합니다. 첫 출근을 앞둔 나의 가장 큰 관심과 고민을 세 가지 적어 보고 토의해 봅시다.

1. ______________________________

2. ______________________________

3. ______________________________

2. 보육교사의 발달

대부분의 교사발달이론은 일반적인 교직수행에서의 변화와 발달을 설명하고 있으며 영유아교사의 발달에만 초점을 두고 있지 않다. 그러나 보육교사직은 다른 교직과는 구별되는 독특한 특성을 가지고 있다. 영유아의 발달적 특성, 하루 일과 및 보육과정의 특성 등이 교사발달에 영향을 끼친다. 또한 각 국가별로 보육교사를 양성하고 관리하는 체계나 보육교사의 근무환경이 보육교사의 교직주기와 발달에 영향을 끼친다. 보육교사는 교사로서 교육을 받는 기간과 실습기간, 교사생활의 전 과정을 통해 지식과 기술, 태도, 기능, 가치관, 신념 등에서 큰 변화를 겪는다. 그러나 열악한 처우 문제로 인해 높은 이직률을 보이고 사직하는 경우도 많기 때문에 이들의 발달 궤적을 설명할 수 있는 이론을 확립하는 것조차 쉽지 않은 실정이다. 이 절에서는 유아교사의 교직주기에 따른 발달을 설명한 Katz의 이론을 살펴보고, 보육교사의 교직 특성이 발달에 미치는 영향에 대해 살펴본다.

1) 보육교사의 교직주기와 발달

Katz는 그 어느 누구도 숙련교사로 시작할 수 없으며 시간이 지나고 경험이 누적되면서 자연스럽게 변화와 발전을 겪는다는 전제하에 이 과정을 4단계로 서술하였다([그림 3-3] 참조).

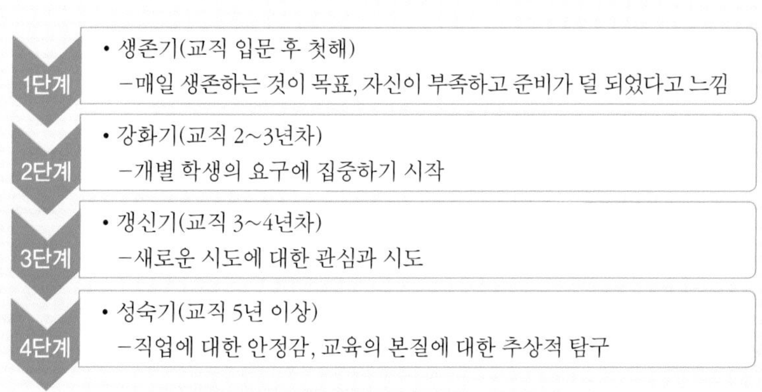

[그림 3-3] Katz의 유아교사 발달이론

Katz의 교사발달이론의 4단계를 보육교사의 교직주기 관점에서 자세히 살펴보고, 각 단계별 교사 지원방안에 대해 제시하면 다음과 같다.

(1) 1단계: 생존기

생존기는 교사생활을 시작한 첫해에 해당하며, 학교에서 배운 것과 현장에서 경험하는 것 사이에서 갈등과 혼란을 겪는 시기이다. 이 시기 교사의 발달과업은 어린 유아 집단의 성장과 발달, 학습을 이끌고 책임져야 하는 사람으로서 매일 맞닥뜨리게 되는 수많은 도전과 과제로부터의 생존이다. 교사는 스스로에게 다음과 같은 질문을 던지게 된다. '오늘 하루를 과연 무사히 마칠 수 있을까?' '한 명도 사고 없이 지낼 수 있을까?' '이 일을 이번 주까지(혹은 다음 방학 때까지) 해낼 수 있을까?' '내가 매일 이와 같은 일을 반복하며 살 수 있을까?' '동료교사들(혹은 학부모들)이 나를 좋아할까?' 등이다. 특히 에너지가 넘치고 쉽게 통제되지 않는 영유아 반을 맡게 되는 초임교사의 경우 상당한 불안을 호소하기도 한다. 자신이 기대한 성공적인 교실의 모습과 현실 사이의 괴리는 자신이 교사로서 부적합하다거나 준비가 부족하다는 느낌을 유발하게 된다.

[그림 3-4] 초임교사의 동화책 읽어 주기 활동

생존기 교사에게 필요한 지원은 지지와 이해, 격려, 확신, 편안함, 안내이다. 교사는 현재 당면한 문제를 이해하고 구체적인 행동으로 문제를 해결하기 위해 직접적인 도움을 필요로 한다. 원장이나 선배 교사가 이러한 역할을 해 줄 수 있으며, 외국의 경우 초임교사를 지원하는 다양한 전문가가 상담 및 프로그램 운영을 통해 교사를 지원한다. 초임교사에 대한 지원은 지속적으로 꾸준히 이루어져야 하며, 각 교사의 보육현장이 갖는 특수성과 구체성에 대한 이해를 가진 사람을 통해 이루어져야 한다. 우리나라는 이러한 개별화된 지원 시스템이 턱없이 부족한 실정인데, 교직 첫해의 스트레스와 위기를 효과적으로 지원하지 않으면 이후 단계로의 원만한 발달 역시 기대하기 어렵다.

(2) 2단계: 강화기

교직 첫해가 끝나갈 무렵, 교사는 자신이 생존 위기에서 살아남는 것이 가능하다는

것을 깨닫게 된다. 교직생활 2~3년 정도의 교사는 자신이 경험하고 깨달은 것을 강화해 나가면서 새로운 과제나 기술을 익혀 나간다. 이 단계의 교사는 개별 아동에게 초점을 두고 문제해결에 관심을 가지기 시작하면서 다음과 같은 질문을 가지게 된다. '떼를 쓰고 달라붙는 아이를 어떻게 도와줄 수 있을까?' '활동에 참여하지 않는 아이를 어떻게 도와줄 수 있을까?' '전이시간을 좀 더 효과적으로 운영할 수 있는 방법은 없을까?' 등이다. 이러한 질문들은 1단계의 질문과는 구별된다는 것을 알 수 있다. 초임교사가 단지 특정 연령대의 유아들이 무엇을 좋아하고, 무엇을 할 수 있는지에 대한 기초적인 지식을 가지고 있다면, 2단계의 교사는 대다수의 유아들이 보이는 양상과 다른 행동을 보이는 유아를 인식하기 시작한다. 교사는 조화로운 교실운영을 위해 특정 유아나 문제행동에 대한 개입이 필요하다는 것을 깨닫고 해결 방법을 찾기 시작한다.

강화기 교사에게도 여전히 현장지원이 유용하다. 특히 현장전문가가 구체적인 문제사례에 대해 함께 조사하고 해결책을 모색하는 것을 통해 실질적인 도움을 줄 수 있다. 예를 들어, 교사가 "매달리는 아이를 어떻게 다루어야 하나요?"라고 질문한다면, 현장전문가는 실제 교실에서 아동의 행동과 상호작용 양상을 직접 관찰하면서 즉각적이고도 실제적인 해결책을 제시할 수 있다. 현장에서 직접 코칭할 수 없는 경우에는 질문과 대답 형식의 일대일 대화 방식을 통해 교사를 지원할 수 있다. 예를 들어, "그러한 행동이 주로 어떠한 상황에서 발생하나요?" "아이에게 어떠한 전략을 사용해 보셨나요? 구체적인 상황을 설명해 주시겠어요?" "선생님께서 그렇게 하셨을 때 아이의 반응이 어땠나요?" 등의 질문은 교사가 자신의 경험을 해석하고 조직화하도록 도울 수 있다. 선배 교사와의 지속적인 대화는 2단계의 발달과업을 수행하는 데 도움을 줄 것이며, 비슷한 시기에 입사한 동료 교사와의 대화 역시 자신이 교사로서 부적절하다는 느낌이나 좌절감을 극복하는 데 큰 도움을 줄 것이다.

(3) 3단계: 갱신기

교사생활 3년차 또는 4년차에 이른 교사들은 매일 반복되는 일상에서 새로운 동력과 환기가 필요함을 느끼기 시작한다. 이 시기의 교사들은 다음과 같은 질문을 가지는데, '유아의 언어 발달을 도울 수 있는 새로운 접근법은 무엇인가?' '보육의 새로운 이슈는 무엇인가?' '최근 새롭게 개발된 자료나 교수법은 무엇인가?' 등과 같은 것이다. 교사가 유아들과 수행하는 활동이나 행사에 얼마나 흥미를 느끼고 몰입하는지가 실제

교육의 질에 영향을 끼치기 때문에, 3단계 교사의 갱신에 대한 요구는 진지하게 수용되어야 한다.

3단계의 교사는 새로운 아이디어와 자료들을 살펴보면서 유용한 것을 골라낼 수 있는 식견을 가지고 있기 때문에 공식적이나 비공식적인 자리에서 다양한 경험을 가진 교사들과의 만남을 가지는 것이 도움이 된다. 또한 다양한 유아 잡지나 저널, 유아들의 다양한 경험을 담은 사진이나 영상물을 접하는 것 등도 도움이 된다. 3단계는 개별 유아의 학습의 질을 평가할 수 있는 방법이나 그것을 공유하고 기록하는 방법에 대한 관심사가 가장 높아지는 시기이기도 하다. 이를 위해 다양한 분야의 전문가와 접촉하며 관심사를 공유하고 의견을 교환하는 것이 교사발달을 지원할 수 있다.

우리나라의 경우 강화기 혹은 갱신기를 지내면서 보육교사 3급은 2급으로, 2급은 1급으로 직급의 변화를 겪게 된다. 이러한 직급의 변화가 교사의 발달단계에 어떠한 영향을 끼치는지에 대해서는 아직 연구된 바가 적다. 교사로서 안정감을 확보하여 강화기를 연장하거나, 반복되는 일상에서 새로운 변화를 추구하는 요인으로 작용하여 갱신기로의 전이를 가속화하는 요인으로 작용할 가능성이 있으므로 이를 고려할 필요가 있다.

(4) 4단계: 성숙기

마지막 성숙기는 보통 교사경력 5년 이상의 시기에 해당하며, 교사로서의 정체성을 확립하고 자신을 지속적으로 발전시키기 위한 동력을 확보하는 시기이다. 이 시기에는 영유아의 발달적 특성에 대한 이해, 발달과 교육에 대한 철학과 신념, 동료 교사 및 학부모와의 관계에서 사회적 유능감 확보 등의 영역에 대한 고유의 관점을 가지게 된다. 이 단계의 교사는 보육교사직에 대한 편안함과 유능감, 자신감을 보이고, 더 깊고 추상적인 질문으로 나아간다. 예를 들어, '교사의 역사적 · 철학적 기원은 무엇인가?' '성장과 학습의 본질은 무엇인가?' '교육적 결정은 어떻게 만들어지는가?' '유아교육이 사회에 어떻게 기여하는가?' '보육교사직이 진정 전문적인 직업인가?' 등과 같은 질문이다. 이러한 질문은 이전에도 있어 왔지만 성숙기에 접어든 교사는 이러한 질문에 대한 깊이와 관점, 현실성에 있어서 더 의미 있고 실질적인 탐색이 가능하다는 점에서 다르다.

4단계 교사에게 필요한 지원은, 다양한 교사 콘퍼런스나 세미나를 통해 고유의 관점을 확장해 나갈 수 있도록 돕는 것이며, 때로는 학위과정을 통해 학문적 깊이를 더

하는 작업이 요구되기도 한다. 성숙기의 교사는 각종 질문에 대해 다양한 학문적 배경을 가지고 현장에서 일하는 전문가들과 상호작용할 기회를 가져야 한다. 2단계나 3단계의 교사들을 위해 다양한 아이디어를 제공하는 세미나는 4단계 교사들의 흥미를 끌지 못할 것이다. 4단계 교사들에게는 더 자기성찰적이고 심도 있는 토론이 가능한 기회를 제공하여야 한다.

2) 보육교사의 교직 특성과 발달

교사가 교직에 입문하여 경력을 쌓아 가면서 지식, 신념, 태도, 기능, 행동 등의 영역에서 일정한 변화와 발전 양상을 보인다는 것이 교사발달이론의 핵심이다. 앞서 살펴보았듯이, Katz는 유아교사의 발달을 4단계로 설명하였으며, 이는 국내 보육교사의 발달 연구에서도 기본 틀로 사용되어 왔다. 그러나 교사의 발달이 누구에게나 일정한 유형과 속도로 나타나는 것은 아니며, 교사 개인의 특성이나 보육교사의 근무환경과 처우, 사회제도적 변화 등에 따라 차이를 유발한다.

(1) 보육교사의 개인 특성

Katz의 교사발달단계에 근거하여 보육교사의 연령과 교사발달단계의 관계를 살펴본 연구(이경선, 윤정진, 2012)에 따르면, 40대 이상의 교사들은 생존기, 강화기, 갱신기 및 성숙기 모두에서 20대와 30대 교사들보다 새로운 시도나 교사발달에 대한 높은 관심 수준을 유지하는 것으로 나타났다. 그리고 성숙기 교사의 관심 수준이 원장에 비하여 유의미하게 낮았다. 이는 보육의 본질에 대한 근원적 질문과 관심이 생성되는 시기에 이를 발전시킬 수 있는 기회와 환경이 제공되지 못하기 때문으로 추측된다. 성숙기 교사의 발달을 지원하기 위해서는 보육현장의 본질적인 문제에 대해 적극적으로 토론하고 의견을 개진하는 것을 통해 실질적 참여를 이끌 수 있는 제도적 장치가 마련되어야 한다. 한편, 보육교사의 평균 근무경력이 5년 미만인 것은 직급이나 승급과 관계없이 발

[그림 3-5] 경력교사의 창의활동 시간

달을 위한 충분할 시간과 자원을 확보하지 못할 가능성을 암시한다.

(2) 보육교사의 근무환경

Katz는 어떤 교사의 경우 3년 만에도 성숙기에 접어들 수 있으며 5년 정도면 대부분 성숙기에 접어든다고 서술하였으나, 열악한 근무조건으로 인한 잦은 이직은 교사발달의 저해 요인이 될 가능성이 있다.

보육교사의 근무환경 중 교사 대 유아 비율 역시 교사발달에 영향을 주는 요인으로 작용할 수 있다. 연구 결과에 따르면, 강화기와 성숙기에서 교사 1인이 담당하는 유아가 1~5명인 경우가 16~20명인 경우보다 유의하게 높은 관심사를 유지하였다(이경선, 윤정진, 2012). 강화기와 성숙기 모두 개별 유아에 대한 관심이 높은 시기임을 고려할 때, 교사 대 유아 비율은 교사의 관심 수준과 발달에 영향을 끼치는 중요한 요인임을 알 수 있다.

(3) 사회제도적 변화

보육이 중요한 사회적 이슈로 부각되면서 이와 관련된 사회제도 역시 급변하고 있다. 사회는 성숙한 보육교사를 요구하나 성숙한 보육교사로의 발달을 돕는 제도적 지원은 여전히 미흡하다. 특히 일부 결함 있는 보육교사의 행동이 자주 대중매체에 등장하면서 교사로서 발달을 주도하고 성숙을 향해 나아가야 할 교사의 자기주도성과 동기가 상당히 위축되고 있다. 사회제도가 보육교사의 성숙 정도를 감시하고 통제하는 쪽으로 변화해 나간다면 한계가 있을 것이다. 보육교사 역시 성숙을 향하여 변화하고 발달해 가는 존재라는 사실을 인식하여야 한다. 그리고 그 변화의 중심에 보육교사로서의 만족감과 성취감이 그 동기를 주도해 나가는 동력이 되도록 지원하여야 할 것이다.

3. 보육교사의 전문성

1) 보육교사 전문성의 개념 및 특성

전문성이란 어떤 분야에 대한 상당한 지식과 경험을 통해 그 분야의 일을 수행하는

데 필요한 기술과 태도, 신념, 책임감 등을 충분하게 갖춘 상태를 의미하며, 필요에 따라 일정한 기준의 자격이 요구된다. 전문성은 단기간에 획득되지 않으며, 다양한 상황에서 적절한 의사결정을 하고 끊임없이 자기성찰을 하는 일련의 과정을 통해 서서히 획득된다. 전문성은 발달하는 특성을 가지지만, 성숙에 의한 자연적인 발달이라기보다는 외부환경과의 적극적인 상호작용과 노력을 통해 얻게 되는 성취의 의미가 강하다. 보육교사의 전문성은 보육교사직의 특성과 보육교사의 역할 측면에서 살펴볼 수 있다.

(1) 전문직으로서 보육교사직의 특성

보육교사직은 전문직으로서의 특성을 가지고 있다. 첫째, 전문직은 그 직업에 특화된 지식과 기술 체계를 가지고 있는데, 보육교사직을 수행하기 위해서는 해당 교육기관에서 제공하는 교육과정을 이수함으로써 관련 지식과 기술을 획득하여야 한다. 둘째, 전문직은 종종 그 업종에 종사하기 위한 자격증을 요구하는데, 보육교사 역시 국가수준에서 등급별 자격을 관리하고 자격증서를 발급한다. 셋째, 전문직은 종사자의 자율성을 보장하는데, 보육교사 역시 교실운영에 있어 상당한 자율성을 보장받고 있다. 그러나 무상보육이 시행된 이래로, 일정 수준 이상의 보육의 질을 확보하고 보육서비스의 질을 균등하게 할 목적으로 국가 수준의 교육과정이 시행되고 있다. 이는 자칫 보육교사의 자율성과 주도성을 위축시켜 전문성 발달을 저해할 가능성이 있으므로 보육의 질 관리와 교사 자율성 사이에 균형을 잃지 않아야 한다. 넷째, 전문직은 그에 상응하는 사회적 · 경제적 보상을 제공받는데, 보육교사의 경우 아직 이에 합당한 처우는 이루어지지 않고 있는 실정이다. 보육교사가 진정한 전문직으로 인정받기 위해서는 이에 합당한 사회적 · 경제적 보상이 이루어져야 할 것이다.

이와 같은 특성을 통해 볼 때, 보육교사직은 전문직으로서의 특성을 가지고 있으나 여전히 미흡한 면이 있으므로 보육교사의 전문성 신장을 위한 노력이 지속되어야 한다. 보육교사의 전문성이 높아질수록 보육교사가 제공하는 보육 및 교육의 질이 높아진다는 인식이 더욱 요구된다.

(2) 보육교사의 역할과 전문성

보육교사에게 기대하는 역할 측면에서 보육교사의 전문성을 살펴볼 수 있다. 보육교사는 유아의 전인적 성장과 발달을 지원할 책임이 있다. 또한 보육 대상인 유아의 연령 및 발달특성, 발달의 개인차, 돌봄과 교육의 동시 수행, 교수방법 및 상호작용의 특수성, 유아평가의 특수성 등을 고려할 때 상당히 복합적이고 창의적인 역할 수행이 요구된다. Jalongo와 Isenberg(2000)는 보육교사의 역할을 반성적 사고를 하는 실천인, 유아 권리 수호자, 아동발달 전문가, 학습 촉진자, 학습환경의 구성자, 교육과정 개발자, 교육활동 계획자, 평가자, 역할 모델, 부모 교육자, 성장하는 전문인, 정보 관리자라고 표현하였다. 이는 보육교사의 역할이 단편적인 지식의 습득으로만 가능하지 않고 수많은 노력과 시행착오, 자기평가의 과정을 통해 발달하고 성장하는 전문직으로서의 특성을 갖는다는 것을 보여 준다.

보육교사의 전문성은 보육교사 역할의 범위와 실제 수행 수준을 결정짓기 때문에 보육의 질과 직접적으로 연관된다. 또한 보육교사의 역할은 사회제도 및 교육체제의 변화, 교육에 대한 수요자의 요구 변화 등에 따라 지속적인 쇄신을 요구한다. 따라서 보육교사의 전문성을 이해하고 지원하는 것이 매우 중요하다.

2) 보육교사의 전문성 발달

Hargreaves와 Fullan(1992)은 교사의 전문성 발달을 지식과 기술의 발달, 자기이해의 발달, 직무환경에서의 생태적 발달로 구분하여 기술하였다. 이를 보육교사의 전문성 발달에 적용하여 이해하면 다음과 같다.

(1) 지식과 기술의 발달

지식과 기술의 발달은 교사들이 현장전문가로서 교육과정을 설계하고, 환경을 구성하고, 일과를 운영하며, 다양한 문제행동에 대처하며, 유아와 상호작용하는 데 필요한 구체적인 지식과 기술에서의 변화를 의미한다. 또한 이러한 지식과 기술을 다양한 상황에 맞게 융통성 있게 적용하고 변화시키는 능력을 포함한다. 보육교사가 최종적으로 습득하는 지식과 기술의 내용은 분명하며, 지식과 기술의 수준도 명확히 구분할 수 있다. 이 때문에 정책입안자나 행정가들은 교육과 훈련을 통해 교사들에게 이를 주입하려는 경향이 있는데, 전문적 지식과 기술은 본질적으로 개인의 주도성과 자율성에 의한 상향식 발전에 의해 가능하다. 특히 보육교사의 지식과 기술은 교사 개인의 특성

이나 보육현장의 맥락, 유아의 특성 등에 따라 경험 중심적으로 축적될 필요가 있다. 따라서 명문화된 지식과 기술 중심의 교사 지원체계가 아닌 실천적 지식으로서 보육현장과 교사 개인의 특성을 고려한 지원체계가 요구된다.

(2) 자기이해의 발달

자기이해의 발달은 개인적인 차원의 발달과 교사로서의 발달을 모두 포함한다. 이는 교직을 수행하는 전 과정을 통해 점진적으로 나타나며 교사가 현재 어떠한 생애주기에 있는지, 교사 개인의 성장 배경이나 성격 특성이 무엇인지, 중요한 생애사건이 발생하거나 위험요인을 가지고 있는지 등에 따라 상당한 개인차를 보일 수 있다. 발달하는 개체로서 자기이해가 향상되고 이러한 인식이 교사로서의 정체성과 접목되면서 교수행동이나 보육에 대한 신념, 자질, 태도, 유능감 등에 영향을 끼친다. 특히 전문적인 지식과 기술이 일정 수준에 도달하면 개인의 신념과 태도가 실제 수행이나 성취에 더 큰 영향을 줄 수 있다는 점에서, 보육교사의 자아에 대한 인식은 전문성을 지원하는 매우 중요한 요소이다. 따라서 보육교사의 전문성 지원이 단지 새로운 지식과 기술을 습득하는 데 치중해서는 안 되며, 반성적 사고와 자기성찰의 기회를 제공함으로써 보육교사의 자기이해 향상에 기여하여야 한다.

(3) 직무환경에서의 생태적 발달

교사를 둘러싼 다양한 차원의 생태적 변화가 교사의 전문성 발달을 지원하기도 하고 방해하기도 하면서 교사와 상호작용한다. 교사와 매일 관계를 맺는 유아, 부모, 동료 교사, 원장 등이 교사의 발달에 영향을 끼치며, 교사가 근무하는 보육환경이나 지역사회의 환경이 전문성 발달에 영향을 끼친다. 또한 더 넓게는 보육교사를 지원하고 관리 · 감독하는 기관, 보육과 관련된 사회적 · 제도적 변화나 대중매체가 전문성에 대한 인식과 변화에 영향을 끼친다. 보육교사로서 자신을 둘러싼 인적 · 물적 · 사회적 환경이 개인으로서의 자신의 발달과 교사로서의 자신의 발달에 어떠한 영향을 끼치는지 이해하고 더 바람직한 의사결정과 참여를 지속해 나가는 것은 전문성 발달에 필수적이다. 보육교사의 전문성 지원에 있어 이러한 영역은 간과되기 쉬운데, 전문직으로서 보육교사의 사회적 기여와 참여를 높이기 위해 반드시 고려되어야 한다.

3) 보육교사의 전문성 함양

(1) 수준 높은 전문성 지원체계의 특성

보육교사의 전문성을 효율적으로 지원하기 위해서는 다음의 10가지 요소가 지원체계에 반드시 포함되어야 한다(Kedzior & Fitfield, 2004).

첫째, 분명한 내용을 포함하고 있어야 한다. 연구에 따르면, 교사가 이전에 받은 전문성 발달 경험이 교과내용에 어느 정도 초점을 두고 진행되었는지가 현재 교사의 기술이나 이해 수준과 직접적인 연관을 보였다. 즉, 보육교사가 획득하여야 하는 지식과 기술의 내용과 체계를 구조화하고 분명하게 전달하여야 한다.

둘째, 보육교사로서의 업무에 대한 실질적 기여가 있어야 한다. 즉, 보육교사의 전문성 지원이 실제 업무 영역으로 확장되어 보육업무에 대한 실질적 참여를 이끌어 내고, 적극적인 학습 기회를 만들며, 교사의 일상적 업무와 더 쉽게 연결되어야 한다. 셋째, 교사 간 교류와 협력을 지원하여야 한다. 보육교사의 전문성은 현장전문가인 동료 교사들이 지속적으로 협력하고, 직접적인 보육활동 이외의 활동(예: 프로젝트나 연구)에 함께 참여하는 것을 신장될 수 있다. 비슷한 연령대를 담당하고 있거나 비슷한 주제에 관심이 있는 교사들 간의 협력은 더 적극적인 참여를 이끌어 낼 수 있다. 넷째, 현장을 기반으로 이루어져야 한다. 보육교사의 일상적 업무와 그 업무가 이루어지는 공간 속에서 직접적인 지원을 받을 때 효율성을 높일 수 있다. 다섯째, 일회성 지원으로 끝나서는 안 된다. 후속지원과 추가 학습에 대한 계획을 통해 지속성 있는 지원을 하여야 한다. 여섯째, 교사의 목표와 일치하고 통합될 수 있는 자원을 제공하여야 한다. 이를 위해 가장 최신의 유용한 연구 결과와 자료들이 제공되어야 한다. 일곱째, 연구와 토론을 장려하여야 한다. 교사가 지속적으로 학습하고 연구하는 것은 자연스럽게 토론하고 계획하고 실행하는 일련의 과정을 촉진한다. 여덟째, 교사 자신의 요구와 흥미가 반영될 수 있는 환경이 제공되어야 한다. 이를 통해 교사 자신이 전문성 발달의 내용과 과정에서 주도성을 가질 수 있어야 한다. 아홉째, 개별 유아의 실질적인 발달과 성장에 대한 기록은 물론 학급의 변화와 발달에 대한 기록이 필요하다. 이는 보육교사의 전문성 발달의 방향과 목표, 성취를 진단하고 계획할 수 있는 중요한 척도이다. 열째, 교사 자신의 진보와 노력에 대한 자기평가가 포함되어야 한다. 반성적 사고와 자기성찰은 전문성 발달의 중요한 요소이다.

(2) 전문성 지원모델

높은 수준의 전문성 지원을 가능하게 하는 몇 가지 모델의 예시를 살펴보면 다음과 같다.

- 멘토링: 멘토링은 초임교사나 경력교사 모두에게 서로를 통해 학습할 기회를 제공한다. 특히 초임교사는 경력교사와의 상호작용을 통해 매일 당면하는 도전적인 과제를 어떻게 창의적이고 효과적인 방식으로 해결할 수 있는지 배울 수 있다. 멘토링은 교실 관찰이나 코칭, 피드백, 팀워크 등 다양한 방식으로 일어날 수 있다. 교사들은 멘토링을 통해 유아나 보육에 대한 태도의 변화, 효능감의 증가, 자기 통제의 향상, 다양한 종류의 교수법 학습 등을 경험하였다고 보고하였다.
- 연구와 토론을 위한 모임: 예를 들어, 교사들은 어떤 개념이나 주제를 유아가 어떻게 이해하고 해석하는지, 특정 교수법에 대한 유아의 반응과 효과가 무엇인지 등과 같은 질문에 대해 동료들과 함께 데이터를 수집하고 분석하고 결과를 공유함으로써 유아의 발달에 대한 이해를 넓힐 수 있다. 미국의 경우 CBCI(Content-Based Collaborative Inquiry, 내용기반 상호협력 연구)나 CGI(Cognitive Guided Instruction, 인지 지도 교수)와 같은 구체적인 전문성 발달 모델을 설정하고 교사를 지원하기도 한다.
- 현장 연구: 교사가 자신의 보육활동을 계획하고 연구하며 개선해 나가기 위해 실시하는 공개수업과 같은 것이다. 연구 그룹의 한 교사가 보육활동을 시연하는 동안, 다른 교사들은 이를 면밀히 관찰한다. 그리고 관찰한 세부 내용에 대해 토론하면서 개선 방안을 모색하고 유사한 보육활동을 재시연하는 과정을 반복하면서 구체적인 교수방식의 향상을 도모하는 것이다.

이러한 지원은 보육교사의 전문성을 직접적으로 향상시키기 위해 시행될 수 있는 매우 적극적인 교사-주도적 참여 방식의 예이다. 그러나 현실적으로는 특정 직급이나 경력의 교사를 대상으로 한 대규모 세미나가 우리나라 전문성 지원 모델의 대다수를 차지하고 있다. 각 어린이집 내의 소모임이나 지역별 모임을 통해 이와 같은 적극적인 전문성 지원 모델이 시연될 수 있도록 구체적인 방안을 모색할 필요가 있다.

생각할 문제

1. 보육교사의 전문성을 고려할 때 현재 교사직을 준비하는 나에게 가장 필요한 지원은 무엇이라 생각하는지 생각해 봅시다.

2. 보육교사로서 자신의 경력 발달에 대한 계획을 이야기해 봅시다(예: 일하고 싶은 곳, 운영해 보고 싶은 교육과정, 자격 승급 계획 등).

참고문헌

이경선, 윤정진(2012). 보육교사 관심사 발달단계에 따른 직무만족도 분석. 미래유아교육학회지, 19(1), 53-77.

Burden, P. R. (1982). Implications of teacher career development: New roles for teachers, administrators and professors. *Action in Teacher Education, 4*(3-4), 21-26.

Day, C. (2002). *Developing teachers: The challenges of lifelong learning.* London: Routledge.

Evans, L. (2002). What Is Teacher Development? *Oxford Review of Education, 28*(1), 123-137.

Feiman, S., & Floden, R. E. (1980). A Consumer's Guide to Teacher Development. *Journal of Staff Development, 1*(2), 126-147.

Fuller, F. F. (1969). Concerns of teachers: A developmental conceptualization. *American Educational Research Journal, 6*(2), 207-226.

Fuller, F., & Brown, O. (1975). Becoming a Teacher. In K. Ryan (Ed.), *Teacher education: Seventy-fourth yearbook of the national society for the study of education.* Chicago: University of Chicago Press.

Hargreaves, A., & Fullan, M. (1992). *Understanding teacher development.* NY: Teachers College Press.

Jalongo, M. P., & Isenberg, J. P. (2000). *Exploring your role: A practitioner's introduction to early childhood education.* Upper Saddle River, NJ: Prentice-Hall Inc.

Kedzior, M., & Fitfield, S. (2004). Teacher professional development. University of Delaware Educational Research & Development Center Education Policy Brief, 15. Available at http://www.rdc.udel.edu (accessed 10 January 2012).

제4장

보육교사의 역할과 자질

학습목표

1. 보육교사의 역할에 대해 알아본다.
2. 보육교사의 자질에 대해 알아본다.
3. 보육교사에 대한 사회적 · 교육적 요구에 대해 알아본다.

보육교사의 역할과 자질은 보육의 질적 향상을 위해 반드시 고려해야 하는 중요한 사항이다. 기술적이며 지식적인 부분 이외에도 보육교사직을 준비하는 예비보육교사로서 가장 중점을 두어야 하는 전문성과 마음가짐에 해당하는 부분이라 할 수 있다. 이 장에서는 부모 대신 어린이집에서 영유아와 많은 시간을 보내며 영유아의 발달에 부모만큼 중요한 영향을 미치는 보육교사가 수행해야 하는 역할과 기본적으로 갖추어야 하는 자질에 대해 알아본다.

1. 보육교사의 역할

'역할'은 "자기가 마땅히 하여야 할 맡은 바 직책이나 임무"(국립국어원, 2021)를 뜻한다. 보육교사의 역할은 부모를 대신하는 영유아의 성장과 발달의 과정에 있어 보호와 교육 측면의 전문가로서 신체적 · 사회적 · 정서적 · 지적 발달을 균형 있게 격려할 수 있도록 교육방법을 연구하고 적용하는 것이다. 또한 교실환경을 구성하고 영유아를 배움의 길로 안내하는 교육자로서 영유아의 연령과 발달수준을 의식하여 적절한 자극을 제공해야 한다. 나아가 보육교사는 부모들이 안심하고 사회경제활동을 할 수 있도록 부모와의 정보교환 교류자로서 원활한 의사소통을 통해 교사나 어린이집에 대한 신뢰감을 형성하게 하는 역할을 수행하는 등 영유아를 양육하고 교육하며 영유아와 부모를 조력하고, 동료와 협력하는 여러 가지 역할을 동시에 담당해야 한다. 보육(educare)은 보호(care)와 교육(education)이 합쳐진 의미이기 때문이다. 이러한 보육을 수행하는 보육교사의 역할을 구체적으로 살펴보면 다음과 같다.

1) 양육자

'양육'은 "잘 보살펴서 올바르게 성장할 수 있도록 하는 것"(국립국어원, 2021)이다. 보육교사는 개인의 발달과정 중에서 가장 중요한 영유아기에 부모를 대신하여 영유아를 잘 보살펴서 신체적 · 정신적으로 올바르게 성장할 수 있도록 도와주어야 할 임무가 있다.

(1) 신체적으로 건강하고 안전한 환경 제공

보육교사는 영유아가 신체적으로 올바르게 성장하기 위해 필요한 균형 잡힌 식사를 통한 영양소 공급과 충분한 수면과 휴식을 제공해야 하는 동시에 학급 또는 원내에 유해물질을 제거하여 영유아가 건강하고 안전한 신체적 성장을 이룰 수 있도록 세심한 주의를 기울여야 한다. 영유아기는 두뇌를 포함하여 급격한 신체발달이 이루어지는 시기이므로 많은 열량을 소비하는 관계로 이를 보충할 수 있는 영양소가 필요하다. 규칙적이고 균형 잡힌 식단을 통해 성장에 필요한 신선한 음식물을 골고루 섭취하는 올바른 식습관을 형성하여 신체적인 건강을 유지하고, 다른 사람들과 어울려서 식사하는 즐거움을 알고, 식사에 필요한 예절을 습득할 수 있도록 지도해야 한다.

또한 성장기에 가장 필요한 충분한 수면을 규칙적으로 취할 수 있는 환경을 조성해야 한다. 연령이 증가하면서 뇌의 성장에 따라 수면 시간이 줄어들기는 하지만 자신의 집이 아닌 어린이집에서 또래들과 단체생활을 하며 주어진 일정에 따라 활동하면서 느낄 수 있는 피로감 또는 긴장감을 완화시키기 위해서라도 아늑한 분위기를 조성하여 매일 일정 시간 수면을 취할 수 있도록 일정을 세우고 지도한다. 만약 낮잠을 쉽게 이루지 못하는 영유아의 경우 질병 또는 젖은 기저귀 등이 원인이 될 수 있으니 보육교사는 이를 면밀히 살펴보아야 한다. 이때 취침도구의 청결함을 유지해야 하며, 수면 중 이불이 영유아의 호흡을 방해하지 않는지도 주기적으로 세심히 살펴보아야 한다. 영유아의 수면 시간 동안에는 교사가 항상 같은 공간에 있어야 하며, 수면 중인 영유아만을 남겨 놓고 교사가 교실을 떠나는 일이 없도록 주의한다. 아울러 영유아가 생활하는 공간에 유해한 가구나 물건이 없는지 늘 확인하고 점검한다. 영유아들이 생활하는 가정이나 어린이집, 지역사회에서 영유아가 사용하기에 부적합한 시설물이나 생활도구, 장난감 등에 노출되어 발생하는 생활안전사고는 걸음마를 시작해서 활동량이 많아지는 만 1~3세 때 특히 많이 발생하므로 세심한 주의가 필요하다.

(2) 정신적으로 건강하고 안전한 환경 제공

부모와 마찬가지로 보육교사 역시 영유아에게 매우 중요한 인적 환경이므로 영유아에게 민감하고 일관적으로 반응하며 많은 사랑과 관심을 보여야 한다. 긍정적인 상호작용을 통해 영유아가 타인에 대한 신뢰감과 안정감을 느끼며 정신적으로 건강하고 안전한 환경에서 생활할 수 있도록 돕는다. 영유아기는 양육자에 대한 의존도가 높아

서 이로 인해 양육자로부터 가장 많은 영향을 받는 시기이다. 따라서 부모를 대신하여 양육하며 영유아와 하루 일과 대부분을 함께 보내는 보육교사가 제공하는 양질의 양육환경은 영유아의 정신 건강에 절대적인 영향을 미친다. 특히 영아기는 양육자와의 애착형성에 중요한 시기인데, 여러 대상에게 위계적으로 다중 애착을 형성할 수 있어 부모와의 관계를 통해 형성하는 애착관계와는 별도로 보육교사와도 의미 있는 애착을 형성할 수 있다. 신체적 보살핌뿐 아니라 정신적 · 정서적 보살핌은 보육의 기본이며, 이는 긍정적인 관계형성에 필수적이다. 단체생활 특성상 영유아는 보육교사로부터 관심받기를 원하며, 교사와 형성하는 개별적인 애착관계는 어린이집 적응에 중요한 요인이 된다. 보육교사와 안정애착을 형성한 영유아는 적극적으로 탐색활동을 하고 부정적인 행동을 덜 하는 등 또래와도 원만한 관계를 유지하며 정서적으로도 안정적인 모습을 보인다(민성혜, 신혜원, 김의향, 2012). 또한 보육교사는 애정 어린 관심과 격려, 상황에 맞는 칭찬, 공감 등 정서적으로 지지하여 영유아가 올바른 자존감과 자신감을 형성하고 독립심을 키워 긍정적인 자아관을 형성할 수 있도록 돕는다.

2) 교수자

영유아가 건강한 개인으로 성장할 수 있도록 돌봄 이외에도 발달에 적합한 환경을 제공하고 흥미를 유발하여 놀이를 통한 배움의 즐거움을 느끼도록 도와주어야 한다. 이러한 교수자로서의 역할을 자세히 살펴보면 다음과 같다.

(1) 관찰, 기록 및 평가

교수자로서 가장 기본은 교육할 대상에 대한 충분한 이해를 통해 정확한 발달단계를 파악하는 것이다. 이를 위해 보육교사는 매일 주의 깊고 지속적인 관찰을 통해 영유아 개개인의 요구, 언어 및 행동의 특성, 관심 사항 등에 관한 정보를 수집해야 한다. 이렇게 수집된 정보는 영유아의 신체, 인지, 언어, 사회정서 등 현재 발달상황을 파악하여 발달에 적합한 교수계획을 세우는 자료가 될 뿐 아니라 부모와 공유할 수 있는 귀중한 자료가 된다. 따라서 보육교사는 영유아의 건강 상태, 감정 상태, 말과 행동, 참여한 활동, 집중하는 정도, 식사, 수면, 또래관계 등 영유아의 모든 일과를 관찰하며 기록해야 하는데, 이때 주관적인 편견을 배제하고 객관적인 사실 위주로 기록한다. 특히 자유놀이 시간에는 영유아에 관한 많은 정보를 얻을 수 있으므로 보육교사는 이 시간을 적극 활용하여 영유아 개개인에 대한 풍부한 자료를 수집하고 기록한다. 영유아가 보육활동이 진행되는 동안 보여 주는 작은 변화라도 놓치지 않도록 보육교사는 영유아 개개인의 발달 진행 상황에 주의를 기울인다. 영유아에 대한 평가 또한 이러한 관찰 및 기록에 의해 객관적으로 이루어져야 한다. 보육활동의 목표에 도달했는지 등을 파악하여 평가하되, 영유아의 행동과 심리 상태, 발달상황에 대해 임의로 진단을 해서는 안 된다. 영유아의 행동과 심리 상태, 발달상황이 우려스러운 경우에는 부모와 상담을 통해 이러한 우려를 전달하여 전문가에게 정밀진단을 받을 수 있도록 부모에게 권유를 하는 것이 바람직하다.

(2) 보육 및 교육과정 운영자

최근 제4차 표준보육과정과 2019 개정 누리과정이 공포됨에 따라 영유아중심, 놀이중심의 보육 및 교육과정이 시행되고 있다. 이전 보육 및 교육과정에서는 교사가 계획하고 운영하는 방식이었으나, 제4차 표준보육과정과 2019 개정 누리과정에서는 교사의 주도하에 이루어지는 활동보다는 영유아에게 더 많은 놀이시간을 확보하고, 더 자유롭게 놀이를 통한 배움을 경험할 수 있도록 영유아의 자율성을 강조하고 있다. 영유아가 직접 하고 싶은 활동을 선택하도록 하여 영유아의 흥미를 바탕으로 보육 및 교육과정을 함께 만들어 가도록 한다. 이때 교사의 자율성 역시 보장되어야 하며, 시행착오를 두려워하지 않는 실험정신과 반성적 사고를 통해 자신의 전문성 향상을 위해 노력한다. 보육교사의 창의적인 사고에 따라 보육의 질이 달라질 수 있으므로 보육교사의 전문적인 기술과 지식을 향상시키고 창의성을 증진시키기 위한 적극적이고 열린 태도와 노력이 필요하다. 보육교사가 능동적이고 창의적이며 탄력적인 자세로 학급을 운영한다면 영유아 또한 능동적이고 창의적이며 탄력적인 학습자가 될 것이다.

(3) 촉진 및 지지

하루 일과 중 많은 시간을 함께하는 보육교사와 영유아가 맺는 관계는 영유아의 모든 발달영역에 중요한 영향을 미친다. 수동적인 학습이 아닌 능동적인 학습을 통해 영유아가 각자의 발달속도에 맞춰 매일매일 성장할 수 있도록 보육교사는 배움을 촉진하고 도전을 지지해 준다. 이때 영유아의 흥미를 유발할 수 있는 발달에 적합

한 활동을 제시하여 배움의 무대를 만들어 준다. 좋아하는 일을 스스로 선택하게 해 줄 때 영유아는 관심사를 발견하고 그것에 대해 더 알고 싶어 하는 경향이 있으므로(Duckworth, 2016), 놀잇감 또는 활동을 스스로 선택할 수 있는 자율권을 가능한 한 많이 갖도록 한다. 또한 영유아가 자유롭게 탐색하고 시행착오를 겪으면서 배움의 기쁨을 느낄 수 있도록 보육교사는 단답형 질문이 아닌 개방형 질문을 많이 하여 사고력을 키워 준다. "왜 그럴까요?" "어떻게 할 수 있을까요?" 등의 질문에 대해 즉답을 하지 못하더라도 보육교사가 대신 대답을 제시하는 것보다 그 질문을 계속 염두에 두고 영유아 스스로 또는 보육교사의 도움으로 답을 찾아가는 과정을 즐길 수 있도록 촉진한다. 이때 애정과 인내심을 가지고 여러 번 시행착오를 경험할 수 있도록 격려해 준다. 아울러 영유아의 행동이나 성과에 대해서는 결과 중심의 칭찬보다는 노력하고 경험한 과정을 되짚어 주면서 칭찬하는 이유를 함께 얘기해 주는 것이 중요하다. 부모나 교사 등의 주변인들로부터 격려와 지지, 칭찬을 많이 받고 수용적인 환경에서 성장한 영유아는 자신감과 자존감이 높으며, 새로운 환경에 적응을 잘하며 시도해 보지 않은 것에 대한 도전을 주저하지 않고 설령 실패를 경험하거나 어려움을 겪어도 극복해 낼 수 있는 탄력성이 높을 뿐 아니라 원만한 대인관계를 형성할 수 있는 것으로 알려져 있다(김주환, 2011).

(4) 본보기 역할

Bandura(1977)의 사회학습이론에 따르면, 영유아는 다른 사람의 행동, 사고, 언어, 감정표현, 문제해결 방법 등을 관찰하고 이를 인지하여 모방 또는 모델링을 통해 학습한다. 즉, 관찰학습을 통해 타인의 행동, 사고, 언어, 감정표현, 문제해결 방법 등을 인지적으로 재현하여 스스로 그러한 행동을 한다. 보육교사는 영유아가 하길 바라는 행동, 사고, 언어, 감정표현, 문제해결 방법 등을 긍정적으로 표현하는 것을 직접 보여 줌으로써 영유아에게 본보기 역할을 해야 한다. 지시적인 방법으로 활동에 꼭 필요한 정보 및 기술을 제공하거나 영유아에게 바라는 행동 등을 보육교사가 지시적이지 않은 암시적인 방법으로 먼저 실천함으로써 영유아가 본받아 따라 하기를 유도할 수도 있다.

영유아는 부모나 교사 등 일상생활의 대부분을 함께하는 의미 있는 타인이 보여 주는 행동, 사고, 언어, 감정표현, 문제해결 방법 등을 모방하여 동일시하는 경향이 있다. 또한 의미 있는 타인을 통해 영유아는 사회적으로 요구되는 규범이나 규칙, 올바른 가치관, 긍정적인 태도 등을 자연스럽게 습득하게 될 것이다. 따라서 보육교사는 모든 행동, 사고, 언어, 감정표현, 문제해결 방법 등이 영유아에 의해 모방됨을 잊지 말고 일관되고 긍정적이며 공정한 모습을 보여 언제나 영유아들의 긍정적인 본보기가 될 수 있도록 노력해야 한다.

3) 협력자

(1) 부모와의 협력

보육교사는 담당하는 영유아 및 그들의 부모와 신뢰를 바탕으로 한 긍정적인 인간관계를 이루어야 한다. 영유아가 건강하고 올바르게 성장할 수 있는 환경을 제공하기 위해서는 부모만 노력해서도 안 되고 보육교사만 노력해서도 안 된다. 즉, 부모와 보육교사가 긴밀한 협력관계를 유지하면서 영유아와 관련된 모든 정보를 공유하고 함께 고민하여 보다 나은 물리적 · 정신적 환경을 제공해야 한다. 부모를 대신하여 많은 시간 함께하며 영유아의 일상생활을 지켜보는 보육교사는 영유아의 발달적 이정표나 활동 또는 학습한 내용, 말이나 행동, 또래관계, 음식 섭취 및 수면, 기분 상태 등의 영유아에 관한 세세한 정보를 매일 공유해야 한다. 마찬가지로 부모는 가정에서 관찰된 영유아의 모습이나 영유아가 경험한 것을 보육교사에게 알려서 영유아에 관한 작은 정보라도 공유함으로써 영유아를 함께 양육하고 교육하는 파트너가 되도록 협력한다. 이때 보육교사가 먼저 부모에게 다가가야 하며, 부모에게 전문적이고 진실되며 성실하며 공정한 모습을 일관적으로 보여야 한다. 부모는 이러한 보육교사를 신뢰하며 존중하게 될 것이며, 조심스러운 개인적인 정보까지 공유하고자 할 것이다. 보육교사와 부모의 신뢰를 바탕으로 한 협력은 영유아에게 이로우며, 영유아의 올바른 성장과 전인적 발달을 도모하기 위한 필수조건이라 할 수 있다.

(2) 원장 및 동료교사와의 협력

보육교사는 영유아를 위해 부모와의 긴밀한 협력뿐 아니라 원장 및 동료들과도 긍정적인 인간관계를 바탕으로 한 협력이 필요하다(La Paro, 2016). 자신이 보육교사로서 학급운영을 잘하고 있는지 스스로 확인하기 쉽지 않으므로 원장 또는 동료교사에

게 열린 마음으로 조언을 구하고 피드백을 받아 자신의 부족한 부분을 채워 나아감으로써 교수능력을 향상시키고 전문인으로서 성장할 수 있을 것이다. 또한 영유아에 대한 지식 및 기술, 성공적이었던 활동 내용 및 자료를 공유하여 서로에게 의지할 수 있는 인적 자원이 되어 준다면 직무에 대한 부담도 줄어들게 된다. 보육교사직은 주로 영유아나 부모와의 대인관계가 위주인 역할을 수행함에 있어서 실제로 느끼는 정서와 다르더라도 긍정적인 정서를 많이 표현해야 하는 정서노동이 강조되는 직업으로 교육 관련 다른 직종에 비해 육체적 · 정신적 소진이 높다(Cukur, 2009). 원장 및 동료교사와의 협력이 원활이 이루어지지 않는다면 보육교사의 정서적 소진은 더욱 심해질 것이며, 이로 인해 직무 스트레스가 높아지고 직무만족도는 낮아질 것이다. 이러한 부정적인 결과로 인해 영유아에게 좋은 환경을 제시하지 못하여 결국 보육의 질은 낮아질 것이다. 따라서 원장은 보육교사가 소속감을 느끼며 자유롭게 의사결정에 참여하고 서로 지지하는 편안한 환경을 만들어 주도록 노력해야 한다. 보육교사는 동료들과 경쟁 관계가 아닌 서로 협력하고 예의를 지키면서도 화목하게 지내는 관계를 맺을 수 있도록 각자 노력해야 할 것이다.

2. 보육교사의 자질

앞서 살펴본 보육교사의 역할을 성공적으로 수행하기 위해 필요한 자질에 대해 알아보자. 자질(資質)이란 "타고난 성품이나 소질" 또는 "어떤 분야의 일에 대한 능력이나 실력의 정도"(국립국어원, 2021)라는 사전적 의미를 지니고 있다. 질적인 보육서비스 제공을 위해 보육교사의 자질 향상이 무엇보다도 중요하다는 사회적 관심과 요구가 꾸준히 제기되어 왔다. 그 결과, 2017년부터 시행되고 있는 「영유아보육법」에 의하면, 보육교사 자격증 취득을 위해 인성과 관련된 2개의 교과목 6학점을 대면교육을 통해 이수해야 하며, 원장 및 보육교사의 자질 향상을 위한 보수교육에도 인성 함양과 관련된 내용이 포함되어 있는 등 보육교직원 인성의 중요성이 강조되고 있다. 또한 현장실습 기간이 4주에서 6주로 늘어나고, 사이버 교육을 통한 보육교사 자격증 취득과정에서도 대면교육을 강조하는 등 보육교사의 자질을 높이고 전문성을 향상시키기 위한 「영유아보육법 시행규칙」이 개정(2016. 1. 12. 공포, 보건복지부령 제392호)되는 등 보육교사의 자격기준이 강화되었다. 이러한 자격 취득을 위한 요건 강화는 생애 중 발달에 있어 가장 결정적으로 중요한 시기이며 의미 있는 타인으로부터 많은 영향을 받는 영유아기에 1년이라는 결코 짧지 않은 기간 동안 영유아를 담당해야 하는 보육교사의 자질의 중요성을 강조한 결과라 하겠다. 따라서 대학에서의 보육교사 양성교육 역시 이러한 자질을 향상시켜 주는 것이 중심이 되어야 한다.

이러한 의미로 살펴보았을 때 보육교사의 자질은 개인적 자질과 전문적 자질로 나누어 살펴볼 수 있다. 영유아에 대한 사랑과 열정, 신체적 · 정신적 건강, 공정함과 책임감, 긍정적인 자아인식, 민감성 · 반응성 · 인내심 등의 개인적 자질, 그리고 보육 관련 전문지식과 기술, 보육에 대한 자부심 등 전문 보육인으로서 성장하게 하는 전문적 자질을 갖추어야 한다.

1) 개인적 자질

(1) 영유아에 대한 사랑과 열정

가장 기본적으로 갖추어야 하는 자질은 영유아에 대한 사랑과 직업에 대한 열정이다. 영유아는 신체적 · 정신적으로 주변 성인에게 많은 부분을 의지하며 또한 영향을 받는다. 자신의 가정이 아닌 공동체 생활을 하는 기관에서 부모 대신 일과를 함께하며 보살펴 주는 보육교사가 보여 주는 사랑과 관심은 타인에 대한 신뢰뿐 아니라 자신에 대한 긍정적인 표상을 형상하게 되어 자신을 가치 있는 사람으로 인식하게 해 줄 것이다. 여러 영유아를 동시에 보살펴야 하며 때로는 힘들게 하는 영유아를 만나게 되겠지만, 생애 가장 중요한 시기에 기관에서 많은 시간을 함께하는 보육교사가 영유아 개개인에게 미치는 영향력을 생각해서라도 영유아에 대한 사랑과 보육교사직에 대한 열정으로 대해야 한다. 이러한 자세를 취하기 위해서는 보육교사에게 인내심 또한 필요하다. 여러 명의 영유아를 동시에 돌봐야 한다는 이유로 조금 뒤처지거나 힘들게 하는 영유아를 다그치거나 강요하지 말고 인내심을 가지고 일관되고 긍정적인 마음가짐으로 기다려 주며 보듬어 준다면 영유아 또한 긍정적으로 변화된 모습을 보여 줄 것이다.

(2) 신체적 · 정신적 건강

보육의 질적 수준을 좌우한다고 할 수 있는 중요한 인적 자원인 보육교사의 신체

적 · 정신적 건강은 영유아의 신체적 · 정신적 건강에 직접적인 영향을 미치므로 매우 중요하다. 영유아와 상호작용을 위해 끊임없이 신체적 접촉을 해야 하며 신체활동이 활발한 영유아를 집단적으로 안전하게 양육하고 교육하기 위해서는 보육교사 역시 상당한 체력이 요구된다. 보육교사의 질병으로 인해 대체교사가 투입되는 경우 영유아는 익숙하지 않은 새로운 교사에게 새롭게 적응해야 하므로 영유아 입장에서도 부담스러운 일이다. 따라서 전염병 및 질병을 잘 예방하고 체력 관리 또한 잘하는 전문인으로서의 기본적인 자질을 갖춘다.

신체적 건강 못지않게 중요한 것이 보육교사의 정신적 건강이다. 보육교사가 정신적으로 밝고 건강한 상태를 유지하며 올바른 행동과 긍정적인 정서표현을 해야 영유아에게도 긍정적인 영향을 미친다. 근래에 보육현장에서는 아동학대라는 불미스러운 일이 종종 발생하여 사회적 우려를 낳고 있다. 일부 정신적으로 건강하지 못한 보육교사의 아동학대가 자행되고 있으며, 직접 학대를 경험한 피해영유아에게는 평생 지속되는 매우 심각한 심리정서적 상처를 남기고 있다. 이 뿐만 아니라 이를 목격한 다른 영유아에게도 역시 악영향을 미쳐 아동학대를 직간접적으로 경험한 영유아 모두에게 발달상 악영향을 미치고 있다. 따라서 직무 또는 일상생활에서 스트레스를 받는다고 생각이 되거나 여러 가지 원인으로 인한 불안, 우울, 자존감 및 교사효능감 저하를 느낀다면 주변의 도움을 받아서 이를 해결하기 위한 노력을 해야 한다. 한국보육진흥원에서는 보육교사로서 자신의 마음상태를 점검하고 심리적 성장을 도모하기 위한 '마음성장 프로젝트'([그림 4-1] 참조)를 통해 내면적으로 느끼는 어려움을 도와주고 있다.

[그림 4-1] 한국보육진흥원-마음성장 프로젝트 사이트(http://mindup.kcpi.or.kr)

또한 각 지역의 육아종합지원센터에서는 상담전문요원을 배치하여 보육교직원의 직무 스트레스 및 정서적 · 심리적 어려움에 대해 심리상담을 실시하고, 아동학대 예방 관련 업무를 수행하여 안전하고 건강한 보육환경을 마련하기 위한 보육교직원 상담 사업을 실시하고 있다. 이러한 관계 기관들을 적극 활동하여 능동적으로 자신의 정신 건강을 유지하려는 노력을 해야 할 것이다.

(3) 공정함과 책임감

여러 영유아를 동시에 돌보는 보육교사는 매사에 공정해야 하며, 한 개인의 올바른 성장을 돕는 과정에서 매우 커다란 영향을 미치는 입장이라는 사실에 결코 가볍지 않는 책임감을 느껴야 한다. 「영유아보육법」 제3조에도 명시되어 있듯이, 영유아는 자신 또는 부모의 직업, 종교, 국적, 사회적 신분, 경제적 지위, 장애 여부 등에 따른 선입견으로 인해 그 어떤 차별적인 대우를 받지 말아야 한다. 또래끼리 갈등이 생겼을 경우 또는 영유아를 대함에 있어서 보육교사가 선호하는 영유아가 있다고 편파적인 행동을 하거나 감정에 따라 합리적이지 않은 지도를 한다면, 영유아에게 올바르지 않은 행동 및 사고의 모델을 제시하는 것이다. 이렇게 보육교사가 편향적인 사고 및 가치를 가지고 보육에 임한다면 영유아의 가치관 형성 및 자아개념, 타인과의 상호작용 기술 등에 부정적인 영향을 미친다. 집단생활을 하는 영유아에게 공동의 질서를 위해 정해진 규칙을 준수하도록 지도해야 하며 이를 어겼을 시에는 분명한 어조로 옳지 않음을 상기시켜야 한다. 행동의 자율성을 주는 것은 중요하지만, 이것이 방종을 의미하는 것은 아니다. 나의 자유를 위해 타인의 자유를 침해하는 것은 옳지 않고 이는 허락되지 않음을 분명히 알게 해 준다. 영유아 개개인에게 골고루 관심과 사랑을 보여야 하며, 각자의 개성을 인정해 주고 존중해야 하는 동시에 합리적이고도 공정한 모습을 보이는 것이 곧 보육교사로서의 의무이다.

영유아가 보육교사로부터 사랑받는다는 것을 충분히 느낄 수 있도록 애정표현도 많이 하여 정서적으로 안정되고 행복한 사람으로 성장할 수 있도록 도와야 한다는 책임감을 가져야 한다. 또한 영유아 발달에 적합한 활동을 제시하여 긍정적이며 자유로운 분위기에서 성장할 수 있는 기회를 제공하도록 보육교사는 성실하고 열성적인 마음가짐으로 계획하고 실행하기 위해 노력해야 한다. 생애 초기에 경험한 일들은 그 개인의 생애 전반에 영향을 미치게 되므로, 보육교사로 담당하게 되는 수많은 일은 영유아 개

인의 생애에 매우 중요하게 작용한다. 따라서 더욱 무거운 책임감을 지니고 정성을 다해 영유아를 귀하게 대해야 한다는 마음가짐은 곧 직업에 대한 사명감이기도 하다.

(4) 긍정적인 자아인식

인간은 완벽하지 않으며 실수를 통한 시행착오를 겪으며 성장한다. 보육교사에게 여러 가지 역할을 동시에 수행하는 능력이 요구되지만, 모든 것을 완벽하게 처리해야 한다는 강박관념을 갖는 것을 바람직하지 않다. 그러나 자신의 행동을 돌아보는 방식으로 시행착오의 원인을 파악하여 같은 실수를 하지 않도록 주의하고 노력해야 할 것이다. 이러한 과정을 통해 자신이 발전하는 모습을 발견하게 되고 원하는 좋은 결과를 얻게 된다면 자기만족감과 자신감을 느끼게 될 것이다. 원장 및 동료 교사 역시 성장해 가는 보육교사에게 격려와 칭찬을 하며 지지해 준다면 보육교사의 자존감 및 교사효능감이 향상될 것이다. 또한 보육교사로서의 자신이 한 개인의 인생에 매우 중요한 영향을 미치는 사람임을 항상 인식하고 보육교사라는 직업에 자부심을 잃지 않도록 한다. 영유아에게 의미 있는 타인으로서 영유아가 자신에게 많이 의지하고 있으며 영유아에게 주는 사랑보다 더 큰 사랑을 영유아에게 받고 있다는 생각은 육체적으로나 정신적으로 소진이 많음에도 불구하고 보육교사라는 직종이 매우 의미 있고 보람을 느끼게 해 준다. 이러한 보육교사의 긍정적인 자아인식은 양질의 보육서비스를 제공할 수 있는 원동력이 될 것이며 직업만족도를 향상시켜 줄 것이다. 또한 영유아의 긍정적인 자아인식 형성에도 직접적인 영향을 줄 것이다.

(5) 민감성, 반응성 및 인내심

보육교사가 지닌 민감성과 반응성은 영유아와 긍정적인 애착관계를 형성하는 데 매우 중요한 요인이다. 영유아가 보내는 신호에 보육교사가 민감하고 온정적인 반응으로 적합한 도움을 줌으로써 영유아로 하여금 보육교사의 행동을 예측 가능하게 하면, 이로 인해 영유아는 보육교사와의 상호작용에서 안정감을 느낄 수 있기 때문이다. 영유아에게 민감하고 긍정적으로 반응하기 위해서는 영유아에게 관심을 가지고 영유아의 언어적인 신호뿐 아니라 비언어적인 신호까지도 인지해야 한다.

적절한 반응을 보이기 위해서는 영유아의 의사표현을 경청해야 하는데, 이때 영유아는 언어 발달이 완전히 이루어지지 않았으며 자신의 생각을 조리 있게 언어로 표현

하는 것에도 개인차가 발생한다. 따라서 보육교사는 인내심을 가지고 충분히 기다리면서 영유아의 의사표현에 주의를 기울인다. 영유아는 개인에 따라 발달속도 또한 다르다. 그러므로 부모와 교사는 다른 영유아에 비해 조금 느리다고 조급해하며 다그치는 것 대신 인내심을 가지고 기다려 줘야 한다(문용린, 2011).

2) 전문적 자질

(1) 보육 관련 전문지식과 기술

영유아를 양육하고 교육하는 보육교사로서 전문지식과 기술을 활용하여 올바른 성장을 돕는 일은 매우 중요하다. 영유아 연령에 맞는 발달을 촉진하기 위해 양육에 관한 지식 및 기술을 갖추어야 하며, 교육적인 지식과 기술을 전달하기 위해 스스로 끊임없이 교육적인 지식과 기술을 연마해야 하기 때문이다. 시간이 경과함에 따라 양적 · 질적으로 변화하는 과정인 영유아 발달은 일정한 순서와 방향으로 평생 진행되지만, 그 속도와 정도에 있어서는 개인차가 있다(정옥분, 2013). 발달은 전 생애주기 가운데 생후 초기에 가장 급속도로 진행되므로 연령뿐 아니라 월령에 따른 차이를 주의 깊게 인지해야 한다. 여러 영유아를 동시에 담당해야 하는 직무 특성상 보편성에 중점을 둔다면 영유아 개개인이 지닌 특성을 간과하는 오류를 범할 수 있다. 활동 규모를 대집단, 소집단, 개인 활동 등 다양하게 운영하며 보육교사와의 밀접한 상호작용을 통해 영유아에 대한 이해를 높인다. 영유아가 원내에 있는 동안에는 끊임없이 관찰하고 기록하고, 부모와의 긴밀한 협력으로 가정 내에서 영유아가 보여 준 정보를 수집하고 이를 부모와 공유하여 영유아 개개인의 특성에 맞게 맞춤형 보육을 실시할 수 있는 전문성을 갖추어야 한다.

(2) 보육에 대한 자부심

한 개인의 모든 발달영역에 큰 영향을 주는 보육교사직은 매우 중요한 직업이다. 비록 영유아가 성장하여 많은 시간이 흘렀을 때 취학 전 어린이집에서 보육교사와 함께했던 시간을 세세히 기억하지 못한다 하더라도, 어린 시절의 경험은 전의식 또는 무의식의 공간에 저장되어 이후 세상을 바라보고 자신의 행동을 결정하는 데 영향을 미친다. 그러나 이렇게 중요한 역할을 하는 보육교사의 사회적 지위는 안타깝게도 낮은 편

이다. 그럼에도 불구하고 영유아와 함께하는 것을 즐기고, 그들의 성장을 돕는 것을 가치 있게 여겨 보육교사직을 선택하는 경우가 대부분이다. 하지만 열악한 처우, 과중한 업무 등의 현실적인 어려움으로 인해 직업에 대한 소명의식과 책임감, 만족도가 본의 아니게 낮아질 수도 있다. 이러한 문제를 예방하기 위해서라도 발달의 결정적 시기에 있는 영유아를 담당하는 업무를 수행하는 직업의 중요성을 고려한다면 보육교사의 처우 개선이나 사회적 지위를 향상시키는 일은 사회적으로 공감대가 형성되어서 처리되어야 할 시급한 문제이다. 이렇게 사회적인 변화를 조속히 불러일으키기 위해서라도 보육교사 자신이 맡은 역할에 더욱 몰입해야 할 것이다. 직업에 대한 투철한 사명감과 책임의식, 전문성을 갖추어야 하며, 무엇보다도 이상적인 미래의 사회 구성원을 키워 낸다는 자부심을 잃지 말아야 할 것이다.

3) 전문 보육인으로서의 성장

보육교사는 영유아의 발달영역별 및 연령별 특성, 건강, 안전, 영양 등 영유아와 관련된 모든 분야의 전문적인 지식을 습득해야 하며 이를 학급 운영에 적용하기 위한 기술을 연마해야 한다. 이는 영유아의 발달을 이상적으로 촉진할 수 있도록 다양한 교수법을 적합하게 사용할 수 있는 교사로서의 전문성을 의미한다.

보육은 이론과 실제가 조화를 이루어야 하는 분야이다. 따라서 보육교사는 교사 양성기관을 통해 영유아 발달에 관한 기본적인 지식을 익히고, 표준보육과정 및 개정 누리과정 등 국가 수준의 교육과정을 숙지하여 이를 자원봉사나 보육실습을 통해 현장에서 적용하고 이에 대한 피드백을 바탕으로 수정하여 발전시켜 나아감으로써 전문성을 향상시킨다. “특정 분야의 일을 줄곧 해 와서 그에 관해 풍부하고 깊이 있는 지식이나 경험을 가지고 있는 사람”(국립국어원, 2021)을 뜻하는 전문인(專門人)답게 보육교사가 된 이후에도 원내 장학, 교사 자조 모임, 직무교육, 연수, 워크숍 등을 통하여 안주하지 않고 보육전문인으로서 자신의 역량을 향상시키기 위한 노력을 꾸준히 해야 한다. 보육교사가 전문적으로 성장할 수 있는 원내 분위기가 형성되는 것이 중요하며, 원장의 심리적 · 전문적 지지가 큰 도움이 될 것이다.

“가르침이 곧 배움이다(Teaching is learning).”라는 명제가 있듯이, 모든 교직에 종사하는 사람은 가르치기 위해서 배워야 하며, 가르치는 과정 자체가 곧 배움이라는 것을 염두에 두고 교사가 된 이후에도 전문인으로서 성장하기 위한 노력을 해야 한다. 전문적인 지식 및 기술 향상뿐 아니라 보육교사로서의 사명감과 책임의식을 고취하는 것까지 성장에 포함시켜야 한다.

3. 보육교사에 대한 요구

1) 사회적인 요구

(1) 가족체계의 변화

전통적으로 우리 사회는 혈연으로 맺어진 집단이 모여 사는 대가족체계를 오랜 시간 유지해 왔다. 같은 집에서 대가족이 함께 살고 있으므로 부모뿐 아니라 조부모 또는 친척 등이 영유아를 돌보기도 하였고, 더 나아가 동네 이웃까지도 때로는 양육자 역할을 하며 가정 중심의 양육이 주를 이루었다. 그러나 급속도로 이루어진 산업화만큼 우리의 사회인식 및 가치관도 빠르게 변화하여 오래전부터 부모와 자녀만이 거주하는 핵가족체계로 전환되었고, 이웃 간의 왕래도 예전만큼 활발하지 않은 실정이다. 양육자들의 사회적 지지가 감소됨에 따라 부모의 양육에 관한 심리적 부담이 증가하게 되었다. 이러한 가족체계의 변화로 인해 어린이집의 기관양육이 대안책이 되었고, 이는 실제로 많은 젊은 부부에게 커다란 사회적 지지가 되고 있다. 따라서 어린이집에서의 기관양육은 공공성 및 공익성을 내포하고 있어서 국가적인 차원에서 관리되고 있으며, 앞으로도 사회 전체가 더 많은 관심을 가져야 한다.

뿐만 아니라 어린이집에 다니기 시작하는 연령이 낮아지고 있고, 하루 일과의 대부분을 어린이집에서 경험하고 있으므로 보육교사는 기존에 가족 내에서 이루어졌던 영유아의 사회화를 담당해야 하는 상황이 되었다. 교실이라는 사회 속에서 보육교사에 의한 사회화 과정은 타인과 조화롭게 살아가며 사회에 기여할 수 있는 건강한 사회 구성원으로 성장할 수 있는 밑거름이 될 것이므로 보육교사는 일관성 있고 공정한 태도로 영유아의 긍정적인 사회화에 최선을 다해야 한다.

(2) 여성의 경제활동 증가

1970년대 이후 경제가 급속도로 발전함에 따라 더 많은 경제인구가 필요하였고, 이에 따라 가사와 양육을 담당하던 많은 여성들이 경제활동에 참여하게 되었다. 여성들이 가정에 머무는 시간이 적어짐에 따라 어머니 대신 자녀의 대리양육을 해 줄 대체인력이 필요했고, 동시에 핵가족화가 진행되어 가정에서의 양육에 한계가 드러났다. 따라서 부모 대신 자녀를 담당해 주는 어린이집의 필요성이 증가하게 되었다. 맞벌이부부라 하더라도 자녀양육에 있어 주된 역할을 하는 어머니의 부담을 감소시켜 주어 경제활동을 하는 어머니에게 가장 큰 사회적 지지 수단이 되어 왔다. 그동안 보육서비스의 양적인 성장을 이루어 왔으므로 이제는 보육서비스의 질적인 성장에 초점을 두어 여성이 안심하고 경제활동을 하면서 자아실현을 이루고 이상적인 일–가정 양립을 실현할 수 있도록 일조를 해야 할 것이다.

(3) 저출산율

2021년에 발표된 국제연합인구기금(UNFPA) 2020년 세계인구현황 보고서(2020)에 따르면, 조사 대상 201개국 가운데 우리나라의 출산율은 0.84(통계청, 2020)로 가장 낮았으며, 이는 국내 출산율 역대 최저치를 기록하는 것이었다. 이제 전체 인구의 감소가 머지않은 미래의 일로 다가와 국가의 위협이 되고 있다. 최근 한 조사에 따르면, '양육에 관한 경제적 부담'과 '일–육아 양립 문화 미흡' 등이 저출산의 가장 주된 원인으로 선정되었다. 이를 해소하기 위해 정부 및 지방자치단체에서는 보육 관련 예산을 늘리고 공공보육의 확대 등 다양한 보육정책을 제시하고 있다. 이렇듯 국가가 당면한 가장 커다란 문제 중 하나인 저출산율을 해소하기 위해서 보육의 사회적 요구는 더욱 커졌으며 그 중요성 역시 강조되고 있다.

2) 교육적인 요구

앞서 언급하였듯이, 보육은 보호와 교육이 합쳐진 의미이다. 기관에서 집단생활을 하며 보육교사가 여러 영유아를 담당해야 하는 상황에서 안전 및 건강 등의 보호가 최우선시되어야 하며, 교육 또한 이에 버금가는 비중을 두어야 한다. 영유아의 여러 가지 발달이 급속도로 진행되는 시기에 어린이집에 재원하는 것이므로 영유아중심 및

놀이중심의 교육활동을 통한 교육이 이루어져야 한다. 계속 성장해 나아가면서 경험하게 될 여러 가지 상황에서 필요한 지식, 기술 및 태도 등을 습득하여 이를 적절하게 활용할 줄 알아야 하며, 올바른 가치관 및 인식 또한 영유아의 눈높이에 맞는 교육을 통해 형성되어야 한다. 따라서 보육교사는 영유아의 연령 및 발달에 적합한 환경을 제공하고 영유아들의 흥미를 바탕으로 함께 만들어 가는 교육활동을 실천하여 미래의 사회 구성원으로서 갖추어야 할 기본적인 사항을 습득할 수 있도록 도와야 한다.

4. 원장의 역할과 자질

원장은 교육자이자 기관 운영자로서 다음과 같은 역할을 수행하며, 자질을 갖추어야 한다.

1) 교육자

어린이집이라는 교육서비스 사업을 하는 원장은 교육자로서의 역할을 우선시해야 한다. 어린이집의 가장 중요한 역할은 부모 대신 영유아를 안전하고 건강하게 돌보며 발달에 적합한 교육을 시켜 민주사회 시민으로서의 기초를 갖추도록 도와주는 일종의 공공서비스를 제공하는 것이다. 그러므로 이러한 어린이집을 운영하는 책임자인 원장은 교육자로서의 역할을 수행하고 이를 위한 자질을 갖추는 것이 필요하다. 한 기관에서 실시하는 모든 교육의 최고책임자로서 영유아에게 발달에 적합한 돌봄과 교육을 이루어지도록 교사들을 적극 지원하고 열린 자세로 소통해야 한다. 보육교사들이 양성교육을 받는 동안 영유아에 대한 지식을 습득하고 교사로서 역량을 갖추었다 하여도 현장에서 영유아를 담당하면서 수많은 실수를 하게 될 것이며, 자신의 능력에 한계를 경험할 수 있다. 이때 원장은 보육교사를 관찰하고 의견을 교환하며 보육교사가 전문인으로 성장할 수 있도록 현장 재교육을 실시하는 것이 매우 중요하다. 즉, 영유아를 교육시키는 것뿐 아니라 보육교사를 수시로 교육시키는 것 역시 원장이 신경 써야 할 사항이다. 이를 위해서 원장 스스로 전문적인 지식과 기술 및 태도를 함양하여 전문가로서의 자질을 갖추고 도덕적인 역할 모델이 되어야 한다.

동시에 교사들과 함께 기관의 교육 목표와 철학을 설정하고 표준보육과정 및 2019 개정 누리과정을 충실히 실행하기 위해 부모를 대상으로 기관의 교육철학과 운영하는 프로그램을 정확히 설명하고 전달해야 한다. 또한 부모 및 지역사회의 의견을 수렴하고 이들과 함께 협력하여 영유아 발달 및 교육을 위해 더 좋은 인적 · 물리적 환경을 제공할 수 있도록 부단히 노력해야 한다.

2) 기관 운영자

기관 운영의 총책임을 지니고 있는 원장은 전반적인 기관 운영 계획을 수립하고, 유연하고 양심적인 자세로 운영한다. 재원 영유아에게 신체적 · 정신적으로 안전한 물리적 환경을 제공해야 하므로 시설 관리를 철저히 해야 한다. 또한 영유아 및 보육교사의 건강을 위해 기관 전체의 청결함을 유지하고 신선한 식재료를 제공해야 한다.

영유아의 심리적 안녕은 물론이고, 보육교사의 심리적 안녕을 보살피는 것은 매우 중요하다. 인성을 갖추고 역량 있는 교직원을 공정하게 채용하여 합리적으로 인사를 관리하는 것이 중요하며, 영유아와 직접적인 상호작용을 하며 영유아에게 많은 영향을 미치는 보육교사의 복지를 우선시하여 이들이 존중받는 분위기 속에서 근무하고 있음을 인지할 수 있는 여건을 만들어 주어야 한다. 과중하거나 무리한 업무를 맡기는 것을 삼가야 하며, 적절한 휴식 시간 및 휴가를 제공하여 보육교직원들이 업무와 휴식의 균형을 맞출 수 있는 근무환경을 제공한다.

보육교사들이 영유아 발달을 촉진시킬 수 있도록 기관 운영자는 보육을 위해 필요한 비품 및 교재, 교구를 구입하여 잘 관리함으로써 보육교사들이 전문성을 펼칠 수 있도록 지원한다. 이렇게 보육교직원들을 전문적으로 성장시키고 업무 능률이 오르는 건강한 조직이 될 수 있도록 기관 운영자가 합리적으로 운영한다면 보육교직원들의 직무만족도가 높아질 것이고, 이는 곧 보육의 질적인 향상으로 나타나 영유아에게 좋은 영향을 미치게 될 것이다.

발전적인 기관 운영을 위해 부모와의 원활한 의사소통과 협력은 질 높은 보육서비스 제공에 필수적이다. 따라서 투명한 운영을 통해 부모에게 신뢰를 얻고 이를 바탕으로 적극적인 협력을 이끌어 내어 영유아를 함께 성장시켜야 할 것이다.

미디어를 통해 접하는 일부 어린이집에서의 아동학대, 국가 보조금 횡령, 부실한 먹거리 제공, 보육교사의 인권 미보장 등으로 인한 사회의 곱지 않은 시선은 양심적이고 안정적인 운영을 하는 대다수 어린이집에 피해를 끼치고 있는 실정이다. 합리적이고 투명하게 기관을 운영을 하려는 기관 운영자의 윤리의식은 영유아의 긍정적인 발달뿐 아니라 보육교사의 심리적 안녕 및 업무능력을 향상시키며 부모의 협력을 이끌어 내어 지역사회 및 나아가 국가에 기여하는 바탕이 된다.

▣ 활동

어린 시절 만났던 선생님들 가운데 나에게 좋은 경험을 갖게 해 주었던 선생님과 좋지 않은 경험을 갖게 해 주었던 선생님을 떠올리며 교사의 역할 및 자질에 대해 파트너와 이야기해 봅시다.

선생님과의 좋았던 경험

선생님과의 좋지 않았던 경험

생각할 문제

1. 보육교사가 갖추어야 할 자질 가운데 내가 갖고 있지 않은 점에 대해 생각해 봅시다.

2. 내가 어린이집 학부모라면 보육교사에게 기대하는 점은 무엇일지에 대해 생각해 봅시다.

참고문헌

김주환(2011). **회복탄력성: 시련을 행운으로 바꾸는 유쾌한 비밀**. 경기: 위즈덤하우스.

문용린(2011). **행복한 성장의 조건**. 경기: 웅진씽크빅.

민성혜, 신혜원, 김의향(2012). **보육교사론**. 서울: 창지사.

정옥분(2013). **아동발달의 이해**. 서울: 학지사.

Bandura, A. (1977). *Social learning theory*. Englewood Cliffs, NJ: Prentice-Hall.

Cukur, C. S. (2009). The development of the teacher emotional labor scale (TELS): Validity and Reliability. *Educational Sciences: Theory and Practice, 9*(2), 559-574.

Duckworth, A. (2016). *Grit: The power of passion and perseverance*. New York: Simon and Schuster.

La Paro, K. M. (2016). Filed experiences in the preparation of early childhood teachers. In L. J. Couse & S. L. Recchia (Eds.), *Handbook of early childhood teacher education* (pp. 209-223). New York: Routledge.

United Nations Population Funds (2020). Annual Report 2020. https://www.unfpa.org/annual-report-2020

국립국어원. http://www.korean.go.kr

국제연합인구기금(2020). 2020년 세계인구현황 보고서.

통계청. http://kostat.go.kr

한국보육진흥원-마음성장 프로젝트(2021). http://mindup.kcpi.or.kr

제2부

보육교사의 직무수행

제5장

표준보육과정과 보육교사

학습목표

1. 표준보육과정과 누리과정의 제정 과정을 안다.
2. 표준보육과정과 누리과정의 내용과 목표를 안다.
3. 표준보육과정과 누리과정의 공통점과 차이점을 이해하고 표현할 수 있다.

이 장에서는 표준보육과정 및 누리과정이 어떻게 만들어졌는지, 근거가 되는 법과 제도는 무엇인지 등 표준보육과정과 누리과정의 제정 과정을 알아본다. 구체적으로 표준보육과정과 누리과정의 내용과 목표가 무엇인지, 그리고 표준보육과정과 누리과정의 공통점과 차이점에 대해 살펴본다.

1. 보육과정 이해의 중요성

우리나라의 영유아교육과정은 만 0~2세를 대상으로 하는 표준보육과정과 만 3~5세를 대상으로 하는 누리과정으로 분류할 수 있다. '보육과정'의 개념을 이해하기 위하여 '교육과정'의 개념을 이해할 필요가 있는데, 간단히 말해서 '무엇을 어떻게 가르칠 것인가'에 대한 기준이자 틀이라고 할 수 있다. 즉, 교육과정이란 "교육목표를 달성하기 위하여 선택된 교육내용과 학습활동을 체계적으로 편성 · 조직한 계획"(두산백과, 2018)이다. 교육과정을 의미하는 영어의 '커리큘럼(curriculum)'은 그 어원이 라틴어로, '쿠레레(currere: 달린다)'라는 단어에서 유래하였다. 이후에 이 단어는 경마장의 경주로(race course)를 의미하는 말이 되었다. 결국 커리큘럼은 말이 올바른 길로 경주를 하기 위하여 짜 놓은 일정한 코스와 비슷한 의미로 출발점에서 종착점까지 달려가야 하는, 특정한 목표가 있는 조직적인 코스라고 할 수 있겠다. 보육은 영아의 발달특성에 맞는 보호와 교육을 의미하므로, 보육과정 역시 커다란 의미에서의 교육과정이라고 할 수 있다.

2021년 현재 우리나라는 제7차 이후 수시 개정된 교육과정을 시행하고 있다. 우리나라는 교육부(교육인적자원부) 발족 이후 일곱 번의 교육과정 개편을 단행하였다. 교육부에서는 7차 교육과정을 마지막으로 교육과정을 더 이상 전면적 또는 일률적으로 개정하지 않고, 수시로 부분적으로 개정하기로 하였다. 그러므로 1955년 1차 교육과정이 시작된 이후 여섯 번의 전면 개정 과정을 거쳐 2003년 8월 7차 교육과정이 적용되었으며, 7차 개정 이후 2007년, 2009년, 2015년에 수시로 교육과정을 개정하였다. 현재 어린이집과 유치원에 적용되는 누리과정은 만 3~5세 유아를 위한 '2019 개정 누리과정'(2020년 3월 시행)과 만 0~1세 영아를 위한 '제4차 표준보육과정'(2020년 9월 시행)이다.

어린이집과 유치원의 수업은 초·중등학교와 달리 교과서가 없으므로 교사가 보육과정을 이해하는 것은 매우 중요하다. 현실적으로 어린이집과 유치원에서 수업의 계획, 실행 및 평가는 전적으로 교사에 의해 좌우되며(김민정, 2013), 보육교사가 교육과정을 이해하고 실행하는 수준은 보육 및 교육의 질에 지대한 영향을 미친다. 그러므로 교사는 국가 수준의 교육과정을 바르게 이해하고 적용하기 위한 실제적인 지침을 숙지하여야 한다. 영아를 대상으로 한 어린이집의 표준보육과정 실행과 함께, 유치원과 어린이집에 다니고 있는 유아들에게 3~5세 연령별 누리과정을 실행하는 것은 취학 전 교육의 질적 수준을 제고하고 생애 초기 출발점에서의 평등을 보장할 수 있다는 점에서 매우 중요한 의미를 지니고 있다(지성애 외, 2014).

2. 표준보육과정의 제정

1991년 1월 「영유아보육법」이 제정되면서 종전의 단순 '탁아'사업은 보편적인 '보육'사업으로 확대 및 발전되었다. 보육사업은 보건복지부가 일원화하여 주관하기 시작하였으며, 제정 당시 「영유아보육법」은 아동의 건전한 보호와 교육 및 어머니의 사회경제적 활동을 지원하는 것을 목적으로 하였다.

이후 2004년 1월 「영유아보육법」이 전면 개정되었다. 행정적으로는 「정부조직법」의 개정으로 2004년 6월부터 영유아보육이 보건복지부에서 여성부로 이관되었다가 2008년 다시 보건복지부로 이관되었다. 표준보육과정, 평가인증, 보육교사 국가자격제도 시행, 부모의 소득수준에 따른 차등 보육료 시행, 보육시설 영아기본보조금 제도 도입 등이 발표되고 시행되었다. 2004년의 「영유아보육법」은 "여성부장관은 표준보육과정을 개발·보급"(제29조 2항)해야 하고 보육시설은 "표준보육과정에 따라 영유아를 보육하도록 노력하여야 한다"(제29조 3항)는 표준보육과정의 개발과 보급에 대한 내용을 명시하였으며, 이는 표준보육과정 제정의 법적 근거가 되었다. 사실 표준보육과정 제정 이전에는 보육목표나 내용에 대한 국가 수준의 지침이 없어서 어린이집의 보육수준이 큰 차이를 나타낼 수밖에 없었고, 이러한 차이는 학부모들이 어린이집에서 이

루어지는 보육의 질을 믿을 수 없게 만드는 요인이 되기도 하였다.

2006년 여성가족부는 제1차 중장기보육계획인 '새싹플랜(2006~2010)'을 발표하고 국공립 보육시설 및 영아 기본보조금 확대, 보육시설 차등보육료 대상 확대 등을 도모하였다. 여성가족부는 2007년에 국가 수준의 보육지침을 마련하고자 '표준보육과정'을 개발하고 최초의 입법화된 표준보육과정령(안)과 고시(안)을 마련하고, 이를 2008년부터 적용하도록 하였다. 또한 국가 수준 보육과정의 보편적 적용을 위하여 그 내용을 보육교사 및 시설장에게 교육용 영상자료로 제공하고 프로그램을 개발하여 보급하였다. 2009년 보건복지부는 제2차 중장기 보육계획인 '아이사랑플랜'을 수립하여 보육에 대한 국가책임을 강화하고자 하였다(서문희, 김진경, 2011).

결국 표준보육과정은 보육교사가 영유아를 보육하는 데 있어서 반드시 숙지해야 하는 국가 수준의 지침이며, 양질의 보육을 위한 기본적인 자료라고 볼 수 있다. 표준보육과정은 몇 차례의 개정을 거처 '제4차 표준보육과정'(2020년 9월 시행)이 시행되고 있다.

1991년 「영유아보육법」 제정. 보육사업의 확대 및 발전

2004년 「영유아보육법」 전면 개정
표준보육과정의 개발과 보급을 명시. 표준보육과정의 제정 근거가 됨

2006년 제1차 중장기보육계획 '새싹플랜(2006~2010)' 발표

2007년 국가 수준의 보육지침을 마련하고자 '표준보육과정' 개발

2008년 표준보육과정 시행

2009년 제2차 중장기보육계획 '아이사랑플랜' 수립

2020년 제4차 표준보육과정 시행

[그림 5-1] 보육정책의 변화 및 표준보육과정 개발

3. 누리과정의 제정

1991년 「영유아보육법」이 제정되면서 유치원을 중심으로 한 유아교육은 「교육법」과 「유아교육진흥법」이, 어린이집을 중심으로 한 영유아보육은 「영유아보육법」이 규율하는 이원화 체계가 구축되었다(강현구, 2014). 1997년 교육개혁위원회의 제4차 교육개혁안에서 '유아학교 신설'이 포함된 유아교육 개혁안이 제시되었으며, 이후 유아교육에 관한 독립 입법을 제정하고자 하는 움직임이 나타났다. 당시 유아교육법안의 주요 내용과 목표는 유치원과 보육시설을 통합한 유아학교 체제 구축, 유치원은 종일반을 근간으로 하되 24시간 보육을 함께 할 수 있도록 함, 만 5세아 대상의 무상교육 등의 실시였다(박재환, 박지영, 2007). 사실 1997년 이래 「유아교육법」과 「영유아보육법」으로 만 5세아에 대한 무상 교육 · 보육은 명문화되어 있었다. 그러나 2011년까지는 소득 하위 70% 이하의 가정을 대상으로 유아 학비와 보육료 중 일부 금액이 지원되었으므로, 국가의 교육 및 보육 정책은 거의 체감되지 않는 수준이었다.

이후 보육업무를 담당하던 보건복지부와 보육계의 반발로 몇 차례 「유아교육법」 제정 노력이 무산되다가, 2004년 1월 유아교육계와 보육계의 타협을 통해 「유아교육법」이 제정되었다. 이 시기에 「영유아보육법」 역시 전면 개정되었다.

만 5세아에 대한 국가의 투자는 국제적인 흐름이며, OECD 회원국들은 무상 교육 · 보육 지원을 확대하고 그 대상도 만 2세까지 낮추어 가는 추세이다. 이에 모든 유아, 특히 만 5세아에 대한 국가 지원을 확대하고 출발선상에서 평등권을 보장받을 수 있는 제도가 조속히 마련되어야 한다는 사회적 공감대가 형성되었다. 2012년 이후부터 보육 및 유아교육에 있어 국가의 책임이 강화되는 방향으로 변화가 일어났다. 더불어 만 5세 유아는 2012년 3월부터 유치원과 어린이집에서 공통의 '5세 누리과정'을 배우게 되었으며, 2013년 3월 3세와 4세까지 누리과정이 확대되었다. 우리나라의 5세 누리과정은 시행에서 고시까지 불과 5개월의 짧은 기간에 진행되어서, 10여 년에 걸쳐 공통 교육과정을 개발한 영국이나 뉴질랜드와는 대조적이다(이정욱, 양지애, 2012). 3, 4세 누리과정 역시 충분한 준비 기간을 갖지 못해서 누리과정의 시행과 정착에 어려움이 있는 것이 사실이었다.

누리과정의 재정 지원과 관련하여서는, 누리과정 도입과 함께 학부모의 소득수준에

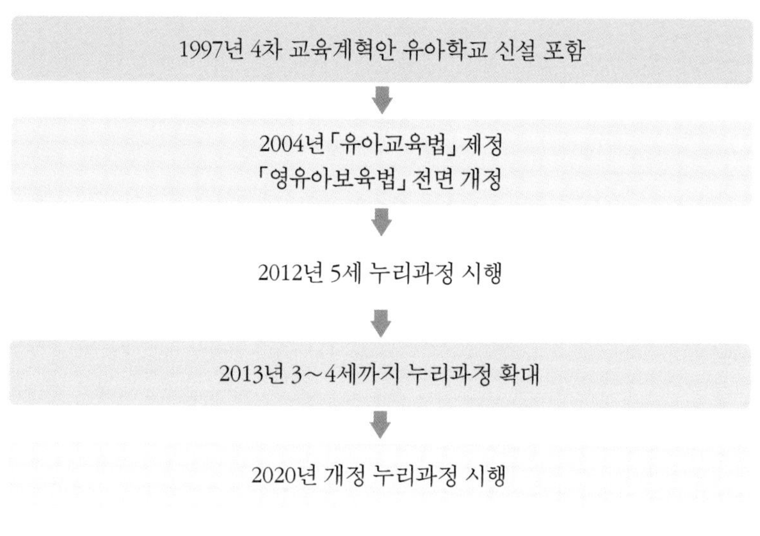

[그림 5-2] 누리과정 개발

상관없이 유치원과 어린이집에 다니는 만 3~5세 자녀를 둔 학부모에게 유치원 유아학비와 어린이집 보육료가 지원된다. 2021학년도에는 유아 한 명에 대해 국공립유치원은 월 8만 원, 사립유치원과 어린이집은 월 26만 원의 유아학비 및 보육료를 지원하고 있다.

아무리 이상적인 국가 수준의 교육과정을 개발하여 보급하더라도 영유아와 상호작

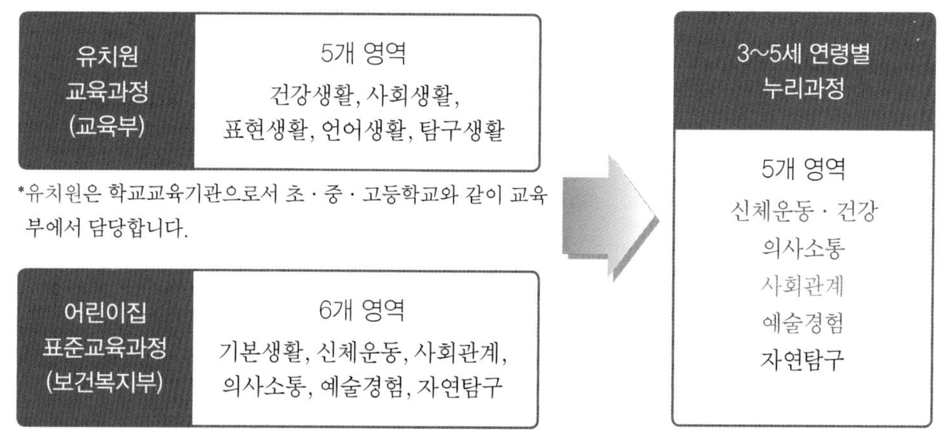

[그림 5-3] 누리과정 설명

출처: 교육부(http://www.moe.go.kr/2016nuri/sub01.jsp).

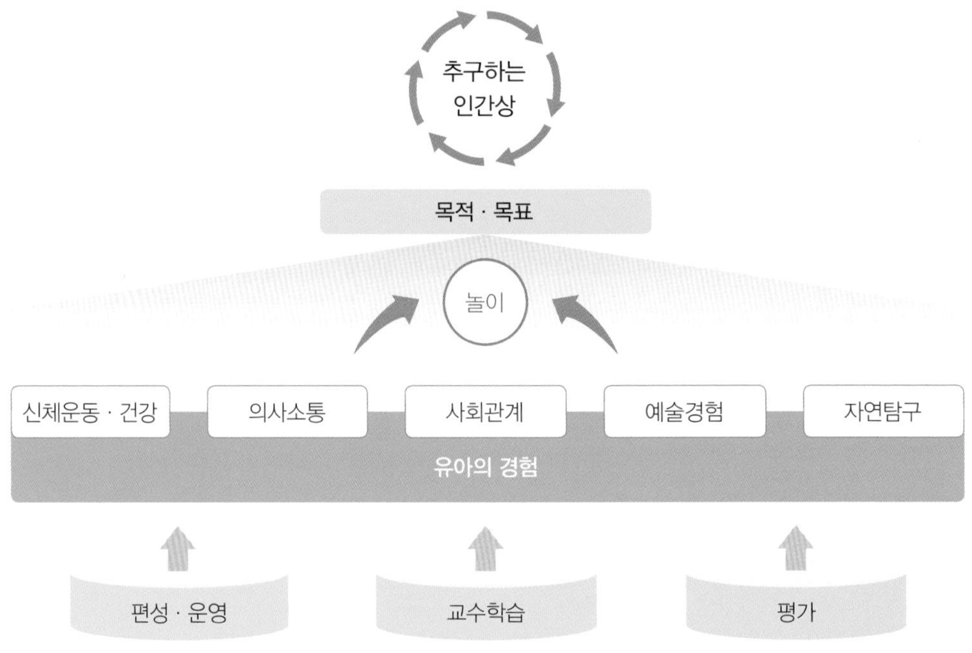

[그림 5-4] 개정 누리과정의 구성

출처: 교육부, 보건복지부(2019).

용하는 교사가 이를 시행하지 않는다면 그 교육과정은 아무 의미가 없다(이선경, 고경미, 2013). 특히 영유아의 발달특성상 어린이집에서는 교과서가 아닌 놀이중심, 활동중심으로 교육 및 보육이 실행되므로 개인 교사의 역량과 관심은 누리과정의 운영에 매우 큰 영향을 미친다. 누리과정 역시 만 3~5세의 유아를 위한 보육 · 교육 과정이므로, 보육교사가 반드시 숙지해야 하는 국가 수준의 지침이라고 할 수 있다.

4. 표준보육과정과 누리과정의 내용

표준보육과정은 만 0~1세, 만 2세 영아를 대상으로 한다. 어린이집의 만 3~5세 유아는 누리과정으로 교육을 받으며, 누리과정은 어린이집과 유치원에서 공통적으로 시행하는 과정이다. 어린이집 표준보육과정에서는 누리과정을 3~5세 보육과정으로 언급하고 있다.

1) 목적 및 목표

표준보육과정 및 누리과정의 목적은 동일하다고 볼 수 있다. 두 과정 모두 영유아의 몸과 마음의 건강 및 전인적인 발달을 목적으로 하며, 이러한 조화로운 발달을 바탕으로 성장한 영유아가 바른 인성과 민주적 자질을 갖춘 시민이 되도록 하는 것이다. 즉, '영유아의 심신의 건강과 조화로운(전인적) 발달을 도와 (행복을 도모하며) 민주시민의 기초를 형성하는 것'을 목적으로 한다. 표준보육과정 및 누리과정의 구체적인 목표는 다음과 같다.

(1) 0~2세 보육과정의 목표

가. 자신의 소중함을 알고, 건강하고 안전한 환경에서 즐겁게 생활한다.
나. 자신의 일을 스스로 하고자 한다.
다. 호기심을 가지고 탐색하며 상상력을 기른다.
라. 일상에서 아름다움에 관심을 가지고 감성을 기른다.
마. 사람과 자연을 존중하고 소통하는 데 관심을 가진다.

(2) 3~5세 누리과정의 목표

가. 자신의 소중함을 알고, 건강하고 안전한 생활습관을 기른다.
나. 자신의 일을 스스로 해결하는 기초능력을 기른다.
다. 호기심과 탐구심을 가지고 상상력과 창의력을 기른다.

[그림 5-5] 표준보육과정 3차 자료(지도서 10권, DVD)
출처: (사)한국시각장애인연합회출판사업부(www.표준넷.kr).

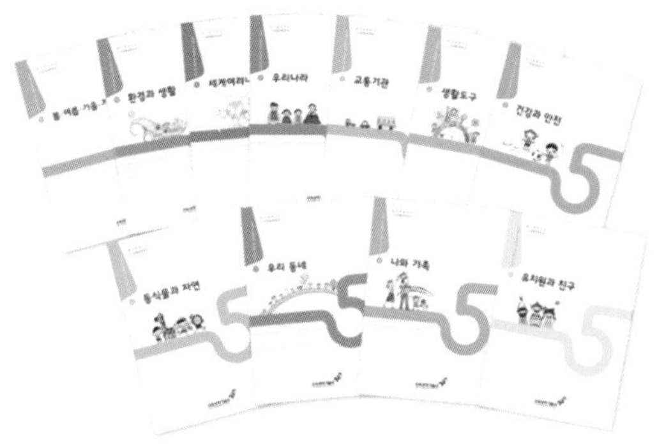

[그림 5-6] 5세 누리과정 교사용 자료(지도서 11권, DVD 11장)
출처: 한국검인정교과서협회(www.ktbook.com).

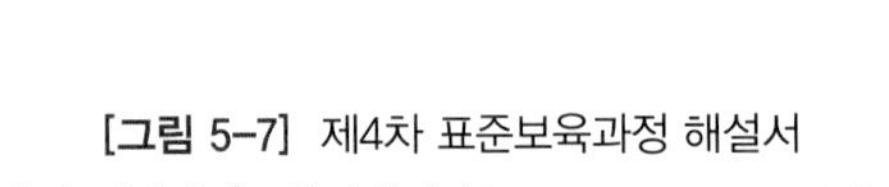
[그림 5-7] 제4차 표준보육과정 해설서
출처: 서울육아종합지원센터(seoul.childcare.go.kr).

[그림 5-8] 2019 개정 누리과정 해설서
출처: 교육부(www.moe.go.kr).

라. 일상에서 아름다움을 느끼고 문화적 감수성을 기른다.

마. 사람과 자연을 존중하고 배려하며 소통하는 태도를 기른다.

(3) 표준보육과정 및 누리과정의 기본 전제

표준보육과정 및 누리과정은 그 목적과 목표가 영유아의 전인적 발달과 민주시민 양성이라는 동일한 맥락 속에 있으므로, 기본 전제 역시 유사하다. 표준보육과정 및 누리과정에서 제시하는 기본 전제는 영아 및 유아의 존엄성을 추구하며 영유아 발달의 독특성에 근거한 내용이라고 볼 수 있다.

첫째, 영유아는 개별적인 특성을 지닌 고유한 존재이다. 이는 인간의 존엄성과 관련한 내용으로 모든 영유아는 각자가 개별적인 특성을 지니고 있으므로, 보육교사는 영유아 개개인에게 초점을 맞추어 보육 및 교육할 필요가 있다. 보육교사는 영유아의 개별적인 특성, 즉 영유아의 기질, 성격 특성, 발달 상태, 장애 유무 등을 존중하고 영유아의 특성을 인정하며 보육 및 교육해야 한다.

둘째, 영유아는 연령에 따라 발달적 특성이 질적으로 다르다. 영유아는 성인과 다르게 급격한 발달의 과정 중에 있으므로, 연령이나 월령, 개인적 특성에 따라 발달의 양상이 질적으로 다르게 나타난다. 그러므로 보육교사는 특정 연령에 보편적으로 나타

나는 발달의 양상을 이해하고, 이에 대한 충분한 지식을 지니고 있어야 한다.

셋째, 영유아는 그 자체로서 존중받아야 하는 존재이다. 이 전제 역시 인간의 존엄성과 관련한 내용이다. 인간은 그 존재 자체로 존중받아야 하며, 인간의 존엄성은 연령이나 성별, 종교, 인종, 장애와 무관하다. 영유아는 성인인 보육교사보다 신체적으로 작고 여리기 때문에 보육교사는 영유아에게 신체적인 억압을 가하거나 영유아의 신체를 부당하게 통제하는 경우가 생기기 쉽다. 보육교사는 영유아가 존중받아야 하는 존재임을 항상 기억하고, 나의 행동이 영유아에게 어떠한 영향을 미치고 있는지를 항상 생각해야 한다.

넷째, 영유아는 직접적으로 경험할 때 의미 있는 지식, 기술 및 바람직한 태도를 형성해 간다. 인간의 신체는 다섯 가지의 감각을 통해 세상을 지각하고, 인간의 뇌 역시 직접적인 경험과 감각의 자극이 있을 때 특정 지식과 기술을 오래 기억한다. 보육교사는 영유아를 보육 및 교육할 때 이를 명심하고, 적극 활용해야 한다. 보육교사는 영유아가 다양한 것들을 직접 경험하고 본인의 감각을 통해 세상을 지각할 수 있도록 풍요로운 환경을 제공해 주어야 한다.

다섯째, 영유아는 일상생활이 편안하고 학습과 경험이 놀이중심으로 이루어질 때, 최대의 능력을 발휘한다. 이는 영유아의 신체적·정서적 욕구를 충족시키는 것이 보육 및 교육의 최우선 과제라는 것을 의미하며 보육교사는 영유아의 몸과 마음이 편안한 상태를 유지할 수 있도록 해야 한다. 더불어 영유아가 놀이를 통하여 학습과 경험을 할 때 가장 효과적인 보육·교육이 이루어지므로, 보육교사는 놀이중심의 보육 환경을 조성하도록 노력해야 한다.

여섯째, 영유아는 민감하고 반응적인 성인과의 신뢰관계 속에서 최적의 발달을 이룬다. 보육교사는 부모 못지않게 영유아와 함께 많은 시간을 보내는 주요한 타자이므로, 영유아의 요구와 필요에 민감하게 반응하고 영유아를 따뜻하게 보듬어 주어야 한다.

일곱째, 영유아가 속한 가정 및 지역사회와 함께 협력할 때 영유아에게 가장 긍정적인 영향을 미친다. 영유아의 성장과 발달은 어린이집에서만 이루어지는 것이 아니다. 영유아는 어린이집뿐만 아니라 가정과 지역사회의 협력과 보살핌 속에서 성장하므로, 가정과 어린이집, 지역사회는 서로 긴밀하게 협력하고 의사소통하며 영유아가 최적의 발달을 이룰 수 있도록 함께 힘써야 한다.

2) 세부 구성

표준보육과정은 6개의 하위 영역으로, 누리과정은 5개의 하위 영역으로 나뉜다. 하위 내용의 개수는 다르지만 각 과정의 하위 내용은 거의 동일하다고 볼 수 있다. 표준보육과정에서는 '기본생활 영역'과 '신체운동 영역'이 분리되어 있으며, 누리과정에서는 이 두 영역이 합하여져 '신체운동 · 건강 영역'으로 명명된다. '의사소통' '사회관계' '예술경험' '자연탐구' 영역은 0~1세, 2세, 3~5세 과정에서 동일한 명칭을 사용한다.

하위 내용에 있어서는 0~1세와 2세의 경우 신체운동 내용범주 명칭에 '감각'이라는 용어가 추가되어 있다. 이는 영아의 발달에 있어 감각을 인식하는 것이 중요한 내용이기 때문이다. 표준보육과정과 누리과정이 차이를 보이는 영역은 '사회관계' 영역과 '예술경험' 영역이다. 보육과정의 사회관계 영역에는 두 가지의 내용범주가 있으나, 누리과정의 경우 '사회에 관심 가지기'가 추가된다. 유아들은 자신과 주변에 대한 관심뿐만 아니라 사회와 환경에 대한 관심을 갖도록 할 필요가 있기 때문이다. 예술경험 역시 보육과정의 두 가지 내용범주에 '예술 감상하기'가 추가되어 누리과정에는 세 가지

표 5-1 표준보육과정과 누리과정의 내용범주

	기본생활	신체운동	의사소통	사회관계	예술경험	자연탐구
만 0~1세, 만 2세 표준보육과정	건강하게 생활하기	감각과 신체 인식하기	듣기와 말하기	나를 알고 존중하기	아름다움 찾아보기	탐구하는 태도 기르기
	안전하게 생활하기	신체활동 즐기기	읽기와 쓰기에 관심 가지기	더불어 생활하기	창의적으로 표현하기	수학적 탐구하기
			책과 이야기 즐기기			과학적 탐구하기

	신체운동 · 건강	의사소통	사회관계	예술경험	자연탐구
만 3~5세 누리과정	신체활동 즐기기	듣기와 말하기	나를 알고 존중하기	아름다움 찾아보기	탐구과정 즐기기
	건강하게 생활하기	읽기와 쓰기에 관심 가지기	더불어 생활하기	창의적으로 표현하기	생활 속에서 탐구하기
	안전하게 생활하기	책과 이야기 즐기기	사회에 관심 가지기	예술 감상하기	자연과 더불어 살기

의 내용범주가 있다. 유아의 경우 다양한 예술 작품을 감상하고, 이를 통해 예술경험의 폭을 넓힐 수 있기 때문이다.

0~1세와 2세의 표준보육과정은 총 14개의 내용범주로 구성되어 있으며, 3~5세의 누리과정은 총 15개의 내용범주로 구성되어 있다.

3) 표준보육과정의 운영

표준보육과정과 누리과정은 각 영역에 제시된 내용을 중심으로 영유아의 발달수준에 맞추어 각 어린이집이 융통적으로 편성 및 운영할 수 있다. 교육과정의 편성과 운영에는 영유아의 흥미와 이익이 최우선적으로 고려되어야 하며, 다양한 영역에서 다양한 활동이 조화를 이루어 편성되어야 한다. 표준보육과정 및 누리과정의 편성 · 운영, 교수학습, 평가의 원칙은 다음과 같다.

(1) 편성 · 운영

가. 어린이집의 운영시간에 맞추어 편성한다.

나. 표준보육과정을 바탕으로 각 기관의 실정에 적합한 계획을 수립하여 운영한다.

다. 하루 일과에서 바깥 놀이를 포함하여 영유아의 놀이가 충분히 이루어지도록 편성하여 운영한다.

라. 성, 신체적 특성, 장애, 종교, 가족 및 문화적 배경 등에 따른 차별이 없도록 편성하여 운영한다.

마. 영유아의 발달과 장애 정도에 따라 조정하여 운영한다.

바. 가정과 지역사회와의 협력과 참여에 기반하여 운영한다.

사. 교사 연수를 통해 표준보육과정의 운영을 개선할 수 있도록 한다.

(2) 교수학습

가. 영유아의 의사표현을 존중하고 민감하게 반응한다.

나. 영유아가 흥미와 관심에 따라 놀이에 자유롭게 참여하고 즐기도록 한다.

다. 영유아가 놀이를 통해 배우도록 한다.

라. 영유아가 다양한 놀이와 활동을 경험할 수 있도록 실내외 환경을 구성한다.

마. 영유아와 영유아, 영유아와 교사, 영유아와 환경 사이에 능동적인 상호작용이 이루어지도록 한다.

바. 각 영역의 내용이 통합적으로 영유아의 경험과 연계되도록 한다.

사. 개별 영유아의 요구에 따라, 휴식과 일상생활이 원활히 이루어지도록 한다.

아. 영유아의 연령, 발달, 장애, 배경 등을 고려하여 개별 특성에 적합한 방식으로 배우도록 한다.

(3) 평가

가. 표준보육과정 운영의 질을 진단하고 개선하기 위해 평가를 계획하고 실시한다.

나. 영유아의 특성 및 변화 정도와 표준보육과정의 운영을 평가한다.

다. 평가의 목적에 따라 적합한 방법을 사용하여 평가한다.

라. 평가의 결과는 영유아에 대한 이해와 표준보육과정 운영 개선을 위한 자료로 활용할 수 있다.

5. 어린이집 표준보육과정의 영역

이 절에서는 어린이집 표준보육과정의 하위 영역을 설명하고, 연령에 따른 각 영역의 목표와 영역내용을 확인한다. 0~1세 보육과정, 2세 보육과정, 3~5세 누리과정의 목표와 구체적인 세부 내용을 살펴본다.

1) 기본생활 영역

기본생활 영역의 궁극적인 목표는 영유아가 건강하고 안전한 생활을 위한 습관을 기르는 것이다. 만 3세 이후 누리과정에서는 기본생활 영역이 신체운동 · 건강 영역으로 통합된다. 기본생활 영역은 일생의 기초이며, 사회생활의 기본이 되는 건강, 영양, 안전에 관한 지식과 기술을 습득하고 바르게 생활하는 태도를 기르는 내용으로 구성된다. 2019 개정 누리과정에서는 환경의 변화에 발맞추어 TV, 컴퓨터, 스마트폰 등의 기기 사용과 관련한 내용이 포함되었다.

(1) 영역목표

0~1세 표준보육과정	2세 표준보육과정	3~5세 누리과정
건강하고 안전한 일상생활을 경험한다.	건강하고 안전한 생활습관의 기초를 형성한다.	실내외에서 신체활동을 즐기고, 건강하고 안전한 생활을 한다. (신체운동 · 건강 영역으로 통합됨)

(2) 영역내용

내용범주	0~1세	2세	3~5세
건강하게 생활하기	도움을 받아 몸을 깨끗이 한다.	자신의 몸을 깨끗이 해 본다.	자신의 몸과 주변을 깨끗이 한다.
	음식을 즐겁게 먹는다.	음식에 관심을 가지고 즐겁게 먹는다.	몸에 좋은 음식에 관심을 가지고 바른 태도로 즐겁게 먹는다.
	하루 일과를 편안하게 경험한다.	하루 일과를 즐겁게 경험한다.	하루 일과에서 적당한 휴식을 취한다.
	배변 의사를 표현한다.	건강한 배변 습관을 갖는다.	질병을 예방하는 방법을 알고 실천한다.
안전하게 생활하기	안전한 상황에서 놀이하고 생활한다.	일상에서 안전하게 놀이하고 생활한다.	일상에서 안전하게 놀이하고 생활한다.
	안전한 상황에서 교통수단을 이용해 본다.	교통수단을 안전하게 이용해 본다.	교통안전 규칙을 지킨다.
	위험하다는 말에 주의한다.	위험한 상황에 대처하는 방법을 경험한다.	안전사고, 화재, 재난, 학대, 유괴 등에 대처하는 방법을 경험한다.
			TV, 컴퓨터, 스마트폰 등을 바르게 사용한다.

2) 신체운동 영역

신체운동 영역은 건강한 신체를 도모하고, 영유아의 감각지각 능력 및 운동능력을 기르는 것이 목표이다. 다양한 신체활동을 통하여 자신의 신체에 대해 긍정적으로 인식하고, 일상생활에 필요한 기본운동 능력을 기르며, 신체활동에 즐겁게 참여하는 내용으로 구성된다.

(1) 영역목표

0~1세 표준보육과정	2세 표준보육과정	3~5세 누리과정
감각으로 탐색하고 신체활동을 즐긴다.	감각을 활용하고, 신체활동을 즐긴다.	실내외에서 신체활동을 즐기고, 건강하고 안전한 생활을 한다. (신체운동 · 건강 영역으로 통합됨)

(2) 영역내용

내용범주	0~1세	2세	3~5세
감각과 신체 인식하기	감각적 자극에 반응한다.	감각 능력을 활용한다.	
	감각으로 주변을 탐색한다.		
	신체를 탐색한다.	신체를 인식하고 움직인다.	신체를 인식하고 움직인다.
신체 활동 즐기기	대소근육을 조절한다.	대소근육을 조절한다.	신체 움직임을 조절한다.
	기본 운동을 시도한다.	기본 운동을 즐긴다.	기초적인 이동운동, 제자리 운동, 도구를 이용한 운동을 한다.
	실내외 신체활동을 즐긴다.	실내외 신체활동을 즐긴다.	실내외 신체활동에 자발적으로 참여한다.

3) 의사소통 영역

영유아가 일상생활에서 언어 사용을 즐기며, 의사소통 능력을 기르고, 바른 언어 사용의 능력과 태도를 기르기 위한 영역이다. 듣고 말하는 것을 즐기며, 상황에 맞는 의소통 능력과 기초적인 읽고 쓰는 능력을 익히는 데 필요한 올바른 언어생활 태도와 능력을 기르는 내용이다.

(1) 영역목표

0~1세 표준보육과정	2세 표준보육과정	3~5세 누리과정
의사소통 능력의 기초를 형성한다.	의사소통 능력과 상상력의 기초를 형성한다.	일상생활에 필요한 의사소통 능력과 상상력을 기른다.

(2) 영역내용

내용범주	0~1세	2세	3~5세
듣기와 말하기	표정, 몸짓, 말과 주변의 소리에 관심을 갖고 듣는다.	표정, 몸짓, 말에 관심을 갖고 듣는다.	말이나 이야기를 관심 있게 듣는다.
	상대방의 이야기를 들으면서 말소리를 낸다.	상대방의 이야기를 듣고 말한다.	자신의 경험, 느낌, 생각을 말한다.
			상황에 적절한 단어를 사용하여 말한다.
	표정, 몸짓, 말소리로 의사를 표현한다.	표정, 몸짓, 단어로 의사를 표현한다.	상대방이 하는 이야기를 듣고 관련해서 말한다.
		자신의 요구와 느낌을 말한다.	바른 태도로 듣고 말한다.
			고운 말을 사용한다.
읽기와 쓰기에 관심 가지기	주변의 그림과 상징에 관심을 가진다.	주변의 그림과 상징, 글자에 관심을 가진다.	말과 글의 관계에 관심을 가진다.
	끼적이기에 관심을 가진다.	끼적이며 표현하기를 즐긴다.	주변의 상징, 글자 등의 읽기에 관심을 가진다.
			자신의 생각을 글자와 비슷한 형태로 표현한다.
책과 이야기 즐기기	책에 관심을 가진다.	책에 관심을 가지고 상상한다.	책에 관심을 가지고 상상하기를 즐긴다.
	이야기에 관심을 가진다.	말놀이와 이야기에 재미를 느낀다.	동화, 동시에서 말의 재미를 느낀다.
			말놀이와 이야기 짓기를 즐긴다.

4) 사회관계 영역

사회관계 영역은 영유아가 자신을 알고 소중하게 여기며 다른 사람과 함께 살아가는 방법을 익히고, 주변 세계에 대하여 관심을 갖고 적응해 나갈 수 있는 기초능력을 기르기 위한 영역이다. 가족, 또래 및 지역사회와 긍정적인 사회관계를 형성하며 유능한 사회 구성원이 되기 위해 필요한 사회적 지식과 태도를 기른다. 3~5세 누리과정에는 내용범주에 '사회에 관심 가지기'가 포함되어 사회관계 영역에 대한 내용이 확장된다.

(1) 영역목표

0~1세 표준보육과정	2세 표준보육과정	3~5세 누리과정
나를 인식하고, 친숙한 사람과 관계를 맺는다.	나를 알고, 다른 사람과 더불어 생활하는 경험을 한다.	자신을 존중하고 더불어 생활하는 태도를 가진다.

(2) 영역내용

내용범주	0~1세	2세	3~5세
나를 알고 존중하기	나를 인식한다.	나와 다른 사람을 구별한다.	나를 알고 소중히 여긴다.
	나의 욕구와 감정을 나타낸다.	나의 감정을 표현한다.	나의 감정을 알고 상황에 맞게 표현한다.
	나와 친숙한 것을 안다.	내가 좋아하는 것을 한다.	내가 할 수 있는 것을 스스로 한다.
더불어 생활하기	안정적인 애착을 형성한다.	가족에게 관심을 가진다.	가족의 의미를 알고 화목하게 지낸다.
	또래에게 관심을 가진다.	또래와 함께 놀이한다.	친구와 서로 도우며 사이좋게 지낸다.
			친구와의 갈등을 긍정적인 방법으로 해결한다.
	다른 사람의 감정과 행동에 관심을 가진다.	다른 사람의 감정과 행동에 반응한다.	서로 다른 감정, 생각, 행동을 존중한다.
	반에서 편안하게 지낸다.	반에서의 규칙과 약속을 알고 지킨다.	친구와 어른께 예의 바르게 행동한다.
			약속과 규칙의 필요성을 알고 지킨다.
사회에 관심 가지기			내가 살고 있는 곳에 대해 궁금한 것을 알아본다.
			우리나라에 대해 자부심을 가진다.
			다양한 문화에 관심을 가진다.

5) 예술경험 영역

예술경험 영역은 영유아가 자연과 생활 속에서 소리, 음악, 움직임, 조형물에 관심을 가지고 자신의 생각과 느낌을 예술활동을 통해 경험함으로써 풍부한 감성, 심미적 태도 및 창의적 표현력을 기르도록 한다. 3~5세 누리과정에는 내용범주에 예술 감상하기가 포함되어 예술경험 영역에 대한 내용이 확장된다.

(1) 영역목표

0~1세 표준보육과정	2세 표준보육과정	3~5세 누리과정
아름다움을 느끼고 경험한다.	아름다움을 느끼고 즐긴다.	아름다움과 예술에 관심을 가지고 창의적 표현을 즐긴다.

(2) 영역내용

<table>
<tr><th>내용범주</th><th>0~1세</th><th>2세</th><th>3~5세</th></tr>
<tr><td rowspan="2">아름다움 찾아보기</td><td>자연과 생활에서 아름다움을 느낀다.</td><td>자연과 생활에서 아름다움을 느끼고 즐긴다.</td><td>자연과 생활에서 아름다움을 느끼고 즐긴다.</td></tr>
<tr><td>아름다움에 관심을 가진다.</td><td>아름다움에 관심을 갖고 찾아본다.</td><td>예술적 요소에 관심을 갖고 찾아본다.</td></tr>
<tr><td rowspan="5">창의적으로 표현하기</td><td rowspan="2">소리와 리듬, 노래로 표현한다.</td><td rowspan="2">익숙한 노래와 리듬을 표현한다.</td><td>노래를 즐겨 부른다.</td></tr>
<tr><td>신체, 사물, 악기로 간단한 소리와 리듬을 만들어 본다.</td></tr>
<tr><td></td><td>움직임과 춤으로 자유롭게 표현한다.</td><td>신체나 도구를 활용하여 움직임과 춤으로 자유롭게 표현한다.</td></tr>
<tr><td>감각을 통해 미술을 경험한다.</td><td>미술 재료와 도구로 표현해 본다.</td><td>다양한 미술 재료와 도구로 자신의 생각과 느낌을 표현한다.</td></tr>
<tr><td>모방행동을 즐긴다.</td><td>일상생활 경험을 상상놀이로 표현한다.</td><td>극놀이로 경험이나 이야기를 표현한다.</td></tr>
<tr><td rowspan="3">예술 감상하기</td><td rowspan="3"></td><td rowspan="3"></td><td>다양한 예술을 감상하며 상상하기를 즐긴다.</td></tr>
<tr><td>서로 다른 예술 표현을 존중한다.</td></tr>
<tr><td>우리나라 전통 예술에 관심을 갖고 친숙해진다.</td></tr>
</table>

6) 자연탐구 영역

자연탐구 영역에서는 영유아가 자연과 더불어 조화로운 삶을 살아갈 수 있도록 자연을 존중하는 마음을 바탕으로 창의적으로 탐구한다. 실생활의 문제해결 과정에서 논리적이고 합리적으로 사고하는 능력과 태도, 올바른 가치관과 교육이 함께 조화를 이루도록 하는 것이 목표이다.

(1) 영역목표

0~1세 표준보육과정	2세 표준보육과정	3~5세 누리과정
주변 환경과 자연에 관심을 가진다.	주변 환경과 자연을 탐색하는 과정을 즐긴다.	탐구하는 과정을 즐기고, 자연과 더불어 살아가는 태도를 가진다.

(2) 영역내용

내용범주	0~1세	2세	3~5세
탐구 과정 즐기기	주변 세계와 자연에 대해 호기심을 가진다.	주변 세계와 자연에 대해 호기심을 가진다.	주변 세계와 자연에 대해 지속적으로 호기심을 가진다.
	사물과 자연 탐색하기를 즐긴다.	사물과 자연을 반복하여 탐색하기를 즐긴다.	궁금한 것을 탐구하는 과정에 즐겁게 참여한다.
			탐구과정에서 서로 다른 생각에 관심을 가진다.
생활 속에서 탐구 하기	친숙한 물체를 감각으로 탐색한다.	친숙한 물체의 특성과 변화를 감각으로 탐색한다.	물체의 특성과 변화를 여러 가지 방법으로 탐색한다.
	물체의 수량에 관심을 가진다.	물체의 수량에 관심을 가진다.	물체를 세어 수량을 알아본다.
	주변 공간과 모양을 탐색한다.	주변 공간과 모양을 탐색한다.	물체의 위치와 방향, 모양을 알고 구별한다.
			일상에서 길이, 무게 등의 속성을 비교한다.
	규칙성을 경험한다.	규칙성에 관심을 가진다.	주변에서 반복되는 규칙을 찾는다.

		주변 사물을 같고 다름에 따라 구분한다.	일상에서 모은 자료를 기준에 따라 분류한다.
		생활도구에 관심을 가진다.	도구와 기계에 대해 관심을 가진다.
자연과 더불어 살기	주변의 동식물에 관심을 가진다.	주변의 동식물에 관심을 가진다.	주변의 동식물에 관심을 가진다.
			생명과 자연환경을 소중히 여긴다.
	날씨의 변화를 감각으로 느낀다.	날씨와 계절의 변화를 감각으로 느낀다.	날씨와 계절의 변화를 생활과 관련짓는다.

▣ 활동

표준보육과정과 누리과정의 공통점과 차이점을 세 가지씩 정리해 봅시다.

공통점	차이점

〈힌트〉

공통점: 궁극적으로 추구하는 목표, 세부 내용, 일부 하위 영역의 명칭 등

차이점: 하위 영역의 수, 대상 연령 및 수준 구분, 각 연령에 적합한 구체적인 수준별 목표 등

생각할 문제

1. 유아교육과 보육, 보육과 유아교육의 통합에 대한 논의가 오랜 시간 이어지고 있습니다. 여러분은 유보통합에 찬성하나요 혹은 반대하나요?

2. 유보통합에 찬성 혹은 반대하는 이유는 무엇인가요?

3. 유보통합을 가로막는 가장 큰 문제점은 무엇이라고 생각하나요? 그리고 그 문제를 해결하기 위해 우리가 할 수 있는 일은 무엇이 있을까요?

참고문헌

강현구(2014). 아동권리관점에서 본 영유아보육법과 유아교육법의 형성과정 및 법령 분석. 서울대학교 대학원 박사학위 청구논문.

교육부 · 보건복지부(2019). 2019 개정 누리과정 해설서.

김민정(2013). 5세 누리과정 교사용 지도서의 과학 활동 분석. 유아교육학논집, 17(1), 57-77.

박재환, 박지영(2007). 유아교육법의 제정과정 및 문제점에 관한 연구. 유아교육논총, 16(1), 95-117.

서문희, 김진경(2011). 표준보육과정 개정 방안 연구. 서울: 육아정책연구소.

이선경, 고경미(2013). 보육교사들의 누리과정 실행경험과 지원요구. 유아교육 · 보육복지연구, 17(4), 105-129.

이정욱, 양지애(2012). 5세 누리과정 정책과 교육내용에 대한 유아교사의 인식. 유아교육학논집, 16(4), 167-192.

지성애, 홍혜경, 정정희, 이민정, 고영미, 김낙홍(2014). 「3~5세 연령별 누리과정」의 현장 적용 현황과 발전방안. 유아교육연구, 34(4), 5-34.

두산백과. http://www.doopedia.co.kr/에서 2018년 1월 22일 인출.

National Association for the Education of Young Children (2011). https://www.naeyc.org/resources/position-statements/ethical-conduct

제6장

영아보육과정 운영

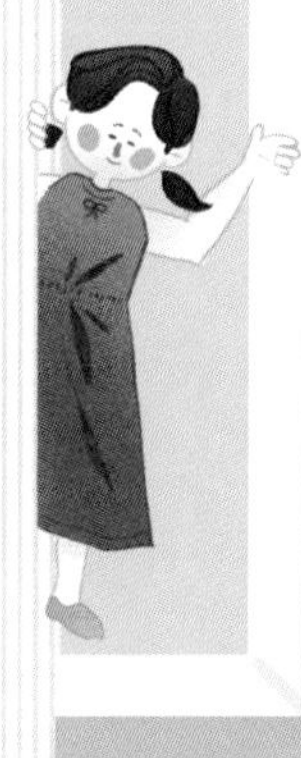

학습목표

1. 교수학습이란 무엇인지 이해한다.
2. 영아를 위한 교수학습의 기본 원리를 알고 교수학습방법에 대해 이해한다.
3. 교사-영아 상호작용의 중요성 및 교사의 상호작용 유형을 안다.
4. 영아 지도 및 이해 방법을 안다.

이 장에서는 영아보육과정의 운영을 위한 교수학습방법의 기본 원리를 제4차 어린이집 표준보육과정에서 제시하는 지원 방법에 근거하여 살펴보기로 한다. 또한 영아보육과정 운영 시 영아의 특성을 고려한 탐색 및 놀이가 중심이 되는 교수학습방법에 대해서 알아본다. 다음으로 영아와의 바람직한 상호작용을 위한 방법, 교사의 역할 등에 대해서 살펴보고, 마지막으로 영아를 이해하고 지도하기 위한 방법에 대해서 모색해 본다.

1. 영아 교수학습

교수학습이란 교사와 학생의 상호과정으로 교사는 가르치고 학생은 배우는 것을 의미한다(이순형 외, 2007). 영아 교수학습은 교사가 어떤 의도로 언제, 어떻게 영아와의 보육 경험이나 활동을 이끌고자 하는가에 대한 접근방식으로 영아에게 적합한 교수학습을 제공하기 위해서는 영아의 발달적 특성과 가족적 · 사회적 · 문화적 특성을 고려해야 한다.

이 시기 영아에게는 안전한 환경, 균형 잡힌 영양 섭취, 적절한 수면, 배변활동 등 신체적 욕구의 충족, 부모 이외의 양육자와의 안정적인 애착 형성, 정서적 안정감, 타인과의 신뢰감을 바탕으로 하는 대인관계 형성 등 정서적 욕구의 충족, 기초적인 언어발달, 새로운 것에 대한 호기심 등의 인지적 탐색 욕구의 충족 등이 필요하다. 영아 교사는 영아가 신체 발달, 인지 발달, 사회 · 정서 발달이 통합적으로 이루어질 수 있도록 적절한 교육내용을 선정하고 영아에게 의미 있는 경험과 학습의 기회를 제공하여야 한다.

1) 영아 교수학습방법의 기본 원리

영아 교수학습방법의 기본 원리는 다음과 같다.

첫째, 교사는 영아의 발달수준, 연령, 사전경험 등을 고려하여 영아를 위한 놀이 환

경 및 활동자료를 준비하여야 한다. 또한 교사는 영아의 수를 고려하여 놀이 자료를 충분히 구비하여야 한다.

둘째, 영아의 활동에 대한 흥미나 호기심을 중심으로 교수학습활동이 이루어지도록 한다. 교사는 영아의 사전경험이나 관심사 등을 적극 활용하여 활동에 대해서 흥미나 호기심을 갖도록 해야 한다. 이를 위해서 교사는 주의 깊은 관찰에 근거하여 반 전체 영아의 관심과 흥미를 파악하여야 한다. 영아의 관심과 흥미가 파악된 후에는 다양한 방법을 활용하여 영아의 흥미를 지속시키도록 한다.

셋째, 다양한 놀이와 활동이 영아의 자발적 선택에 의해 주도적으로 이루어지도록 해야 한다. 교사는 자유선택활동이나 실외놀이 시간에 영아가 자유롭게 활동이나 놀이를 탐색하고 자발적으로 선택할 수 있도록 지원해야 한다. 이때 영아가 좋아하는 놀이와 활동을 주도적으로 진행하도록 격려해 준다.

넷째, 교사, 환경, 또래와의 능동적인 상호작용이 이루어지도록 해야 한다. 교사는 활동이 이루어지는 공간을 살펴 영아의 활동 진행과정을 파악하고, 교사의 개입이 필요한 경우 아이디어나 교구 등을 제시하여 활동이 활발하게 진행되도록 한다. 또래와의 상호작용이 즐거운지, 활동에 참여하지 못하거나 어려워하는 부분이 있는지 등을 파악하여 영아에게 필요한 상호작용을 진행해야 한다.

다섯째, 영아가 자신의 생각을 구체적으로 표현할 수 있도록 발문한다. 영아가 제한된 답을 하지 않고 다양하게 생각해 보고 구체적으로 답할 수 있는 개방적 발문이 바람직하다. 또한 영아의 호기심을 자극하며 사고를 확장하고 스스로 질문에 대한 답을 찾아낼 수 있도록 발문한다.

2) 표준보육과정 영역별 영아 지원

(1) 기본생활 영역 지원

① 0~1세

0~1세 영아는 씻고, 먹고, 자고, 배변하는 등의 일상에 적응하면서 어린이집 생활에 편안함을 느끼게 된다. 0~1세 영아는 어린이집 생활에 익숙해지고 주변 환경에 친숙해지면서 적극적인 탐색 및 놀이를 시도하게 되는데, 이들은 위험에 대한 인식이 어

려우므로 안전에 대한 성인의 주의와 점검이 필수적이다. 기본생활 영역은 0~1세 영아가 건강하고 안전한 일상생활을 편안하고 자연스럽게 경험하는 것을 목표로 한다. 씻고, 먹고, 자는 등 기본적 욕구를 충족시키는 일상생활은 교사와 영아가 애착을 형성하는 긴밀한 시간이자 영아의 상태나 발달을 점검하는 기회가 될 수 있다. 교사는 영아의 개별적 요구를 수용하고, 영아가 스스로 시도해 볼 수 있도록 안전한 환경과 기회를 마련한다. 또한 적절한 도움과 격려를 제공하여 영아가 편안하고 자연스럽게 일상을 경험하도록 지원한다.

② 2세

2세 영아는 어린이집에 등원하여 즐겁게 놀이하면서 일상생활을 경험한다. 식사와 휴식, 낮잠을 통해 에너지를 충전하고, 필요할 때 혼자 칫솔질을 하거나 씻어 보는 시도를 할 수 있으며, 스스로 배변하는 습관을 갖추어 간다. 또한 2세 영아는 움직임이 활발하고 주변에 대한 호기심이 많으므로 놀이와 일상생활에서 위험 상황에 조심해 보는 경험을 통해 점차 안전에 대한 인식을 키우게 된다. 기본생활 영역은 2세 영아가 건강하고 안전한 생활습관의 기초를 형성하는 것을 목표로 한다.

교사는 위생과 청결, 급 · 간식, 낮잠, 배변 및 안전 경험을 통해 2세 영아가 즐겁고 쾌적하며 안전하게 일과를 보냄으로써 몸과 마음이 더욱 건강해질 수 있도록 지원해야 한다.

(2) 신체운동 영역 지원

① 0~1세

0~1세 영아는 감각적 자극에 반응하는 것으로 시작하여 주변 탐색과 자신의 신체 탐색 과정을 통해 자연스럽게 몸의 움직임을 발전시켜 나간다. 이와 같은 탐색을 통한 감각과 신체 인식의 과정은 영아가 자신의 몸을 구성하는 대근육과 소근육을 사용함으로써 조절 능력을 키워 나가는 데 기초가 된다. 또한 영아는 다양한 운동을 시도하는 것을 좋아하는데, 이와 같은 기본 동작을 포함하는 신체활동은 실내뿐 아니라 바깥놀이에서도 일어나며 자신의 몸을 통해 혹은 도구를 사용함으로써 자연스럽게 경험된다. 이를 위하여 교사는 0~1세 영아가 편안하게 오감각으로 자극에 반응하고 주변을

다양하게 탐색할 수 있도록 하고, 대소근육을 움직이면서 기본 운동을 포함한 실내외 활동에 관심을 가지고 즐길 수 있도록 지원해야 한다. 주변 환경을 탐색하는 데 여러 감각기관을 동시에 사용하여 통합적으로 경험할 수 있도록 한다.

② 2세

2세 영아는 일상생활에서 감각적 자극을 경험하고 감각기관을 활용하여 감각적 차이를 구분하며 자신의 신체를 탐색하고 움직이면서 자신의 신체에 대해 인식하고 기본적인 신체 명칭이나 세부적인 신체 명칭에 대해 알아 간다. 또한 2세 영아는 대소근육을 조절하면서 신체의 움직임과 사물에 미치는 영향을 이해하고 걷기와 같은 기본적인 이동운동을 잘할 뿐 아니라 걷기를 기반으로 하는 여러 가지 이동 동작(예: 기어가기, 걷기, 옆 구르기 등)과 단순한 비이동 동작을 시도하고 즐긴다. 신체운동 영역은 2세 영아가 감각 능력을 활용하고 신체활동을 즐기는 것을 목표로 한다. 이를 위하여 교사는 2세 영아에게 다양한 감각 능력을 활용하고 신체의 각 부분을 움직일 수 있는 기회를 제공하고, 대소근육을 조절하며 몸의 균형감각을 기를 수 있는 기본 운동과 신체활동을 즐길 수 있는 경험을 지원해야 한다.

(3) 의사소통 영역 지원

① 0~1세

0~1세 영아는 적극적 의사소통자로 비언어와 언어를 이용하여 자신의 생각, 느낌, 감정을 표현하고 상대방의 표현과 반응을 보고 들으며 소통한다. 또한 주변의 그림과 상징에 관심을 갖고, 자유롭게 끼적이기를 즐기며 책과 이야기에도 관심을 갖는다. 의사소통 영역은 일상에서 영아가 자신의 의사를 상대방에게 전달하고, 상대방의 표현을 이해하는 과정에서 다른 사람과 소통하는 다양한 방식을 경험하면서 의사소통의 즐거움을 느끼며 의사소통 능력의 기초를 형성하는 것을 목표로 한다. 이를 위하여 교사는 0~1세 영아가 자유롭고 편안하게 자신의 의사를 표정, 몸짓, 옹알이, 말소리, 말, 끼적이기 등 다양한 방식으로 표현할 수 있도록 하고, 책과 이야기에 관심을 갖고 자유롭게 즐기는 것을 지원하도록 한다.

② 2세

2세 영아는 의사소통 경험을 통해 일상의 기초적인 어휘를 습득하여 구어로 소통하는 능력이 향상되고 상징과 문자를 읽고 쓰며 문어로 소통하는 방식을 경험한다. 의사소통 영역은 자신의 의사를 다른 사람에게 표현하여 전달하고, 상대방의 이야기를 듣고 말하며, 일상에서 읽기, 쓰기와 관련되는 경험에 관심을 가지며 책과 이야기를 즐기고 상상의 즐거움을 가질 수 있는 경험을 하는 것에 목표를 두고 있다. 교사는 2세 영아가 일상에서 자유롭고 편안하게 상대방에게 표정, 몸짓, 말로 의사를 표현하는 기회를 제공하고, 다른 사람과 소통하는 것을 격려하고, 영아가 읽고 쓰는 데 관심을 가질 수 있는 다양한 그림과 사물의 상징이 담긴 인쇄물 등을 충분히 제공하며, 책과 이야기에서 자유로운 상상을 즐길 수 있도록 지원한다.

(4) 사회관계 영역 지원

① 0~1세

0~1세 영아는 자신을 독립된 존재로 인식하기 시작하고, 정서가 다양하게 분화되면서 여러 가지 감정을 느끼게 되고, 기본적인 욕구와 감정을 말과 행동으로 나타낼 수 있다. 0~1세 영아의 사회관계는 가정에서 자신을 돌보아 주는 가족에서 점차 교사와 안정된 애착을 형성하면서, 반에서 함께 생활하는 또래, 교사와 편안하게 지낼 수 있는 과정으로 확대된다. 따라서 0~1세의 사회관계 영역은 영아가 다른 사람의 행동이나 표정을 보거나 말을 듣고 그 사람에게 주의를 기울이면서 자신과 다른 사람의 감정을 인식함으로써 사회적 상호작용의 기초를 형성하는 것을 목표로 한다. 이를 위하여 교사는 0~1세 영아의 자아존중감과 함께 다른 사람과 더불어 생활하는 데 필요한 기초 능력을 기르는 데 중점을 두고, 영아가 주변의 친숙한 사람들과 긍정적인 관계를 경험하고 어린이집에서 하루 일과를 편안하게 지낼 수 있도록 지원해야 한다.

② 2세

2세 영아는 자신을 다른 사람과 구별하게 되고, 여러 가지 감정을 표현할 수 있으며, 다른 사람의 감정이나 생각이 자신과 다를 수 있다는 것을 알게 된다. 자신이 좋아하는 것이 생기고, 스스로 선택한 놀이를 해 보면서 고유성과 독특성을 인식하게 된다.

또한 2세 영아는 가족에게 특별한 애정과 소속감을 느끼며, 또래에게 관심을 보이고 함께 놀이하는 것을 즐거워한다. 자율성과 자기 조절이 증가하고, 사회의 규칙과 약속이 있다는 것을 알게 된다. 따라서 2세 사회관계 영역은 영아가 독립된 존재로서 자신을 알고 긍정적으로 느끼며, 다른 사람과 더불어 생활하면서 사회관계 형성의 기초를 기르는 것을 목표로 한다. 이를 위하여 교사는 2세 영아들이 긍정적인 경험과 자기표현을 통해 스스로를 긍정적으로 여기는 데 중점을 두어야 한다. 또한 친숙한 사람에게 관심을 갖고 애정을 표현하도록 하고, 다른 사람의 감정과 행동에 적절히 반응하고 공감하며, 기본적인 사회적 규칙과 약속을 생활 속에서 자연스럽게 익히고 지키고자 노력하도록 격려하여 다른 사람과 즐겁게 생활할 수 있도록 지원해야 한다.

(5) 예술경험 영역 지원

① 0~1세

0~1세 영아는 자연과 생활 속에서 감각을 통한 자극에 호기심을 가지고 반응하며 다양한 방법으로 표현하기를 즐긴다. 영아는 자연물, 사물, 환경의 아름다움에 관심을 가지고 즐김으로써 풍부한 정서를 경험한다. 자신과 환경과의 상호작용에서 아름다운 요소를 발견하고 좋아하는 태도를 형성한다. 일상에 대한 긍정적인 태도를 기르고 자신을 둘러싼 대상과 상생하는 즐거움을 경험한다. 영아는 자신의 관심과 경험을 소리나 움직임으로 표현하고, 감각을 통한 미술을 경험하며, 익숙한 사람의 행동을 모방하면서 이를 반복하는 것을 즐긴다. 영아는 이러한 경험을 통하여 감성을 계발하고 심미감을 형성하며 행복한 일상을 영유하게 된다. 이를 위하여 교사는 영아가 익숙한 일상 환경에서 호기심을 가지고 주의 깊게 바라보며 경험할 수 있도록 지원한다. 또한 영아가 자신의 경험을 자유롭게 표현할 수 있도록 허용적인 환경을 조성한다.

② 2세

2세 영아는 자연과 생활 속에서 경험하는 다양한 감각 자극을 통해 아름다움을 느끼고, 아름다움을 인식하게 된다. 이 경험을 통해 점차 아름다움에 관심을 가지고 찾아보며 표현하기를 즐긴다. 노래나 리듬을 흥얼거리고 움직임과 춤으로 나타내고, 스스로 다룰 수 있는 재료와 도구로 미술을 즐기며 일상에서 체험한 것을 상상놀이로 표

현하며 즐거움을 경험한다. 예술경험 영역은 2세 영아가 일상에서 아름다움을 느끼고 즐기며 이를 통해 자신의 생각이나 느낌을 자유롭게 표현하는 경험을 가지도록 하는 내용이다. 영아는 이러한 경험을 통해 감수성을 계발하고 심미적 태도를 증진시킨다. 이를 위하여 교사는 영아가 익숙한 일상에서 접하는 대상과 공간에 주의를 기울여 아름다움을 느낄 수 있도록 충분한 시간과 여유로운 공간을 제공하도록 한다. 또한 영아가 다양한 예술을 저마다의 방법으로 자유롭게 표현하고 즐기도록 돕고, 이 과정에서 개별 영아의 느낌과 생각, 표현 방법을 존중하여 자유롭고 편안한 분위기에서 자신의 생각을 표현하도록 지원한다.

(6) 자연탐구 영역 지원

① 0~1세

0~1세 영아는 주변 세계와 자연에 관심을 가지고 끊임없이 알고자 하며 자유롭게 탐색하기를 즐긴다. 0~1세 영아는 자신이 궁금해하는 것을 직접 보고 듣고 맛보고 만지면서 감각을 통해 확인해 보고자 한다. 자연탐구 영역은 0~1세 영아가 주변 환경과 자연에 관심을 갖고 탐색을 즐기고, 일상생활과 놀이 속에서 자연스럽게 수학적 · 과학적 상황을 경험하며 주변 환경과 자연에 관심을 가지는 것을 목표로 한다. 이를 위하여 교사는 0~1세 영아가 안전하고 자유롭게 탐색을 즐길 수 있도록 돕고, 영아가 생활 속에서 자연스럽게 주변의 동식물, 생명, 자연환경에 관심을 가질 수 있도록 지원한다.

② 2세

2세 영아는 호기심을 가지고 주변 세계에 대해 다양하고 반복적인 탐색하기를 좋아하며 주변 환경과 자연세계에 대해 알고자 한다. 2세 영아는 자신이 궁금해하는 것을 직접 조작해 보고 감각을 통해 확인해 보고자 하며, 주변 세계에 대한 감각적 탐색 경험을 통합하여 자기 나름의 방식으로 재구성하는 시도를 즐긴다. 자연탐구 영역은 2세 영아가 주변 환경과 자연에 호기심을 가지고 다양하게 탐색하기를 즐기고, 놀이와 일상에서 자연스럽게 수학적 · 과학적 상황을 경험하며 주변의 동식물과 자연에 관심을 가지도록 하는 것을 목표로 한다. 이를 위하여 교사는 2세 영아가 실내뿐만 아니라 실외에서도 안전하고 자유롭게 탐색을 즐길 수 있도록 돕고, 영아가 호기심을 가지고 주도적으로 탐색하는 과정을 생활 속에서 자연스럽게 경험할 수 있도록 지원한다.

3) 탐색 및 놀이 중심의 교수학습방법

영아는 탐색 및 놀이를 통해 새롭고 독특한 행동을 실행하고 이러한 과정을 통해 자신의 사고를 확장한다. 교사는 영아가 활발하게 탐색 및 놀이를 할 수 있도록 지원하고 영아의 자발성과 자율적 탐색을 격려하며 필요할 때 도움을 제공할 수 있어야 한다. 탐색 및 놀이 중심의 구체적인 교수학습방법은 다음의 네 단계를 거치게 된다(이영자, 이종숙, 신은수, 곽향림, 이정옥, 2006).

(1) 제시 단계

제시 단계는 교사가 구성한 교육환경의 놀잇감, 사물, 또래, 교사들과 접하면서 주변 환경에 흥미를 갖는 단계이다. 교사는 목표한 활동을 구성하여 활동자료를 활동 영역에 제시하고, 영아가 오감을 자유롭게 활용하고, 다양한 방법으로 탐색하는 자율적이며 자발적인 기회를 제공한다.

(2) 탐색 단계

탐색 단계는 교사가 제시된 활동자료와 활동 진행에 대한 영아의 행동관찰에 기초하여, 목표한 활동에 적합한 활동자료의 탐색을 안내하는 단계이다. 제시 단계보다 좀 더 적극적인 교수전략을 사용하여 탐색을 유도하고 영아의 다양한 조작적 · 감각적 탐색을 격려한다. 영아가 탐색을 통하여 새로운 경험과 지식을 획득하고 활동자료를 적합하고 창의적인 방법으로 탐색하도록 유도하고 질문한다.

교사는 탐색하는 영아의 행동 관찰을 통하여 놀이로 전이할 수 있는 시간, 놀이의 수준을 결정하며, 활동에 대한 영아의 구체적이며 자발적인 행동을 격려하여 탐색을 자극하도록 인정해 주고 탐색활동을 유지하도록 도와준다.

(3) 놀이 단계

놀이 단계는 영아가 스스로 놀잇감을 선택하여 자유롭게 놀이하도록 교사가 좀 더 적극적으로 안내하고 유도하는 단계이다. 교사는 영아에게 가장 탐색이 원활하고, 활

동과 활동자료에 익숙하고, 조작적 기술이 습득된 활동을 진행과정에 적합하게 놀이하도록 안내하여, 개별 영아가 창의적으로 탐색한 경험을 놀이로 통합하도록 유도하고 또래와 놀이경험을 공유하도록 격려한다.

(4) 놀이 확장 단계

놀이 확장 단계는 놀이 단계를 심화하고 확장하도록 추가적 활동자료를 제시하거나, 다른 활동영역의 자료와 통합하여 놀이를 확장하도록 안내하는 단계이다. 교사는 개별 영아의 놀이를 또래와 협동적이며 상호작용을 격려하는 놀이로 확장하여 연장하도록 도와주어야 한다. 교사는 놀이 단계에서 영아의 개별 놀이활동을 관찰하고 평가하면서, 영아들의 관심이 높고 다른 활동자료와 통합하여 다양한 놀이로 연결시킬 수 있는 활동을 중심으로 놀이 확장을 위한 상호작용을 한다.

놀이 확장을 위하여 교사는 놀이 환경 수정, 놀이 자료 보충, 영역 재조정을 해야 하며, 개별 영아에게 적합한 다양한 교수전략을 적용하도록 한다.

영아 놀이 지원 시 고려사항

- 교사는 영아가 좋아하는 놀이와 활동을 여러 날에 걸쳐 반복하며 숙달해 가는 과정에서 성취감과 즐거움을 느끼는 것을 이해하고 영아의 반복 활동을 즐겁게 함께 한다.
- 개별 영아의 요구나 관심을 잘 관찰하고 이에 적합한 자료나 활동을 준비하되, 각 영역마다 탐색하는 방법과 특징은 영아의 기질에 따라 다르므로 교사는 이에 적절히 반응해야 한다. 예를 들면, 새로운 물체에 접촉하는 것을 두려워하는 영아의 경우, 냄새나 소리 또는 멀리서 바라보기 등 다른 감각기관을 활용해 이를 탐색해 보게 하는 것이 필요하다. 또한 반응이 느린 기질의 영아의 경우, 시간을 충분히 갖고 탐색하도록 방해하지 않고 기다리는 것이 좋다.
- 24개월 전후로 언어 발달이 급속하게 이루어지면서 이전 시기 영아의 의성어, 의태어, 표정, 몸짓 등 비언어적 표현 방식과 함께 이해하는 말과 표현하는 말의 언어발달이 이루어진다. 이에 교사는 영아의 의사소통 능력을 증진시키기 위해 적절하고 다양한 언어적 경험을 제공하는 한편, 교사 자신이 바람직한 언어적 모델이 되어야 한다.

출처: 보건복지부, 한국보육진흥원(2017).

2. 영아와의 상호작용

영아는 교사와의 바람직한 상호작용을 경험하여 자신이 존중받고 있음을 느끼고, 나아가 타인과의 긍정적인 관계를 맺을 수 있게 된다. 교육기관에서 영아가 경험하는 교사와의 상호작용은 애착과 같은 사회・정서 발달뿐 아니라 인지・언어・신체 발달에도 중요한 기초가 된다. 따라서 영유아교육기관에서 긍정적인 상호작용을 통해 영아가 편안함과 안정감을 느끼면서 다양한 탐색과 경험을 할 수 있도록 해야 하며, 이러한 과정을 통해 영아는 다양한 지식을 구성하고 전인적 발달을 이루어 나갈 수 있을 것이다.

1) 바람직한 교사-영아 상호작용

바람직한 교사-영아 상호작용을 위해서는 다음 사항에 유의하여야 한다.

첫째, 영아를 존중하고 평등하게 대해야 한다. 개별 영아에게 관심을 가지고 주의 깊게 관찰하며 대화를 나눌 때 눈높이를 맞추고 따뜻하고 즐거운 표정으로 이야기를 하면 영아는 자신이 존중받고 있음을 느끼게 된다. 교사는 신체적 특성, 성별, 종교, 사회경제적 배경 등으로 인한 편견 없이 모든 영아를 존중하고 평등하게 대해야 한다.

둘째, 영아의 기질, 정서적 상태, 놀이 선호 등을 파악하여 적절하게 반응해 주어야 한다. 또한 영아의 개별적인 요구나 질문을 주의 깊게 듣고 민감하게 반응해야 한다. 이를 위해서는 영아가 자유롭게 질문할 수 있는 허용적인 분위기를 조성하고, 영아의 요구나 질문에 언어적으로 수용하면서 동시에 비언어적인 긍정적 표현을 해야 한다.

셋째, 칭찬, 격려, 설명, 대안 제시 등 긍정적인 방법으로 영아의 행동을 지도해야 한다. 교사는 칭찬과 격려를 통해 영아에게 자신감을 심어 줄 수 있다. 또한 영아와 간단한 규칙을 함께 정하고 자율적으로 행동할 수 있도록 지도하며, 교사 자신이 영아의 좋은 행동 모델이 되어야 한다.

넷째, 또래 간 긍정적 상호작용을 격려해야 한다. 또래 간 상호작용이 긴밀히 이루어지도록 이들의 언어, 행동, 표정, 놀이 과정 등을 관찰하고 필요한 시기에 개입하여 또래 상호 간 배려나 협력이 이루어지도록 지도한다.

영아를 존중하는 말과 행동의 예

- 부드럽게 영아의 이름을 부르기
- 영아의 특정 행동이나 상황을 이해하고 존중하기: "아직은 젓가락 사용하는 것이 조금 어렵지? 익숙해지면 더 편하게 먹을 수 있을 거야." "○○는 정리를 꼼꼼하게 하네."
- 영아 의견을 무시하지 않고 수용하기: "그 방법도 좋은 생각이네." "그런 방법도 괜찮은걸?"
- 영아의 실수도 이해하고 존중하기: (혼자 컵에 물을 따르다 물을 엎지른 영아에게) "○○가 선생님 도움 없이 혼자 해 보려고 했구나."
- 눈높이 맞추기, 따뜻하고 즐거운 표정, 주의 깊게 듣는 태도, 등을 쓰다듬어 주거나 어깨를 토닥여 주는 행동 등

영아를 존중하지 않는 말과 행동의 예

- 영아의 이름을 부르지 않고 반복적으로 "야!" "너!" "얘!" 등으로 위압적으로 부르는 경우
- 표면적으로 존댓말을 사용하지만 영아를 비꼬는 말을 하는 경우
- 대화 시 얼굴을 쳐다보지 않음, 짜증 내는 표정, 비웃음, 팔을 잡아당기는 행동 등

출처: 보건복지부, 한국보육진흥원(2017).

2) 영아와의 상호작용에서의 교사 역할

교사-영아와의 상호작용은 영아의 정서적 안정, 적극적인 놀이 참여, 인지적 탐색 등에 긍정적인 영향을 미치므로 상호작용에서의 교사 역할은 매우 중요하다. Bredekamp와 Rosegrant(1992)는 교사에게 다음과 같이 상호작용할 것을 제안하였다.

첫째, 교사는 영아가 도움을 필요로 하는 순간을 인식할 수 있어야 한다. 영아에게 도움이 필요한 순간을 인식하기 위해서는 어떤 영역에 대한 영아의 발달적 특성을 교사가 파악하고 있어야 한다. 교사는 개별 영아가 이미 알고 있는 내용 및 아직 알지 못하는 내용들을 파악하고, 언제 어떻게 적절하게 상호작용을 할지에 대한 근거 및 계획을 지니고 있어야 한다.

둘째, 교사는 영아에게 필요한 지원을 제공하여야 한다. 영아에게 가장 적합한 상호작용방법이 무엇인지를 알고 적용할 수 있어야 한다. 영아가 함께 작업하기를 원하는지, 격려나 칭찬만을 원하는지, 아니면 구체적으로 모델링을 제시해 주기를 원하는지를 파악하여 원하는 상호작용으로 지원해야 한다.

셋째, 교사는 영아에게 적절한 지지를 제공하여야 한다. 영아가 활동을 수행할 때 능동적이고 적극적으로 참여할 수 있도록 지지해 주고, 영아가 자신의 능력을 향상시킬 수 있도록 도움을 제공해야 한다.

넷째, 교사는 영아가 긍정적인 자아개념을 지닐 수 있도록 상호작용해야 한다. 영아의 발달특성과 학습 과정을 파악하여 영아가 성공적인 경험을 통해 자신감 및 자아존중감을 형성할 수 있도록 상호작용해야 한다.

▣ 활동: 교사-영아 상호작용 척도

※ 다음 문항을 읽고 자신에게 해당되는 곳에 표시해 보세요.

번호	문항 내용	전혀 그렇지 않다	그렇지 않다	보통이다	그렇다	매우 그렇다
1	나는 자발적으로 먼저 영아에게 언어적으로 반응을 한다.					
2	명료하고, 분명하고, 알아들을 수 있는 구체적인 언어를 사용한다.					
3	편안하고 안정감 있는 목소리로 영아에게 긍정적인 감정을 표현한다.					
4	영아가 울거나 요구를 나타낼 때 즉시 민감하게 반응한다.					
5	영아와 이야기를 나눌 때 영아의 눈높이에 맞춰 자세를 낮춘다.					
6	영아의 발성이나 말을 주의 깊게 경청하고 확장시켜 반응한다.					
7	영아와 함께하는 것을 좋아한다.					
8	영아를 시야 안에 두고 지켜본다.					
9	영아에게 동화책을 읽어 주거나 이야기를 들려준다.					
10	영아의 호기심과 사고를 북돋아 준다.					
11	영아는 즐거운 분위기 속에서 미소 짓기, 옹알이 등의 방법으로 교사, 다른 영아와 자유로이 상호작용하도록 한다.					
12	영아가 능동적으로 놀이 공간을 탐색하고 선택한 놀잇감을 가지고 놀 수 있게 한다.					
13	야외 활동을 할 때 사물이나 사람의 명칭을 구체적으로 영아에게 이야기한다.					

14	영아가 다른 사람과 언어적인 상호작용을 하도록 격려한다.					
15	영아를 쓰다듬어 주는 등 신체적 상호작용을 한다.					
16	영아의 발달수준에 적합한 다양한 놀이 활동과 놀잇감을 준다.					
17	영아와 자유롭고 편안한 언어로 의사소통을 한다.					
18	영아가 주변을 탐색하고 실험해 볼 수 있도록 허용한다.					
19	영아가 꺼리거나 주저하는 놀이에 참여할 수 있도록 유도한다.					
20	자주 영아를 칭찬하고 격려해 준다.					
21	영아가 경험을 확장시킬 수 있도록 개별적인 행동을 지지해 준다.					
22	영아에게 친밀하고 애정 어린 태도로 말하고 행동한다.					
23	영아에게 어떤 글이나 이야기를 전할 때는 적당한 소리로 한다.					
24	영아가 다른 아이의 놀잇감을 뺏고 활동을 방해할 때는 다른 대안적인 활동들을 마련해 주어 참여하도록 격려한다.					
25	영아 간에 서로 도움을 주고받는 경험을 확장시켜 주는 협동적인 활동을 자주 마련한다.					
26	영아와 상호작용할 때 놀이와 발달에 도움이 되는 다양한 상호 전략을 사용한다.					
27	화가 나도 영아에게 소리를 지르지 않는다.					
28	영아에게 불편하거나 짜증스러운 감정을 드러내지 않는다.					
29	영아를 간섭하거나 제한하지 않는다.					

출처: 임옥희(2006)의 교사-영아 상호작용 도구를 수정 · 보완한 도구임.

3) 놀이 촉진을 위한 교사와 영아 간의 상호작용 유형

놀이는 영아의 생활이면서 동시에 가장 효과적인 학습방법이라 할 수 있다. 교사는 다양한 방식으로 영아의 놀이를 촉진해 영아의 학습에 도움을 줄 수 있다. Gowen(1995)은 영아 놀이의 관찰을 통해 그들에게 가장 적합한 방법으로 교사가 놀이에 참여하고 개입해야 함을 강조하면서 놀이 촉진을 위한 교사와 영아 간의 상호작용 유형을 지지, 모방, 칭찬, 비지시적 제안, 직접적 제안 및 모델링으로 제안하였다.

(1) 지지

교사가 영아가 무엇을 하고 있는지 관심을 가지고 지켜보면서 영아의 놀이 상황을 언어로 표현해 주는 것을 의미한다. 영아는 자신의 놀이를 교사가 언어적으로 표현하면서 지지해 주는 과정에서 놀이에 대한 자신감 및 긍정적인 자아개념을 형성할 수 있다.

(2) 모방

교사가 영아의 놀이나 행동을 그대로 따라 하는 것으로 주로 상상놀이에서 활용될 수 있다. 교사의 모방은 영아가 자신이 하고 있는 놀이가 가치 있는 활동이라는 것을 인식하도록 해 주는 기능이 있다. 교사는 영아의 행동을 모방하면서 영아의 놀이를 격려해 준다.

(3) 칭찬

교사가 영아의 놀이를 강화하기 위해 영아의 놀이에 대해 "잘했어." "멋지다." 등의 칭찬을 사용할 수 있다. 이러한 칭찬을 받으면 영아는 더욱 즐겁고 적극적으로 놀이에 참여하게 된다.

(4) 비지시적 제안

직접적인 지시는 하지 않으면서 놀이 상황을 촉진하거나 확장할 수 있는 제안을 하는 것이다. 영아가 인형을 가지고 놀고 있을 때 "이 아기가 배가 아픈 것 같은데?"와 같은 제안을 하여 새로운 놀이를 유도할 수 있다.

(5) 직접적 제안

놀이를 확장시킬 때 사용되는 방법으로 교사가 직접적으로 새로운 제안을 하는 것이다. 영아의 놀이가 같은 수준에서 머물러 있어 흥미가 감소될 때 교사가 직접적으로 개입하여 놀이를 확장시킬 수 있다. 예를 들어, 바나나를 가지고 "우리 이것을 전화기라고 하자."라고 직접적으로 제안하여 새로운 놀이로 확장할 수 있다.

(6) 모델링

모델이 되는 행동을 교사가 영아에게 보여 주는 것으로 교사의 가상행동이 영아 놀

효과적인 칭찬의 예

- 영아를 평가하기보다는 과정을 인정해 주는 칭찬하기: "○○는 탑을 잘 만들었구나!" → "○○는 블록을 높게 쌓아서 탑을 만들었네!"
- 형식적이고 추상적인 칭찬보다는 영아의 행동 등을 구체적으로 칭찬하기: "잘했어!" "멋지다!" "최고!" → "물감을 섞어 쓰니까 다른 색이 나오는구나! 좋은 생각인데?"
- 다른 영아와 비교하기보다는 영아의 노력과 성취에 대해 칭찬하기: "○○는 우리 반에서 그림을 제일 잘 그려!" → "오늘 혼자서 단추를 세 개나 끼웠네!"
- 영아의 행동을 외적 보상과 연결하기보다는 정서적 즐거움, 만족과 연결하여 칭찬하기: "양치질을 깨끗이 했으니 칭찬스티커 하나 줄게요." → "○○는 세수를 해서 얼굴이 깨끗하구나, 기분이 참 좋아 보인다!"

출처: 보건복지부, 한국보육진흥원(2017).

이를 촉진할 수 있다. 교사가 소방관이 되어 소화기를 들고 불 끄는 모습을 보여 주거나 운전사가 되어 운전하는 모습을 보여 주어 영아가 교사의 행동을 따라 하면서 놀이를 즐길 수 있다.

3. 영아 지도 및 이해 방법

1) 영아에 대한 정보수집

영아를 제대로 이해하고 적절한 평가를 하여 평가결과를 보육과정 편성 및 운영에 반영하고 활용하기 위해서는 영아에 대한 정보수집이 우선적으로 이루어져야 한다. 영아에 대한 정보수집 방법으로는 관찰법, 면담법 등이 있다.

(1) 관찰법

관찰법은 일상생활 속에서 영아가 자연스럽게 활동하는 모습을 관찰자가 본 대로 기록하는 것이다. 보육현장에서 주로 교사가 관찰자 역할을 하게 되는데, 이때 교사는 조직적이고 체계적으로 관찰을 실시해야 한다.

교사는 놀이, 활동, 일상생활에서 개별 영아의 반응과 행동을 객관적으로 관찰하여 기록한다. 영아별로 놀이와 활동, 일상생활을 모두 포함하여 일과 전반에 걸쳐서 나타나는 자연스러운 행동을 관찰하고 영아가 참여하였던 활동 정도와 내용을 기록해야 한다. 영아의 관찰 내용은 특정 활동이나 영역에 치우치지 않고 일상적 양육 및 급·간식, 낮잠, 배변 등의 기본생활, 실내외 놀이와 보육활동이 골고루 있어야 한다. 뿐만 아니라 영아의 반응과 행동에 대한 관찰은 월 2회 이상 주기적으로 실시되는 것이 바람직하다. 관찰의 방법에는 일화기록, 체크리스트 등이 있다.

① 일화기록

일화기록은 개인의 특성을 이해하기 위해 그 개인이 나타낸 구체적인 행동사례나 어떤 사건에 관련된 관찰 결과를 상세히 기록하는 방법이다. 보육과정에서 개별 영아에 대한 일화를 주기적으로 관찰하고 기록한 자료는 영아의 행동 평가 및 발달에 대한 전체적인 이해를 형성하는 데 도움이 된다.

② 체크리스트

체크리스트는 어느 한 시점에서 특정한 기술이나 행동의 출현 여부에 관심이 있을 때 사용하는 방법으로 관찰자의 주관적인 평가가 배제되고 영아의 행동을 객관적으로 파악할 수 있는 방법이다. 이 방법은 관찰 대상 행동을 쉽게 기록할 수 있지만 행동의 출현 빈도나 질적인 수준에 대한 정보를 얻기에는 미흡하므로 관찰기록과 함께 활용되는 것이 바람직하다.

(2) 면담법

면담법은 대화를 통해서 영아에 대한 다양한 자료를 파악하는 방법으로 부모와의 면담을 통해 영아에 대한 상세한 정보를 파악할 수 있다. 면담은 정기적인 부모상담이나 등하원 시, 특별한 상황이 있는 경우 등에 실시할 수 있으며, 면담 시 영아에 대한 부정적인 측면보다는 긍정적인 측면을 중심으로 자료를 수집하는 것이 바람직하다. 또한 교사가 파악한 영아의 발달 수준과 특성, 변화 정도 등을 부모에게 제시하여 영아에 대한 보다 정확한 정보를 공유할 수 있어야 한다.

2) 포트폴리오

포트폴리오는 개인의 파일에 영아의 작품이나 영아에 대한 기록물들을 수집하고 수집된 기록물에 근거하여 영아 개개인의 변화, 발달과정을 종합적으로 평가하는 방법이다. 단순히 영아의 작품을 모으는 것이 아니라 영아의 수행에 있어서의 진보를 확인하기 위해 체계적으로 작품을 수집하는 것으로 영아의 발달과 학습을 시간의 흐름에 따라 보여 주기 때문에 개별 영아의 노력이나 발달 등을 보여 주어 총괄적 평가가 가능하다. 영아가 끼적이기를 한 종이, 키와 몸무게를 잰 측정치, 신체 · 언어 · 음률 활동에 참여하는 동영상, 종이벽돌로 쌓기놀이하는 사진 등의 다양한 자료를 주기적으로 수집하여 영아에 대하여 포괄적으로 이해할 수 있도록 해야 한다.

3) 독특한 특성을 지닌 영아 지도

장애, 다문화, 영재성 등 독특한 특성을 지닌 영아가 있다면 이들에 대한 좀 더 심도 있는 정보를 수집할 필요가 있다. 이럴 경우 지능검사, 사회성숙도 검사, 언어발달 검사, 정서행동발달 검사 등의 표준화된 검사 도구를 활용할 수 있다. 표준화검사는 이미 신뢰도와 타당성이 검증된 검사로 객관적인 자료를 얻을 수 있고 여러 영아의 행동이나 성취에 대한 비교가 가능하므로 이들이 지닌 독특성에 대해 명확히 이해하도록 도움을 준다. 독특성에 대한 이해를 바탕으로 이들에 대한 지도 방안을 찾아야 하고, 이 경우 가정과의 연계가 특히 중요하므로 부모와의 전화통화, 알림장, 개별면담 등을 통해서 이들에 대한 추가적인 정보를 수집할 필요가 있다. 교직원 간 정보를 공유하는 사례회의 등에서 독특한 특성을 지닌 영아 지도 방안을 적극적으로 모색해 보는 것도 필요하다.

생각할 문제

1. 영아의 탐색 및 놀이를 촉진하기 위한 교수학습방법에 대해서 생각해 봅시다.

2. 효과적인 상호작용을 위해서 보육실의 환경을 어떻게 구성하는 것이 바람직한지 토의해 봅시다.

3. 영아가 바깥놀이터에서 소꿉놀이를 하고 있는 상황이라고 가정하고, 영아의 놀이 촉진을 위한 여섯 가지 상호작용 유형(지지, 모방, 칭찬, 비지시적 제안, 직접적 제안, 모델링)의 구체적인 예시를 제시해 봅시다.

참고문헌

보건복지부(2020). 제4차 어린이집 표준보육과정 해설서.

보건복지부, 한국보육진흥원(2017). 제3차 어린이집 평가인증 안내(통합지표).

이순형 외(2007). **영유아교수방법**. 서울: 학지사.

이영자, 이종숙, 신은수, 곽향림, 이정옥(2006). **1, 2세 영아프로그램의 계획 및 운영**. 서울: 다음세대.

임옥희(2006). 보육교사-영아 상호작용과 보육교사 신념 및 효능감 간의 관계. 전북대학교 대학원 박사학위논문.

Bredekamp, S., & Rosegrant, T. (1992). *Reaching potentials: Appropriate curriculum and assessment for young children* (vol. 1). Washington D.C.: National Association for the Education of Young Children(NAEYC).

Gowen, J. W. (1995). The early development of symbolic play. *Young Children, 50*, 75-81.

제7장

유아보육과정 운영

학습목표

1. 유아를 위한 교수학습의 기본 원리를 알고 교수학습방법에 대해 이해한다.
2. 교사-유아 상호작용의 중요성 및 교사의 상호작용 유형을 안다.
3. 또래 간 상호작용 시 교사의 역할을 이해한다.
4. 유아 지도 및 이해 방법을 안다.

이 장에서는 유아보육과정의 운영을 위한 교수학습방법의 기본 원리를 2019 개정 누리과정의 지원 방법에 근거하여 살펴보기로 한다. 또한 유아와의 바람직한 상호작용을 위한 방법, 교사의 역할 등에 대해서 다루고, 마지막으로 유아를 이해하고 지도하기 위한 정보수집 및 평가 방법에 대해서 알아본다.

1. 유아 교수학습

유아교사는 유아의 발달수준에 적합하며 교육적으로 의미 있는 교육과정을 운영해야 한다. 유아기는 신체, 언어, 정서, 인지, 사회 등 모든 영역에서 다양한 발달이 이루어지며, 이러한 영역 간 상호작용을 통해 한 개인이 완성된다. 유아교사는 유아가 바람직한 인간으로 성장 · 발달해 나갈 수 있도록 지원하기 위해 발달에 적합한 내용을 선정해야 하며, 이를 전달하기 위해서 다양하고 적절한 교수학습 전략을 활용할 수 있다.

1) 유아 교수학습방법의 기본 원리

유아 교수학습방법의 기본 원리는 다음과 같다.

첫째, 놀이를 중심으로 교수학습활동이 이루어지도록 한다. 놀이는 유아의 생활이자 학습 그 자체라고 할 수 있다. 놀이를 하면서 유아는 다른 사람들과 관계를 맺고, 주변에 대한 지적 호기심을 충족시키며 삶에 필요한 지식, 기능, 태도를 익히고 사고를 확장해 간다.

둘째, 유아와 교사, 유아와 유아, 유아와 환경 간에 능동적인 상호작용이 이루어지도록 한다. 유아를 위한 활동은 유아의 발달단계와 흥미를 고려하여 교사와 유아, 유아와 유아, 유아와 교구, 그리고 유아와 주변 환경 간의 다양한 상호작용이 일어날 수 있도록 제공되어야 한다. 유아는 교사나 또래와 개별적으로 또는 집단으로 상호작용하면서 새로운 지식과 기능을 습득하고 태도를 형성해 간다. 또한 제공되는 교육환경, 제시된 교재나 교구를 가지고 개별적으로 상호작용하는 동안에도 학습한다. 따라서 교사는 다양한 상호작용이 일관된 목표 아래 편성·운영되도록 하여야 한다.

셋째, 긍정적이고 수용적이며 사랑과 정성이 담긴 언어와 태도로 유아를 대한다. 교사는 유아를 사랑할 뿐 아니라 존중하여야 한다. 교사가 이러한 마음가짐으로 유아를 대할 때 긍정적이고 수용적인 교실 분위기가 조성될 수 있다. 교실의 분위기가 긍정적이고 수용적일 때 유아는 두려움 없이 놀이에 몰두하고 주변을 자유롭게 탐색할 수 있다.

넷째, 여러 활동이 통합적으로 이루어지도록 한다. 유아는 자신을 둘러싼 세상에 대해 배워 나갈 때 분리된 내용영역이나 분절된 교과로 배우는 것이 아닌 통합된 전체 경험으로 배운다. 유아는 자신의 경험을 통합하여 전인적으로 성장·발달한다.

다섯째, 유아의 관심과 흥미, 환경 특성 등을 고려하여 개별 유아에게 적합한 방식으로 학습하도록 한다. 유아는 같은 연령이라도 각각 경험의 내용과 범위, 관심사, 학습능력, 발달수준, 가정의 문화 등 많은 부분에서 서로 차이가 있다. 특히 다문화가족이 증가하고 있는 상황에서 유아 개개인의 독특성을 인정하고 개별 유아에게 적합한 학습방식을 지원하는 것은 필수적이다. 이와 같이 모든 유아가 개인차가 있으므로 유아를 보다 면밀히 관찰하여 각 개인의 독특성을 인정하고 개인에게 적절한 교육, 즉 개별화 교육을 지향하는 것이 바람직하다.

여섯째, 유아의 흥미를 중심으로 활동을 선택하고 지속할 수 있도록 한다. 유아의 놀이와 활동은 유아가 흥미를 가지는 것에서 시작해야 한다. 자신이 흥미 있어 하는 활동이 제공되었을 때 유아는 그 활동에 마음이 사로잡혀서 적극적인 참여자가 되고 이를 통해 학습이 일어난다. 따라서 교사는 유아를 위해서 충분한 환경과 시간을 제공해야 한다.

2) 누리과정 영역별 유아 지원

(1) 신체운동·건강 영역 지원

유아는 몸을 움직여 놀이하는 것을 좋아하며, 자신의 몸을 건강하고 안전하게 지키고자 하는 힘을 가지고 있다. 신체운동·건강 영역은 유아가 자신의 몸에 관심을 가지고 신체활동에 즐겁게 참여하며, 건강하고 안전한 생활을 해 나가는 다양한 경험과 관련된 내용이다. 교사는 유아가 몸을 충분히 움직이는 경험을 통해 신체활동의 즐거움

을 느끼고 기초 체력을 키우도록 돕는다. 교사는 유아가 일상에서 건강하고 안전한 생활을 실천할 수 있도록 지원할 수 있다.

- 신체의 여러 감각기관을 인식할 수 있도록 시각, 촉각, 청각, 미각, 후각 등 오감각을 모두 활용할 수 있도록 지도한다.
- 다양한 움직임과 활동을 통해 자신의 신체 능력에 대해 자부심을 느끼도록 한다.
- 다양한 움직임을 통해 신체를 조절하고 균형을 유지하며 신체 각 부분의 움직임과 협응력을 증진하도록 한다.
- 제자리에서의 몸 움직임과 다양한 이동운동을 하여 표현력과 창의적인 동작들을 만들기 위한 기초 능력을 배양하도록 한다.
- 즐거운 신체활동을 제공함으로써 유아가 자발적이고 지속적으로 신체활동에 참여할 수 있도록 한다.
- 다양한 능력을 가진 친구와 함께 신체활동을 하면서 운동 능력에 차이가 있음을 알고 다양한 방법으로 활동할 수 있다는 것을 이해하도록 한다.
- 바깥에서 자유롭게 움직임으로써 심신을 건강하게 하고 대근육을 발달시키도록 한다.
- 기구를 이용한 신체활동을 하면서 기구를 탐색하고 활용하여 신체협응력을 발달시키도록 한다.
- 일과 중 유아의 건강 상태와 신체리듬을 고려하여 규칙적인 생활을 하도록 지도한다.
- 스스로 이 닦기, 손 씻기, 주변을 깨끗이 하기, 바른 식생활과 옷 입기 등의 기본 생활습관을 실천하도록 지도한다.
- 사전에 안전사고를 예방할 수 있도록 한다.
- 유아가 스스로 위험 상황을 정확히 인식하고 대처할 수 있도록 지속적인 교육과 훈련을 한다.

(2) 의사소통 영역 지원

유아는 주변 사람들과 소통하며 관계를 맺는 능동적인 의사소통자이다. 유아는 다른 사람의 말을 주의 깊게 듣고 자신의 생각과 느낌을 다양한 방법으로 표현하며 소통하는 것을 즐기고, 책과 이야기에 관심을 갖는다. 의사소통 영역은 유아가 다른 사람과 소통하며, 일상에서 만나는 글자나 상징에 관심을 가지고 책과 이야기를 즐기는 경험과 관련된 내용이다.

교사는 유아가 자신의 느낌과 생각을 적절하게 말하는 경험을 통해 바른 언어생활을 할 수 있도록 돕는다. 또한 유아가 아름다운 우리말이 담긴 책과 이야기에 흥미를 가지고 언어가 주는 재미와 상상을 충분히 즐길 수 있도록 지원할 수 있다.

- 일상생활에서 사용하는 낱말과 문장, 좀 더 긴 구조로 이루어진 이야기, 동요·동시·동화 등 문학적 요소가 담긴 이야기를 집중하여 듣고 이를 즐기도록 지도한다.
- 다른 사람이 말한 낱말, 문장, 이야기 내용을 주의 깊게 듣고 그 내용을 이해하도록 지도한다.
- 일상생활에서 일어나는 일들을 다양한 낱말과 문장으로 말하고, 자신의 느낌, 생각, 경험을 잘 전달할 수 있도록 지도한다.
- 주제를 정하여 이야기 나누기와 이야기 지어 말하기를 통해 의사소통 능력과 언어적 표현력을 기르도록 지도한다.
- 상황에 맞게 바른 태도로 말할 수 있도록 의사소통의 기본예절을 기르도록 지도한다.
- 읽기에 흥미를 가지도록 환경인쇄물이나 일상생활 속 인쇄물에서 친숙한 글자를 찾고 읽어 보거나, 읽어 주는 글의 내용에 관심을 가지도록 한다.
- 책의 그림을 단서로 내용을 이해하고 필요한 정보를 책에서 찾아보면서 책에 흥미를 가지고 책 보는 것을 즐기는 태도를 기르도록 한다.
- 글자의 기능을 인식하고 자신의 생각을 그림, 글자와 비슷한 형태나 글자로 나타내는 데 흥미를 갖도록 지도한다.
- 쓰기가 자신의 느낌과 생각을 주도적으로 표현하는 중요한 방법임을 알고 쓰기의 즐거움을 경험할 수 있도록 한다.
- 다양한 쓰기 도구를 사용하는 경험을 제공한다.

(3) 사회관계 영역 지원

유아는 자신을 소중히 여기고 주변 사람과 관계를 맺어 나가며 다른 사람을 배려하

고 존중한다. 유아는 자신이 살고 있는 사회와 세상에 대해 알고 싶어 한다. 사회관계 영역은 유아가 자기 자신과 다양한 삶의 모습을 이해하고, 다른 사람과 더불어 살아가기 위해 필요한 의미 있는 경험과 관련된 내용이다. 교사는 유아가 자신을 소중하고 가치 있는 사람으로 여기며 다른 사람과 더불어 살아가는 방법을 익히도록 돕는다. 또한 유아가 자신이 속한 사회와 주변 세계에 대해 관심을 가지고 적응해 나갈 수 있도록 지원할 수 있다.

- 나와 다른 사람에 대해 긍정적으로 생각하고 존중하는 마음과 태도를 갖도록 지도한다.
- 내가 할 수 있는 일과 하고 싶은 일을 알아보고 스스로 선택하고 계획해서 실행해 보도록 한다.
- 자신과 다른 사람의 감정에 대해 이해하고 긍정적인 방법으로 표현할 줄 알며 유아가 공감능력을 키울 수 있도록 지도한다.
- 사회적으로 수용 가능한 방법으로 나의 감정을 조절할 수 있는 능력을 기르도록 지도한다.
- 가족에 대한 의미와 소중함을 알게 함으로써 가족에 대한 자부심을 갖도록 한다.
- 가족 구성원과 각각의 역할, 친구들의 가족에 대하여 알아봄으로써 다양한 가족에 대해 편견 없는 태도를 형성하도록 한다.
- 서로 협동하여 놀이하고, 친구와의 갈등을 긍정적으로 해결하는 방법을 익히도록 한다.
- 다른 사람과 도움을 주고받고 화목하게 지내며 더불어 살아갈 수 있는 능력을 기르도록 지도한다.
- 다양한 능력과 특성을 가진 사람들을 수용하고 존중하고 배려할 줄 알게 되어 원만한 인간관계를 유지하도록 지도한다.
- 사회와 자연환경에 관심을 갖게 하여 사회적응력을 높이고, 도덕성의 기초를 형성하도록 한다.
- 자신이 속한 지역사회의 다양한 모습과 함께 어울려 지내는 사람들과 그 사람들의 하는 일과 관계 등에 관심을 가지며, 사회 구성원으로서의 소속감과 자긍심을 느끼도록 지도한다.

- 우리나라를 상징하는 것과 전통, 역사, 문화에 관심을 갖도록 하고 자랑스러운 우리나라의 역사와 문화에 대한 자부심을 갖도록 지도한다.
- 세계 여러 나라에 대해 관심을 가지고 다양한 인종과 문화에 대해 알고 존중할 줄 알며 서로 협력해야 함을 알도록 지도한다.

(4) 예술경험 영역 지원

유아는 일상에서 아름다움과 경이감을 느끼고 즐기며 표현하는 풍부한 감성을 가진 존재이다. 예술경험 영역은 유아가 자연, 생활, 예술에서 아름다움을 찾아보고 느끼며, 다채롭고 창의적인 방법으로 자신의 경험과 생각, 느낌을 표현해 보고, 다양한 예술 표현을 존중하는 경험과 관련된 내용이다. 교사는 유아가 아름다움을 느끼고 즐기며 창의적으로 표현하는 과정을 통해 풍부한 감수성을 기르도록 돕는다. 또한 유아가 다양한 예술 감상을 통해 상상력을 키우고 예술 표현이 가지고 있는 고유의 가치를 존중하도록 지원할 수 있다.

- 다양한 소리와 음악, 움직임과 춤, 자연과 사물의 아름다움을 느끼고 그 아름다움의 요소에 관심을 가지고 이를 탐색하도록 지도한다.
- 아름다움을 찾아보고 탐색함으로써 예술 표현 및 감상 능력을 함양하는 기초 능력을 발달시키도록 지도한다.
- 음악, 움직임과 춤, 미술, 극놀이 등의 예술활동을 통해 자신의 생각과 느낌, 경험, 상상한 것을 적극적으로 표현하도록 지도한다.
- 다양한 예술활동을 통해 유아가 생각하고 알고 있는 것, 느낀 것, 본 것 등을 자유롭게 표현하도록 하여 창의적 표현 능력을 기르고, 정서적 안정감과 성취감, 즐거움을 갖도록 지도한다.
- 다양한 자연환경, 주위 사물의 특성이나 예술작품이 가지고 있는 아름다움의 요소를 자주 접하고 이를 소재로 생각과 느낌을 나누는 경험을 제공한다.
- 예술 감상을 통해 예술적 요소에 대한 감각을 발달시키고 이를 적극적으로 표현하는 과정에서 자신과 또래, 다른 성인의 예술작품에 대해 홍미를 갖도록 지도한다.

(5) 자연탐구 영역 지원

유아는 호기심이 넘치는 과학자이다. 궁금한 것에 대해 답을 찾기 위해 적극적으로 탐색하고 탐구하며 이를 즐긴다. 자연탐구 영역은 유아가 물질, 사물, 자연현상, 동식물 등의 특성과 변화를 수학적·과학적으로 탐구하는 다양한 경험과 관련된 내용이다. 교사는 유아가 호기심을 가지고 주도적으로 탐구하는 과정을 즐기며, 스스로 궁금증을 해결해 가도록 돕는다. 또한 유아가 주변의 동식물, 생명, 자연환경에 관심을 가지며 생명을 소중히 여기고 사람과 자연이 더불어 살아가는 방법을 실천하도록 지원할 수 있다.

- 주변 환경과 자연세계에 대하여 지속적으로 호기심을 가지고 알아보는 과정을 통해 탐구하는 태도를 갖도록 지도한다.
- 유아가 관심이 있는 사물이나 현상에 대해 다양한 탐구기술을 활용해 봄으로써 탐구 능력과 사고기술의 기초를 형성하도록 한다.
- 유아가 놀이와 일상경험을 기반으로 생활 속 구체적인 문제를 해결하는 과정에서 기초적인 수학적 개념과 기능을 학습하고 사용하도록 지도한다.
- 자신의 수학적 생각을 다양한 방법으로 나타내고 다른 사람들과 의사소통을 할 수 있도록 지도한다.
- 주변 환경에 호기심을 가지고 탐색할 수 있도록 환경을 구성해 주고, 관련된 다양한 자료를 제공해 주어 유아가 자발적으로 실험하고 탐구하도록 격려한다.
- 유아를 주의 깊게 관찰하여 유아의 생각을 알아내고, 적절한 질문을 통해 능동적으로 탐구하도록 안내한다.

2. 유아와의 상호작용

교사 상호작용이란 교수학습 과정에서 일어나는 교사와 유아 간 의사소통을 의미하는 것으로(한국유아교육학회, 1999) 교사가 유아를 보호하고 교육하는 일련의 과정에서 나타나는 전반적 태도 및 행동을 의미한다. 교사의 상호작용은 유아를 안내하고 교육적인 도움을 제공하며, 효율적인 교육과정을 운영하도록 하는 중요한 요인이 된다(Howes, Whitebook, & Phillips, 1992).

1) 바람직한 교사-유아 상호작용

바람직한 교사-유아 상호작용을 위해서는 다음 사항에 유의하여야 한다.

첫째, 교사는 유아를 사회경제적 배경, 문화적 배경, 종교, 인종, 성별, 신체적 능력 등에 관계없이 평등하고 일관성 있는 말과 행동으로 대한다. 성역할이 발달하는 유아기에 성별에 따라 교사가 다르게 대하거나 성차별적 내용을 전달하거나 놀잇감을 성별로 구분해서 제공하는 것은 바람직하지 않다. 또한 유아의 외모, 성격, 옷차림, 행동 등을 비난하거나 부정적으로 평가하는 것은 유아의 자아존중감 형성에 방해 요인이 되므로 하지 않는다.

둘째, 교사는 유아의 기질, 정서적 상태, 놀이 선호 등을 파악하여 적절히 반응해야 한다. 교사는 개별 유아의 기질과 생활리듬을 알고 어떤 상황이나 요인에 대해 더 민감한지를 파악하여 개별적인 상호작용을 해야 한다. 유아의 정서적 상태나 기분에 따라 따뜻한 말, 긍정적인 표정 및 몸짓으로 반응하여 유아에게 안정감과 신뢰감을 준다. 유아가 부정적 정서를 표현한다면 우선 안정을 찾도록 도와주고 그 후에 원인을 파악하는 것이 바람직하다.

셋째, 교사는 유아의 개별적 요구나 질문을 주의 깊게 듣고, 적절히 반응한다. 교사는 유아가 언제라도 개별적 요구를 표현하고 질문할 수 있도록 기회를 주어야 하며 이때 시선을 맞추고 고개를 끄덕이는 등 수용적 태도를 보여 주며 끝까지 경청해야 한다. 유아의 요구나 질문에 즉시 언어적 · 비언어적으로 적절하게 반응해야 하고 만약 즉시 반응할 수 없는 경우라면, 유아의 발달수준에 맞게 상황을 설명하고 대안을 제시한다.

넷째, 교사는 유아가 이해할 수 있는 수준의 어휘나 방법을 사용하여 상호작용한다. 가능하면 유아의 수준에 적합한 어휘를 사용하여 짧고 정확한 문장으로 이야기한다. 불필요하게 길게 설명하거나 교사가 주도적으로 지식과 정보를 제공하는 것은 바람직하지 않다. 이때 교사는 자연스럽고 부드러운 억양과 어조를 사용하고 대화하고 있는 유아의 수를 고려하여 톤을 조절한다.

다섯째, 교사는 위협, 비난, 조롱 등 부정적 언어를 사용하지 않는다. 유아의 행동을

제지하거나 통제할 필요가 있을 경우 상황을 객관적으로 설명하고 유아가 해야 할 구체적인 행동을 분명하게 설명한다. 이때 가능하면 명령이나 지시, 통제 언어를 사용하지 않고 유아의 행동을 긍정적으로 이끄는 언어를 사용한다.

여섯째, 교사는 칭찬과 격려를 통해 유아에게 자신감을 준다. 유아가 자신이 해야 할 일을 해내거나 또래를 배려하는 행동을 하는 등 칭찬이 필요할 경우에 즉시 유아의 행동을 구체적으로 언급하여 칭찬을 한다. 또한 유아가 어려운 일을 시도하거나 용기가 필요할 때 끝까지 해낼 수 있도록 구체적인 행동을 언급하여 격려해 준다.

유아의 부정적 정서에 대한 지원

- 대부분 유아는 언어적 표현보다 표정, 행동, 몸짓으로 불안정하고 부정적 정서를 표현(예: 울음, 짜증, 화냄, 또래에게 소리를 지름, 또래를 밀침, 블록을 집어 던짐 등)한다는 것을 이해할 필요가 있음.
- 교사는 유아가 부정적 정서를 나타내기 전부터 그 상황이 벌어지기까지의 과정을 지속적으로 관찰하는 것이 바람직함
- 유아가 부정적 정서를 표현할 경우, 그대로 수용하며 따뜻한 말투로 현재의 정서 상태를 읽어 줌
- 교사는 애정적이고 수용적인 언어적 · 비언어적 행동(예: 가볍게 안아 주면서 토닥이기 등)을 취함으로써 유아가 정서적 안정을 찾도록 지원한 후 원인을 파악함

출처: 보건복지부, 한국보육진흥원(2017).

2) 유아 간 상호작용 시 교사의 역할

유아기는 또래와의 상호작용이 활발해지면서 긍정적인 상호작용이 이루어지는 시기이지만 때로는 유아 간 다툼이나 갈등이 발생하기도 한다. 이때 또래 간 상호작용이 적절하게 이루어질 수 있도록 하는 교사의 역할이 매우 중요하다.

첫째, 교사는 유아가 일상에서 또래와 긍정적 상호작용을 하도록 격려한다. 교사는 유아의 의사소통 능력이나 발달수준 등을 고려하여 또래와의 긍정적인 상호작용을 할 기회를 자연스럽게 제공해야 한다. 또래와의 상호작용에서 긍정적인 모습이 관찰될

때 이에 대해서 칭찬 또는 격려를 한다. 또한 교사는 유아의 서로 다름을 인정하고 유아도 서로의 다름을 인정할 수 있도록 지도한다.

또래의 생각 존중을 격려하는 상호작용의 예

(유아가 블록 위로 자동차를 굴리는 상황)

유아 1: ○○야, 너 자동차 거기로 가게 하지 마. 나빠!

교사: △△야, ○○는 자동차를 그쪽으로 굴리고 싶었나 봐. ○○에게 물어볼까?

교사: ○○야, 자동차를 그 블록 위로 굴리고 싶었니?

유아 2: 네.

교사: 그렇구나. ○○는 자동차를 블록 위로 굴리고 싶었구나. △△야, ○○가 하고 싶었던 것은 블록 위로 자동차를 굴리는 것이었대. ○○는 자기 생각을 멋지게 나타냈는데, △△는 자동차를 다르게 굴리고 싶었니?

출처: 보건복지부, 한국보육진흥원(2017).

둘째, 교사는 유아가 자신의 의견이나 생각을 또래에게 말로 표현하도록 격려한다. 유아가 또래 간의 감정을 알 수 있도록 언어로 표현하는 기회를 자주 제공하고, 이러한 행동을 보일 때 이를 격려해 준다. 교사의 일방적인 지시가 아니라 유아가 스스로 자신의 생각을 표현할 기회를 자연스럽게 갖도록 지원한다.

약속과 규칙에 대한 상호작용의 예

문제가 자주 발생하는 3~4가지 정도 상황을 정해서 몇 개월 동안 함께 지켜 나가도록 반복하여 지도한다.

예: 쌓기놀이영역의 경우 다른 친구가 만든 것을 부수지 않기, 다른 친구가 사용하고 있는 놀잇감은 그 친구에게 부탁을 한 후 기다렸다가 그 친구가 주면 고맙다고 말하고 사용하기, 블록을 던지지 않기 등

출처: 보건복지부, 한국보육진흥원(2017).

셋째, 교사는 유아가 적절한 약속과 규칙을 알고 지킬 수 있도록 격려한다. 교사는 유아와 함께 지켜야 하는 약속을 정하고 이를 자율적으로 지키도록 하는 자료를 만들어서 비치한다. 또한 약속과 규칙을 일방적으로 설명하고 지시하지 않고 유아가 스스로 약속과 규칙을 지키도록 일상생활에서 반복적이고 일관적으로 격려한다.

넷째, 교사는 유아 간 다툼이나 문제가 발생하지 않도록 환경을 마련하고, 발생 시 적절히 개입한다. 유아 간 다툼이나 문제가 발생하지 않도록 활동자료나 공간을 충분히 확보하는 것이 필요하다. 다툼이나 문제 상황이 발생했을 경우 교사가 다툼의 원인에 대한 파악은 하지 않고 주도적으로 다툼을 종결하고 해결 방법을 일방적으로 제시하는 것은 바람직하지 않다. 교사는 먼저 유아에게 스스로 문제를 해결할 수 있는 기회를 제공한다. 유아가 상대방의 입장을 잘 이해하지 못할 경우, 상대방의 입장에서 생각해 보고 표현해 보도록 하며, 교사도 신중히 유아의 말을 듣는 모델을 보여 준다. 유아 간 서로 문제를 해결하였을 경우 교사는 이들을 칭찬해 주고 이러한 행동이 지속될 수 있도록 지도한다.

▣ 활동: 교사-유아 상호작용 척도

※ 다음 문항을 읽고 자신에게 해당되는 곳에 표시해 보세요.

번호	문항 내용	전혀 그렇지 않다	그렇지 않다	보통이다	그렇다	매우 그렇다
1	유아에게 항상 웃는 얼굴로 대한다.					
2	유아가 생각을 자유롭게 이야기할 수 있도록 긍정적인 언어를 사용한다.					
3	유아와 이야기할 때 유아의 눈높이를 맞춰 자세를 낮춘다.					
4	유아의 질문과 요구에 귀 기울이고 언어적으로 민감하게 반응한다.					
5	유아의 부적절한 행동에 대해 비평하기보다는 모델링을 보여 준다.					
6	유아의 다양한 정서표현에 대해 느낌을 존중하고 민감하게 반응한다.					
7	유아와 이야기할 때 긍정적이고 예의 바른 태도를 유지한다.					
8	유아에게 언제나 도움을 줄 수 있고 요구와 감정에 능동적으로 반응한다.					
9	유아에게 칭찬하고 격려할 때 긍정적인 언어를 자주 사용한다.					

10	유아의 개별적인 욕구와 감정에 능동적으로 반응한다.					
11	유아에게 꾸짖거나 고함치기 등의 부정적인 언어로 대응하지 않는다.					
12	유아의 부정적인 행동에 대해 바람직한 행동으로 주의를 돌리도록 한다.					
13	유아와 편안하고 안정감 있는 목소리로 이야기 나눈다.					
14	유아에게 안아 주기 등 긍정적인 신체표현을 자주 한다.					
15	유아가 활동에 참여하도록 정서적으로 격려한다.					
16	유아에게 활동을 지시하기보다는 먼저 시범을 보인다.					
17	유아에게 따뜻하고 친절하게 대한다.					
18	유아의 의견을 존중하면서 의사소통을 시작하고 유지한다.					
19	유아가 다양한 질문을 할 수 있는 분위기가 허용된 가운데 활동을 진행한다.					
20	유아에게 단순한 답을 요구하는 질문보다 개방적인 질문을 한다.					
21	유아가 활동에 몰입하지 못할 때 도와주기 위해 행동으로 참여한다.					
22	유아의 생각에 부연하거나 추가 정보를 언어로 제공해 준다.					
23	유아의 양보하거나 협동하는 행동에 대해 긍정적인 강화물을 사용한다.					
24	유아의 활동 중에 편안하고 행복하도록 한다.					
25	유아가 손잡기, 매달리기 등 관심을 받고자 할 때 스킨십 행동으로 반응한다.					
26	유아의 느낌이나 생각을 자유롭게 표현할 수 있는 분위기를 만든다.					
27	유아로 하여금 확산적인 사고를 유발하는 질문과 대화를 한다.					
28	교실에서는 즐거운 대화와 웃음과 유아들의 목소리가 있도록 한다.					
29	유아의 부적절한 행동에 대해 체벌보다 언어적 제재의 방법을 사용한다.					
30	유아가 지켜야 할 규칙이나 예절에 대해서 모범을 보인다.					

출처: 이정숙(2003).

3) 교사-유아 상호작용 유형

Bredekamp와 Rosegrant(1992)는 교사의 지시성 정도에 따라 상호작용 유형을 인정해 주기, 모델링하기, 촉진하기, 지원하기, 비계 설정하기, 함께 구성하기, 시범 보이기, 지시하기 등 여덟 가지로 구분하고 있다.

(1) 인정해 주기

인정해 주기는 지시성이 가장 약한 상호작용 유형으로, 유아에게 관심을 보이고 유아의 활동에 대해 긍정적인 반응을 보이며 격려하여 유아가 자신이 하고 있는 활동을 지속할 수 있도록 하는 것이다. 예를 들어, 유아가 미술영역에서 가족 그림을 그리고 있으면, "○○는 엄마, 아빠 그림을 그리고 있네."라며 긍정적으로 반응해 주며 유아의 활동을 인정한다.

(2) 모델링하기

모델링하기는 어떤 기술이나 바람직한 행동을 유아에게 보여 주어 유아가 교사를 모방할 수 있도록 하는 상호작용 유형이다. 바깥놀이터에 떨어진 휴지를 주워서 쓰레기통에 버리는 모습을 보여 유아가 따라 할 수 있도록 하는 것, 노래를 부르며 손유희를 보여 주어 유아가 배울 수 있도록 하는 것 등이 예가 된다.

(3) 촉진하기

촉진하기는 유아가 어떤 기술을 배우기 위해 연습할 때 교사가 일시적으로 도움을 제공하는 상호작용 유형이다. 유아가 젓가락 사용을 배울 때 교사가 손으로 유아의 젓가락으로 함께 잡아 주어 유아의 젓가락 사용법 습득에 도움을 준다.

(4) 지원하기

지원하기는 유아가 어떤 행동이나 기술을 습득할 때 고정적인 도움을 지속적으로 제공해 주는 상호작용 유형이다. 기술 습득에 있어 일시적인 촉진으로는 부족한 경우 지속적으로 도움을 제공해야 한다. 유아가 한글에 관심을 갖고 읽기 기술을 습득하고자 할 때 교사는 언어영역에서 그림책을 지속적으로 읽어 주는 방식으로 지원할 수 있다.

(5) 비계 설정하기

비계 설정하기(scaffolding)는 유아에게 현재의 능력으로는 스스로 해결할 수 없지만 약간의 도움을 주면 해결할 수 있는 과제를 제시하고 도움을 제공하여 유아의 발달수준을 높이는 상호작용 유형이다. 유아가 20조각 퍼즐을 잘 맞출 수 있게 되면 25조각 퍼즐을 제공하여 보다 높은 수준으로 도전할 수 있도록 한다. 이때 유아가 어려움을

보이면 약간의 힌트를 주어 스스로 해결할 수 있도록 한다.

(6) 함께 구성하기

함께 구성하기는 유아와 교사가 함께 어떤 과제나 문제를 해결하는 상호작용 유형이다. 조형영역에서 유아와 교사가 우유팩으로 함께 협력하여 이글루를 만드는 활동은 함께 구성하기에 해당된다.

(7) 시범 보이기

시범 보이기는 교사가 어떤 행동을 하거나 활동을 하고 유아는 그에 따른 결과까지의 과정을 지켜보게 하는 상호작용 유형이다. 깨끗하게 손 닦는 방법을 교사가 단계별로 직접 시범을 보여 유아가 손 닦는 방법을 익히고 습관화하도록 지도한다.

(8) 지시하기

지시하기는 유아가 시행착오를 겪지 않을 수 있도록 일정한 범위의 행동에 대해 교사가 구체적인 지침을 직접적으로 제공하는 상호작용 유형이다. 눈사람을 만들 때 장갑을 끼지 않은 유아가 있다면, "눈이 차가우니까 장갑을 끼고 눈사람을 만들자."라고 말로 지시한다.

3. 유아 지도 및 이해 방법

1) 유아에 대한 정보수집

유아에 대한 정보를 수집하는 이유는 현재 유아의 발달단계를 이해하고 유아에게 일어난 변화나 발달영역을 파악하여 유아에게 어떠한 보육과정을 제공할 것인지에 대한 계획 및 의사결정을 하기 위해서이다. 유아에 대한 정보수집 방법으로는 관찰에 의한 일화기록이나 체크리스트 분석, 표준화검사를 활용한 방법, 유아 및 학부모와의 면담, 유아 작품 분석 등의 방법을 활용한다.

일화기록의 예

관찰유아: 이○○(남)

관 찰 자: 담임교사

관찰일시: 2016년 5월 11일 수요일 오전 10시 20분~10시 30분

관찰장소: 교실 역할영역

관찰장면: 엄마아빠 놀이

관찰내용: △△와 □□가 음식 만드는 놀이를 하고 있는데, ○○가 와서 음식을 먹고 싶다고 한다. △△가 ○○를 쳐다본 뒤, "너는 여기서 놀 수 없어. 우리는 바쁘거든."이라고 말한다. ○○는 여자아이들을 쳐다보고 서 있고, 여자아이들은 테이블 위에 플라스틱 과일을 옮긴다. 잠시 후에 ○○가 "나는 아빠가 될 수 있어. 또 접시도 놓을 수 있지."라고 말한다. △△가 □□이를 쳐다본 뒤 "그래 좋아. 같이 놀자."라고 대답한다.

해　　석: ○○는 여자 친구들과 어울리기를 선호한다. 친구들이 함께 놀아 주지 않는 상황에서도 서운한 감정을 표현하기보다는 자신이 도움이 된다는 점을 전달함으로써 여자 친구들을 설득하고 함께 놀이에 어울릴 수 있다.

출처: 이순형 외(2016).

표 7-2 유아용 표준화검사의 종류

용도	명칭	대상	특징
지능검사	아동용 웩슬러 지능검사 (K-WISC-Ⅲ)	6세 이상	동작성 · 언어성으로 지능 측정
	유아용 웩슬러 지능검사 (K-WIPPSI)	3~7세 3개월	동작성 · 언어성 소검사로 지능 측정
	고대-비네 지능검사 (Kodae-Binet Scale)	4~15세	여러 질문을 통하여 지적 능력을 측정하는 개인용 지능검사로 측정 내용이 연령별로 다양
	K-ABC	2세 6개월~12세 5개월	16개 하위검사로 구성, 아동의 인지처리능력과 습득도로 지능 측정
운동능력 검사	오세레츠키 운동능력검사 (Oseresky Motor Skill Test)	4~16세	운동량 측정과 협응력, 속도, 자발동작, 단일동작, 수행능력 측정
	지각-운동발달 진단검사 (Perceptual-Motor Development Test: PMDT)	3~11세	지각검사, 운동검사, 시각-운동 통합검사의 세 가지 하위검사로 구성

발달검사	사회성숙도 검사 (Vineland Social Maturity Scale: VSMS)	0~30세	자조능력(일반적 자조능력, 식사 자조능력, 옷 입기, 벗기 및 청결 자조능력), 이동능력, 작업능력, 언어능력, 자기지향성, 사회화의 6개 항목 측정
	한국판 덴버 발달선별검사 (Korean Denver Development Screening Test)	0~6세	발달장애 아동 선별 목적으로 활용
적응행동 검사	종합 적응능력 진단검사	유치원~중학생	생활 속 부딪치는 다양한 어려움을 극복하면서 자신의 목표를 달성하고 심리적으로 건강한 삶을 유지해 나갈 수 있는 적응능력 측정
	한국 아동행동 평가척도 (Korea-Child Behavior Checklist: K-CBCL)	4~17세	아동 및 청소년의 사회적 적응 및 문제행동 평가
기초학습 기능검사	기초학습 기능검사 (KEDI-Individual Basic Learning Skills Test)	유치원~초등학교 6학년	장애아동, 비장애아동의 기초학습기능 또는 기초능력을 평가하는 학년규준과 연령규준을 갖춘 개인용 학력검사
	교육진단검사	생활연령: 1~12세 정신연령: 1~5세	학습에 문제를 가지고 있는 아동의 행동과 능력 평가, 발달진단 및 병리진단(지적장애, 자폐, 발달장애) 평가
장애평정 검사	한국 자폐증 진단검사	2~21세	자폐아동을 조기 판별하고 적절한 중재방안을 제공하기 위한 표준화 진단검사
	한국 주의력결핍과잉행동장애 진단검사	3~23세	ADHD 아동의 조기발견 진단도구
	집중력검사	5~12세	주의집중력과 주의산만의 원인을 알아보기 위해 전산화된 자료로 시각적 자극과 청각적 자극을 통해 검사
성격검사	유아성격검사	4~7세	카드 형식으로 제작된 검사로 학문성, 사회성, 가족성, 정서성, 타당성 측정

출처: 이소은, 이순형(2014).

2) 포트폴리오

포트폴리오란 유아의 학습에 대한 증거물을 보관하는 서류철, 상자, 파일 등을 의미하지만(McAfee & Leong, 1997), 단순히 유아의 작업 표본을 수집해 놓은 것만을 의미하

는 것은 아니다. 포트폴리오를 통해 유아의 진보 및 발달 확인, 체계적인 교수계획 자원, 가족과의 의사소통, 유아의 학습 동기 증진 및 자율성 향상, 연계성 있는 교육을 위한 정보 제공 등이 가능하다. 따라서 포트폴리오가 유아에게 도움이 되는 평가의 도구로 기능하기 위해서 필요한 요건은 다음과 같다(황해익 외, 2003).

- 일정 기간 목적을 가지고 체계적으로 모아 놓은 유아의 작품이 있어야 한다. 일회적인 작품 수집보다는 유아의 성장 및 발달을 반영할 수 있도록 일정 기간 동안 구성된 유아의 작품이 필요하다.
- 유아의 작품이나 활동에 대한 교사의 의견이 제시되어야 한다. 이전과 달라진 점이나 특이점 등에 대한 기록이 첨가되어야 의미 있는 참 평가도구가 될 수 있다.
- 유아행동에 대한 관찰 결과가 포함되어야 한다. 관찰을 통한 평가는 유아의 홍

표 7-3 포트폴리오에 포함되는 내용

구분	내용
작업 표본	유아의 작품 중 의미 있는 것을 선택하여 포트폴리오에 포함시킴. 주로 시간의 흐름에 따라 변화 과정을 확인하는 목적으로 포트폴리오에 포함시킬 작업 표본을 선택함. 이는 유아 발달에 대한 중요한 기록이 됨.
날짜	포트폴리오에 넣을 작업 표본에는 날짜를 반드시 기록해야 함. 일정 기간 동안 유아의 변화 양상을 살펴보기 위해서는 날짜가 기입되어야 함.
분류표	유아 포트폴리오를 생활 주제별로 분류하거나 교육과정 영역별로 분류하여 체계적으로 관리해야 함. 이때 견출지나 포스트잇, 색지 등을 활용할 수 있음.
자기반영 (자기평가)	자기반영은 자신의 활동을 목표에 비추어 반성하거나 느낀 점, 새롭게 알게 된 점, 다음의 목표 등을 유아 스스로 정리하고 확인하는 것으로 유아 포트폴리오 활동의 핵심이라 할 수 있음.
논평	유아 자신의 논평뿐 아니라 부모, 또래의 논평, 그리고 교사의 논평이 포함되어야 함. 논평을 통해 새로운 목표 및 준거의 지침이 구성될 수 있음.
내용 목차	수집된 내용물들을 미리 표로 만들어 내용물이 첨가될 때 날짜와 영역을 표시하는 일종의 요약. 내용 목차를 점검하여 개별 유아가 선호하는 활동과 좋아하는 영역 등에 대한 개략적 파악이 가능함.
학습일지	유아가 활동 진행과정이나 상황에 대한 설명, 어려움, 실수, 의문점, 좋은 점 등을 정기적으로 기록하는 것. 교사와 유아의 의사소통 수단으로 교사는 정기적으로 일지를 점검하여 유아에게 필요한 지도를 제공할 수 있음.
관찰기록	교사가 영아의 활동과 그 결과물을 지켜보고 남긴 기록. 체계적인 관찰기록을 위해 일화기록, 표본기록, 평정척도, 체크리스트 등을 활용할 수 있음.

미, 장점, 요구 등을 보여 주므로 일화기록이나 체크리스트 등으로 기록해 두어야 한다.

- 교사 자신이 포트폴리오의 목적과 활용에 대해 인식하고 있어야 한다. 그렇지 않으면 포트폴리오는 유아 작품모음집 이상이 될 수 없다. 교사는 포트폴리오의 자료를 자신의 교수활동을 계획하고 수정하는 데 활용할 수 있어야 한다.

3) 유아평가

교사는 유아평가 시 다음의 사항에 유의하며 평가를 실시 및 활용한다.

첫째, 유아평가는 보육과정 목표와 내용을 준거로 유아의 발달특성과 변화를 평가한다. 수집한 평가 자료를 활용하여 유아의 발달특성과 변화의 정도를 기술해야 한다. 유아별 관찰기록, 놀이와 활동을 통해 나타난 결과물, 표준화된 검사, 포트폴리오 등의 수집된 자료를 활용하여 종합적으로 분석해야 한다. 유아별 평가기록에는 유아의 발달특성과 변화의 추이에 대한 내용이 기록되어 있어야 하고, 성취 중심의 결과 평가가 아닌 변화 과정을 진술하는 평가가 이루어질 수 있도록 해야 한다.

둘째, 유아평가 결과를 보육과정 편성 및 운영에 반영하고, 부모면담의 자료로 활용한다. 다음 놀이 환경을 구성하거나 활동을 계획할 때 유아의 개별 평가 결과를 반영하는 것이 바람직하다. 또한 보육과정 운영에 대한 평가를 실시하고 그 결과를 다음 계획에 반영한다.

생각할 문제

1. 바람직하지 않은 교사-유아 상호작용 방법에 대해서 토의해 봅시다.

2. 평균대 위 걷기 활동에 자신감이 없어 하는 유아에게 어떻게 상호작용할 것인지 구체적으로 생각해 봅시다.

3. '주변에서 친숙한 글자 찾기 활동'을 할 때 수줍어하는 유아에게 적합한 교사의 지도 방법을 생각해 봅시다.

참고문헌

교육부, 보건복지부(2019). 2019 개정 누리과정 해설서.

보건복지부, 한국보육진흥원(2017). 제3차 어린이집 평가인증 안내(통합지표).

이소은, 이순형(2014). **영유아 프로그램 개발과 평가**. 서울: 한국방송통신대학교 출판부.

이정숙(2003). 교사경력과 유아연령에 따른 교사-유아 상호작용. 계명대학교 대학원 석사학위 논문.

한국유아교육학회(1999). **유아교육사전: 용어편**. 서울: 한국사전연구사.

황해익, 송연숙, 최혜진, 정혜영, 이경철, 민순영, 박순호, 손원경(2003). **유아교육기관에서의 포트폴리오 평가**. 서울: 창지사.

Bredekamp, S., & Rosegrant, T. (1992). *Reaching potentials: Appropriate curriculum and assessment for young children* (vol. 1). Washington D.C.: National Association for the Education of Young Children(NAEYC).

Howes, C., Whitebook, M., & Phillips, D. (1992). Teacher characteristic and effective teaching in child care: Finding from the national child care staffing study. *Child & Youth Care Forum, 21*(6), 399-415.

McAfee, O., & Leong, D. J. (1997). *Assessing and guiding young children's development and learning* (2nd ed.). Boston: Allyn and Bacon.

제8장

보육교사의 업무

학습목표

1. 보육과정 계획 및 구성의 원리와 내용을 이해한다.
2. 보육실 환경구성의 원리를 이해한다.
3. 보육활동 운영과 영유아 관리를 위한 업무를 이해한다.

보육과정을 운영하기 위한 보육교사의 업무는 영유아의 특성을 파악하는 것에서부터 보육계획, 보육환경 구성까지 다양한 지식과 노력이 필요한 작업이다. 이 장에서는 보육교사의 업무 전반을 살펴봄으로써 보육교사로서 알아야 할 업무와 관련된 내용을 확인하고자 한다.

1. 보육과정 계획

보육교사의 업무 중에서 가장 중요한 것 중 하나가 보육과정을 계획하고 운영하는 것이다. 양질의 보육서비스를 평가할 때 보육교사가 영유아에게 일관성 있는 보육을 계획 및 운영하는 것은 평가의 핵심 요소이다(Scottish, 2002: 권연희 외, 2013에서 재인용). 즉, 교사가 어떤 보육환경에서 어떤 보육과정으로 영유아와 하루 일과를 진행해 나가는가에 따라 보육의 질적 수준이 결정된다(여성가족부, 2007).

보육계획은 연간 · 월간 · 주간 · 일일 보육계획이 있다. 보육교사는 일반적으로 연간 또는 월간 보육계획을 수립한 후, 이를 토대로 주간 또는 일일 보육계획을 구성하여야 한다. 영유아들에게 적합하면서도 효율적인 프로그램을 계획하고 운영하기 위하여 고려해야 할 점을 구체적으로 살펴보면 다음과 같다(여성가족부, 2007).

첫째, 표준보육과정 · 누리과정이 추구하는 보육목적과 인간상, 보육목표 및 내용을 참고로 하여 보육과정을 계획하되, 지역사회의 실정이나 영유아의 특성, 학부모의 요구 등을 반영하도록 노력해야 한다.

둘째, 영유아의 전인적 발달을 위하여 기본생활, 신체운동(신체운동 · 건강), 사회관계, 의사소통, 자연탐구, 예술경험 등의 영역에서 보육목표를 균형 있게 설정하고, 이전에 다루었던 내용이나 기술, 태도를 보다 증진시킬 수 있도록 수준을 높여 주는 데 중점을 두어야 한다.

셋째, 계획된 보육계획안은 반드시 그대로 실시하기보다는 영유아들의 관심이나 흥미, 일과가 진행되는 그날의 날씨나 우연히 일어난 상황 등을 고려하여 융통성 있게 실시하도록 한다.

1) 영아보육과정 계획

영아들은 발달의 각 단계에서 전형적인 독특한 발달과업을 수행해 가면서 새로운 기술을 습득하고 특별한 흥미를 발달시켜 나간다. 특히 영아보육은 발달적 적합성에 근거하여 보육계획을 수립하여야 하며, 동시에 각 영아의 성장이나 활동에 대한 선호도가 다르고 가정 배경도 상이한 독특한 개인이라는 개별성을 함께 고려해야 한다(박세정, 박지영, 석은조, 오성숙, 2014). 교사가 계획하고 주도하는 보육과정보다는 4차 표준보육과정 개정을 통해 영아의 주도적인 놀이가 충분히 이루어질 수 있도록 융통성 있게 보육과정을 운영할 필요가 있다.

(1) 연간보육계획

영아를 위한 연간보육계획은 영아에게 최적의 경험과 환경을 제공하기 위하여 1년 동안 진행되는 전체적인 보육의 계획이다. 연간보육계획을 통해 1년간의 보육목표 및 내용을 파악하기 쉽게 구성하고 이를 기초로 연간행사 일정을 계획한다. 연간보육계획은 표준보육과정의 기본 개념을 생활주제에 반영하여 제시한다(박세정 외, 2014; 보건복지부, 중앙육아종합지원센터, 2018).

- 전년도에 실행되었던 기록을 중심으로 주제가 적절했는지, 실시 기간은 적절했는지 등을 평가한 후 이에 기초하여 작성한다.
- 연간보육계획의 주제는 영아의 발달특성과 흥미에 기초하여 표준보육과정의 전 영역이 포함될 수 있도록 한다.
- 영아의 발달에 근거하여 꼭 필요한 개념들, 일상생활에서 친숙한 것, 단순한 것 위주로 주제를 선정한다.
- 다른 연령과의 연계를 고려하여 주제와 소주제를 계획한다.
- 영아의 발달특성을 고려하여 학기 초에는 어린이집 생활에 적응할 수 있도록 적응 프로그램을 운영하고, 신입 원아가 들어오는 경우에는 학기 중이라도 운영한다.
- 일상생활과 관련된 주제는 독립된 주제로 분리하기보다 1년 동안 진행되는 모든 주제에 걸쳐 통합적으로 진행될 수 있도록 계획한다.
- 전년도에 실시되었던 보육 실행의 결과를 토대로 주제의 적절성, 기간이나 시기

의 적절성 등을 평가한 후에 작성한다.

- 연간보육주제는 영아에게 일어나는 일상생활과 환경 변화, 영아의 흥미를 중심으로 선정하여 구성한다. 학기 초에는 영아가 새로운 환경에 잘 적응하고, 교사에 대한 신뢰와 애정을 가지고 새로운 환경에서 안정되게 생활을 할 수 있도록 돕는 것이 중요한 주제로 선정될 수 있는데, 이러한 측면에서 3, 4월의 주제는 부모와의 헤어짐과 교사와의 애착 형성, 인사하기, 낮잠 자기, 놀이하기 등 어린이집에서의 생활에 적응해 가는 과정을 도와주는 주제를 선정한다. 그 외 주제들은 이 시기 영아의 발달과업인 배변훈련이나 일상생활에서의 자조능력을 기를 수 있는 주제, 계절이나 영아의 흥미를 중심으로 한 주제, 다양한 감각적 경험을 할 수 있는 주제, 자신의 몸을 중심으로 자아인식을 돕는 주제와 더불어 영아와 밀접한 관계를 맺고 있는 엄마, 아빠, 친구 등의 주제를 선정한다.
- 어린이집의 특성상 방학을 실시하기 어려우므로, 연간보육계획안을 계절적 특성에 맞도록 계획하여 교사와 영아들이 무리한 교육일정에 의해 지치는 일이 없도록 고려한다.

표 8-1 영아 연간보육주제 예시

연간주제		
0세 프로그램	1세 프로그램	2세 프로그램
낯설어요	새로운 것이 낯설어요	어린이집이 좋아요
느껴 보아요	느낄 수 있어요	봄나들이 가요
움직여요	놀이할 수 있어요	나는요
놀이는 재미있어요 I	나는 할 수 있어요	재미있는 여름이에요
놀이는 재미있어요 II	움직이는 것이 재미있어요	나는 가족이 있어요
좋아해요	좋아하는 놀이가 있어요	동물놀이해요
	새로운 것도 좋아요	알록달록 가을이에요
		겨울과 모양을 즐겨요
		나는 친구가 있어요

출처: 보건복지부, 중앙육아종합지원센터(2013).

(2) 월간보육계획

영아를 위한 월간보육계획안은 연간보육주제에서 선정된 주제 및 소주제를 근거로 하여 전년도 월간보육계획안의 실행 결과에 대한 평가를 기초로 계획을 수립하고 관련된 활동들로 구성한다.

- 영아의 연령, 능력, 흥미, 어린이집의 특성을 고려하고, 주제의 실행 기간, 활동의 난이도, 활동의 수 등을 조절하여 어린이집의 실정에 적합하게 운영한다.
- 모든 활동을 주제와 관련지어서 제시할 필요는 없으며, 교육내용도 주제와 관련된 개념 습득보다는 이 시기 영아의 발달적 특성과 요구에 맞는 다양한 활동을 발달과제와 관련지어 선정한다.

표 8-2 만 1세 월간보육계획안 예시

<table>
<tr><th colspan="3">주제</th><th colspan="4">나는 할 수 있어요</th></tr>
<tr><td colspan="3">주</td><td>1주</td><td>2주</td><td>3주</td><td>4주</td></tr>
<tr><td colspan="3">소주제</td><td colspan="2">즐겁게 할 수 있어요</td><td colspan="2">말할 수 있어요</td></tr>
<tr><td colspan="3">등원 및 맞이하기</td><td colspan="2">가방을 스스로 내려요</td><td colspan="2">어른들에게 인사해요</td></tr>
<tr><td rowspan="3">일상생활</td><td colspan="2">식사 및 간식</td><td colspan="2">입 안의 음식물을 뱉지 않아요</td><td colspan="2">스스로 먹어요</td></tr>
<tr><td colspan="2">낮잠 및 휴식</td><td colspan="2">이불을 접어 보아요</td><td colspan="2">옆 친구 잠을 방해하지 않아요</td></tr>
<tr><td colspan="2">대 · 소변 가리기</td><td colspan="2">화장실에 가고 싶다고 이야기해요</td><td colspan="2">변기에서 혼자 내려와요</td></tr>
<tr><td rowspan="5">실내자유놀이</td><td rowspan="2">신체</td><td>대근육</td><td>네 발로 걸어요</td><td>떼구르르 굴러요</td><td>구불구불 기어가요</td><td>공을 넣어요</td></tr>
<tr><td>소근육</td><td>손가락 걷기</td><td>잼잼놀이</td><td>슥슥 밀기</td><td>붓으로 놀아요</td></tr>
<tr><td colspan="2">감각 · 탐색</td><td>동물 까꿍 놀이</td><td>촉감 놀이판을 만져 보아요</td><td>한지에 물감을 뿌려요</td><td>말을 따라 해 보아요</td></tr>
<tr><td colspan="2">역할 · 쌓기</td><td>동물을 흉내 내요</td><td>인형을 변기에 앉혀요</td><td>보글보글 음식을 끓여요</td><td>음식 먹는 흉내를 내요</td></tr>
<tr><td colspan="2">언어</td><td>'쉬' '응가'를 언어로 표현해요</td><td>배변 그림책을 보아요</td><td>〈어디까지 왔니?〉 전래동요 듣기</td><td>누구의 목소리일까?</td></tr>
<tr><td colspan="3">실외활동</td><td colspan="2">고추잠자리 따라 하기</td><td colspan="2">구름 탐색하기</td></tr>
<tr><td colspan="3">기본생활</td><td colspan="2">음식만 먹어요</td><td colspan="2">놀잇감을 입에 넣지 않아요</td></tr>
<tr><td colspan="3">귀가 및 가정과의 연계</td><td colspan="4">영아의 배변훈련 내용을 부모에게 전달하기</td></tr>
</table>

출처: 보건복지부, 중앙육아종합지원센터(2013).

- 월간보육계획안은 하루 일과를 중심으로 각각의 활동을 제시한다. 등원 및 맞이하기를 할 경우, 영아, 부모, 교사가 편안한 마음으로 일과를 시작할 수 있고 간단한 인사, 일상적인 이야기나 활동 등으로 계획할 수 있으며, 실내자유놀이의 경우 영아의 전인적인 발달을 고려하여 언어영역, 창의영역, 탐색영역, 신체영역으로 구분하고 각 영역별로 활동을 계획하여 제시한다. 또한 실외자유놀이의 경우 영아의 발달적 특징이나 흥미, 계절 등을 고려하여 신체활동, 상상놀이, 물·모래놀이, 다양한 주변 탐색활동 등이 일어날 수 있도록 계획한다.
- 영아기에는 잠자기, 먹기, 씻기, 배변, 휴식 등 기본생활습관이 이루어지는 시기이므로, 어린이집에서 일상적으로 이루어져야 할 기본생활습관을 계획하여 적용해야 한다.

(3) 주간보육계획

주간보육계획은 연간보육주제에서 선정된 주제를 중심으로 영아가 흥미를 느끼고 교육적 가치가 있는 4~5개의 소주제를 정하여 이 소주제 안에서 영아가 경험하고 배울 수 있는 단순하고 기본적인 주요 개념을 중심으로 관련된 활동을 계획한다(박세정 외, 2014). 다음은 주간보육계획안을 수립할 때 고려할 사항이다(보건복지부, 중앙육아종합지원센터, 2018).

- 주어진 보육목표에 맞게 활동을 선정하고 한 주 안에서 단계적·연속적으로 진행될 수 있도록 배치한다.
- 표준보육과정 각 영역(기본생활, 신체운동, 사회관계, 의사소통, 자연탐구, 예술경험)의 활동이 골고루 경험될 수 있도록 한다.
- 각 활동은 연속성을 가지고 며칠에 걸쳐 진행될 수 있다.
- 단순한 것이라도 꾸준히 매일 반복하여 영아가 익숙해지도록 한다.
- 개별활동과 소집단활동, 동적 활동과 정적 활동, 교사의 도움을 필요로 하는 정도, 교사가 준비해야 하는 도구나 재료가 많은 활동과 적은 활동 등 다양한 측면에서의 균형을 고려한다.
- 하루 일과에 실외활동이 반드시 포함되도록 계획한다.
- 주간보육계획안을 가정에 보내 일주일 동안 영아가 어린이집에서 어떤 활동을 하

표 8-3 만 2세 주간보육계획안(10월 1주) 예시

주제	알록달록 가을이에요	1주	가을이에요

구분		월	화	수	목	금	토
등원 및 맞이하기		• 아침에 먹고 온 음식을 이야기해 보기					
일상생활	기본생활 · 안전	• 스스로 겉옷을 벗어 보기 • 길을 잃었을 때는 제자리에서 기다리기					
일상생활	점심 및 간식	• 바르게 앉아서 먹어 보기 • (새로운) 음식 먹어 보기					
일상생활	낮잠	• 자고 나서 내 베개를 정리해 보기					
일상생활	배변활동	• 배변 후 선생님의 도움을 받아 (스스로) 옷을 올려놓기 • 지퍼, 단추 잠가 보기					
실내 자유 놀이	신체	낙엽비가 내려요					
실내 자유 놀이	언어	과일 열매 까꿍카드					
실내 자유 놀이	감각 · 탐색		내 짝을 찾아 주세요(과일 반쪽 찾기)				
실내 자유 놀이	역할 · 쌓기	낙엽을 청소해요					
실내 자유 놀이	역할 · 쌓기			큰 나무, 작은 나무 쌓아 보기			
실내 자유 놀이	미술		알록달록 가을나무 꾸미기				
실내 자유 놀이	음률			열매 마라카스 흔들기			
실외놀이		동물 인형 목욕시키기			여러 가지 색, 모양의 나뭇잎이 있어요		

출처: 보건복지부, 중앙육아종합지원센터(2013).

면서 지내는지 내용과 목표를 공유함으로써 보육의 효과를 높일 수 있도록 한다.

- 영아들의 흥미와 기후 등의 주변 여건에 따라 변화를 줄 수 있는 융통성을 가져야 한다.

(4) 일일보육계획

일일보육계획안은 영아가 등원해서 귀가할 때까지의 일과 내에서의 모든 보육활동이 포함된 계획으로 주간보육계획안에 기초하여 작성한다. 영아 일일보육계획안은 간식, 배변, 수면 등 신체리듬을 고려하여 개별활동이나 소집단활동 위주로 계획한다. 영아의 개별활동은 실내 · 외 자유놀이 시간에 영아의 흥미와 욕구를 반영하여 계획한다.

표 8-4 영아 일일보육계획안 및 보육일지 양식 예시

<table>
<tr><td colspan="2">2세 일일보육계획 및 실행</td><td colspan="2">20___년 __월 __일 __요일
날씨:</td><td>담임</td><td>원장</td></tr>
<tr><td>주제</td><td colspan="5"></td></tr>
<tr><td>소주제</td><td colspan="5"></td></tr>
<tr><td>구분</td><td>활동 계획 및 방법</td><td colspan="2">준비물 및 유의점</td><td colspan="2">실행</td></tr>
<tr><td>7:30~9:00
등원 및 통합보육</td><td></td><td colspan="2"></td><td colspan="2"></td></tr>
<tr><td>9:00~9:30
화장실 가기 및 오전 간식</td><td></td><td colspan="2"></td><td colspan="2"></td></tr>
<tr><td>9:30~10:50
오전 실내자유놀이</td><td></td><td colspan="2"></td><td colspan="2"></td></tr>
<tr><td>10:50~11:10
정리정돈 및 화장실 가기</td><td></td><td colspan="2"></td><td colspan="2"></td></tr>
<tr><td>11:10~11:50
실외놀이 및 손 씻기</td><td></td><td colspan="2"></td><td colspan="2"></td></tr>
<tr><td>11:50~13:20
점심식사 및 이 닦기</td><td></td><td colspan="2"></td><td colspan="2"></td></tr>
<tr><td>13:20~15:00
낮잠</td><td></td><td colspan="2"></td><td colspan="2"></td></tr>
<tr><td>15:00~15:30
화장실 가기 및 오후 간식</td><td></td><td colspan="2"></td><td colspan="2"></td></tr>
<tr><td>15:30~16:50
오후 실내자유놀이</td><td></td><td colspan="2"></td><td colspan="2"></td></tr>
<tr><td>16:50~17:30
실외놀이 및 손 씻기</td><td></td><td colspan="2"></td><td colspan="2"></td></tr>
<tr><td>17:30~19:30
귀가 및 통합보육</td><td></td><td colspan="2"></td><td colspan="2"></td></tr>
<tr><td>일일평가</td><td colspan="5"></td></tr>
</table>

영아의 일과운영은 연령에 따라 다르게 구성할 수 있다. 영아 일과운영의 예시는 〈표 8-5〉와 같다.

표 8-5 영아 일과운영의 예시

<table>
<tr><th colspan="7">주요 일과</th></tr>
<tr><th>시간</th><th>0~6개월</th><th>7~12개월</th><th>시간</th><th>1세</th><th>시간</th><th>2세</th></tr>
<tr><td>07:30~
09:00</td><td colspan="2">등원 및 맞이하기</td><td>07:30~
09:00</td><td>등원 및
맞이하기</td><td>07:30~
09:00</td><td>등원 및
통합보육</td></tr>
<tr><td>09:00~
09:30</td><td>• 이유식
• 기저귀 갈기/
씻기</td><td>• 오전간식
(이유식)
• 기저귀 갈기/
씻기</td><td>09:00~
10:00</td><td>오전
실내자유놀이</td><td>09:00~
10:20</td><td>오전
실내자유놀이</td></tr>
<tr><td>09:30~
10:30</td><td colspan="2">오전 실내자유놀이</td><td>10:00~
10:20</td><td>기저귀 갈기 및
손 씻기</td><td>10:20~
10:50</td><td>화장실 가기 및
오전 간식</td></tr>
<tr><td>10:30~
11:00</td><td colspan="2">오전 수유 및 낮잠 준비</td><td>10:20~
10:50</td><td>오전 간식</td><td>10:50~
11:40</td><td>오전 실외놀이 및
손 씻기</td></tr>
<tr><td>11:00~
12:00</td><td>오전 낮잠</td><td>오전 낮잠 또는
오전 실내자유놀이</td><td>10:50~
11:40</td><td>오전 실외놀이 및
손 씻기</td><td>11:40~
12:40</td><td>점심식사 및
이 닦기</td></tr>
<tr><td>12:00~
13:00</td><td colspan="2">• 수유 및 이유식
• 기저귀 갈기/씻기/이 닦기</td><td>11:40~
12:40</td><td>점심식사 및
이 닦기</td><td>12:40~
14:20</td><td>낮잠 준비 및
낮잠</td></tr>
<tr><td>13:00~
14:30</td><td>오후 실내자유놀이
또는 산책</td><td>휴식 또는
오후 낮잠</td><td>12:40~
14:40</td><td>낮잠 준비 및
낮잠</td><td>14:20~
15:00</td><td>화장실 가기 및
오후 간식</td></tr>
<tr><td>14:30~
16:00</td><td>오후 수유 및
오후 낮잠</td><td>산책 및
실외놀이</td><td rowspan="2">15:20~
16:00</td><td rowspan="2">오후 간식</td><td rowspan="2">16:20~
16:30</td><td rowspan="2">전이활동
(2세 후반경)</td></tr>
<tr><td>16:00~
16:40</td><td>기저귀 갈기/
손발 닦기/
이유식</td><td>기저귀 갈기/
손발 닦기/
오후간식(이유식)</td></tr>
<tr><td>16:40~
17:20</td><td colspan="2">오후 실내자유놀이</td><td>16:00~
17:20</td><td>오후
실내자유놀이</td><td>16:30~
17:20</td><td>오후 실외놀이 및
손 씻기</td></tr>
<tr><td>17:20~
19:30</td><td colspan="2">귀가 및 통합보육</td><td>17:20~
19:30</td><td>귀가 및
통합보육</td><td>17:20~
19:30</td><td>귀가 및
통합보육</td></tr>
</table>

2) 유아보육과정 계획

(1) 연간보육계획

유아를 위한 보육계획은 유아들의 발달특성과 흥미에 기초하여 누리과정의 영역이 모두 포함될 수 있도록 구성하여야 한다. 유아보육계획의 구성 원리는 다음과 같다(박세정 외, 2014). 계획을 구성하고 실행할 때는 유아중심, 놀이중심의 원리를 우선으로 한다.

- **통합성**: 통합성의 원칙은 다양한 경험들을 시간적 · 공간적으로 그리고 보육내용 영역에 있어서 상호 관련 있는 영역을 의미 있게 모아서 전체로서의 활동으로 구성하는 것을 가리킨다. 누리과정의 만 3~5세 유아에게 필요한 기본 능력과 소양을 기를 수 있는 내용을 선별하여 신체운동 · 건강, 의사소통, 사회관계, 예술경험, 자연탐구의 5개 영역별 세부 내용을 통합하여 활동하도록 하는 것이다.
- **계열성**: 보육내용을 조직할 때 어느 것을 먼저 경험하고 어느 것을 나중에 경험해야 하는지 순서를 정해 구성한다.
- **다양성**: 일상생활에서 경험하는 모든 대상, 즉 사물이나 현상들이 갖는 독특성과 차이점을 확인할 수 있도록 구성한다.
- **융통성**: 학습자인 유아가 호기심과 관심을 가지고 고정된 사고방식이나 시각을 변화시켜 다양한 해결책을 찾아낼 수 있는 기회를 제공하도록 구성한다.

유아 연간보육계획 구성 시 참고 사항은 다음과 같다(보건복지부, 중앙육아종합지원센터, 2018).

- 연간보육계획은 누리과정의 주요 내용을 생활주제로 묶어 제시한다.
- 보육교사는 제시된 보육주제 및 소주제를 중심으로 유아의 흥미, 요구, 어린이집 및 지역사회의 실정에 따라 새로운 주제를 첨가하거나 이미 제시된 보육주제 및 소주제에서 선택하거나 변형하여 재구성할 수 있다. 이때 전년도 연간계획안에 대한 평가 결과를 기초로 주제의 적절성이나 주제 전개의 시기와 기간 등을 조절하고, 명절이나 국제적 행사와 같은 그해의 특성, 유아들의 특성 등을 반영하여

표 8-6 유아 연령별 연간보육주제 예시

구분	만 3세	만 4세	만 5세
3월	우리 반과 친구	어린이집 활동	신나는 어린이집
4월	봄	봄	봄꽃과 채소
5월	나와 가족	나와 가족	소중한 가족
6월	동물	우리 동네	건강한 몸과 마음
7월	여름	여름	물과 우리 생활
8월	탈것	교통수단	우리나라 대한민국
9월	건강하고 안전한 생활	건강한 몸과 마음	세계 여러 나라
10월	가을	건강한 몸과 마음/가을	나무와 숲
11월	우리 동네	우리 주변의 것들	발명과 발견
12월	겨울	도구와 기계/겨울	우주여행
1월	우리나라와 명절	우리나라와 다른 나라의 생활	재미있는 책
2월	많이 컸어요	형, 언니가 되어요	초등학교에 가요

출처: 보건복지부, 중앙육아종합지원센터(2018).

융통성 있게 계획하고 진행한다.

- 선정된 생활주제로부터 핵심적인 개념을 추출하여 개념별 활동을 계획한다. 특히 대부분의 연령에서 다루게 되는 나, 가족, 교통수단, 계절 등과 같은 주제의 경우에는 타 연령과의 연계성과 계열성을 고려하여 연령에 따라 다루어질 개념의 범위와 수준을 정하는 것이 필요하다.

(2) 월간보육계획

월간보육계획은 연간보육계획과 연계성을 유지하여 작성하고 활동의 내용과 방법 등을 고려하여 구성하는 것이 바람직하다.

표 8-7 만 5세 월간보육계획안(7월 신나는 여름) 예시

구분 \ 주		1주	2주	3주	4주
구분 \ 소주제		여름의 모습	건강하게 여름 나기	즐거운 물놀이 1	즐거운 물놀이 2
기본생활		에어컨 바람 적게 쐬기	땀 날 때 잘 씻기	물놀이 전에 준비운동하기	안전한 장소에서 물놀이하기
등원		시원한 옷차림에 대해 이야기하기	여름철 음식이나 물건에 대해 이야기하기	주말에 물놀이했던 경험에 대해 이야기하기	집에서 해 본 물놀이에 대해 이야기하기
오전 자유 선택 활동	쌓기놀이 영역	• 아이스크림, 음료수 가게 구성하기 • 비가 가는 길을 만들어요	• 여름용품 가게 구성하기 • 산이나 바닷가에 텐트를 쳐요	• 물놀이 장소 만들기 • 신나는 물놀이터 만들기	• 낚시터 만들기
	역할놀이 영역	• 아이스크림, 음료수 가게 놀이 • 뱃놀이	• 여름용품 가게 놀이 • 산과 바다로 캠핑을 떠나요	• 물놀이하는 장소 놀이하기 • 물놀이 장소의 가게 놀이	• 생선 가게 꾸미기 • 생선 가게 놀이
	미술영역	• 여름 나뭇잎과 꽃으로 표현한 여름 모습 • 시원한 여름바다 꾸며 감상하기	• OHP필름에 여름용품 그림 그리기 • 세상에서 제일 시원한 나만의 부채 만들기	• 물놀이 경험을 표현해요 • 물놀이 장소의 가게 꾸미기 • 물놀이 장소의 가게에서 파는 것 만들기	• 낚싯대와 물고기 • 물놀이 도구 만들기 • 물놀이 도구 보완하기
	언어영역	• 여름 동화 짓기 • 여름꽃 책 만들기 • 바다에 무엇이 있나요?	• 여름용품 이름표 만들기 • 『바닷가에 놀러 갔어요』 읽고 여행계획 짜기 • 여름철 건강캠페인 문구 적어 보기	• 『구리와 구라의 헤엄치기』 읽고 막대인형 놀이 • 여러 가지 수영법 설명서 읽기 • 물놀이 책을 만들어요	• 『할머니의 바닷가』 책 보기 • 신나는 물놀이 방법 사전 만들기 • 물에서 하는 스포츠 책 만들기
	수 · 과학 영역	• 수: 날씨 달력 만들기 • 과학 –물은 어디로 갔을까? –나만의 음료수 만들어 마시기	• 수 –좋아하는 여름철 음식 그래프 –부채와 선풍기의 공통점과 차이점 • 과학: 바람이 불면 왜 시원할까?	• 수: 물에 뜨는 것과 뜨지 않는 것 꼬리 물기 • 과학 –물에 뜨는 것과 뜨지 않는 것 –물에 뜨는 것과 뜨지 않는 것은 왜?	• 수: 물이 나간 거리 그래프로 만들기 • 과학 –물 돋보기로 관찰해요 –왜 물이 멀리, 가까이 나갈까?

오전 자유 선택 활동	음률영역	• 새 노래 〈싱그러운 여름〉 • 〈싱그러운 여름〉을 연주하고 신체로 표현하기	• 여름에 들을 수 있는 자연의 소리를 듣고 느껴 보기 • 자연의 소리를 듣고 리본막대와 스카프로 표현하기	• 〈참외밭의 삽살개〉 연주하기 • 〈즐거운 여름〉 신체 표현하기	• 새 노래 〈여름 방학〉 • 난타로 연주하고 신체로 표현하기
대소집단활동		• 이야기 나누기 –물의 여행 –날씨를 알려 드립니다 • 신체: 우르르 쾅쾅 비가 와요 • 미술: 별난 우산 꾸미기 • 요리: 맛있는 팥빙수를 만들어요	• 이야기 나누기: 여름을 시원하게 보내는 방법 • 미술: 여름철 건강캠페인 피켓 만들기 • 조사: 우리 집에서 즐겨 먹는 여름철 음식 조사하여 발표하기 • 게임: 부채로 친구 얼굴에 붙은 휴지 떼어 내기 • 요리: 여름 과일로 만드는 별난 화채	• 이야기 나누기 –물놀이 경험 나누기 –물놀이 책을 소개해요 • 음악: 〈즐거운 여름〉 합주하기 • 신체: 다양한 수영 방법 흉내 내기 • 과학: 수리수리 마수리	• 이야기 나누기 –물놀이와 여행에서의 안전 –왜 물이 멀리 나가거나 가까이 나갈까? • 동화: 『할머니와 둘이서』 읽기 • 신체: 물놀이 모습 표현해 보기 • 게임: 단어 낚시로 만든 동시 〈여름에 무엇을 할까?〉
실외활동		• 오늘의 바깥 기온은? • 여름의 모습 관찰하기 • 색과 물을 이용한 그림 그리기	• 햇볕과 그늘 아래서 바람 느껴 보기 • 여름철 음식점 놀이	• 물에서 물놀이하기 • 물 미끄럼틀 놀이	• 물놀이 도구로 놀이하기 • 누가 누가 멀리 쏘나
점심 및 휴식		• 짜지 않게 먹기 • 음악감상: 빗소리와 가야금 소리	• 차가운 음식 적당히 먹기 • 여름에 들을 수 있는 자연의 소리를 들으면서 휴식하기	• 상한 음식 조심하기 • 음악감상: 쇼팽의 〈빗방울 전주곡〉	• 단 음식 적게 먹기 • 음악감상: 조지 윈스턴의 〈Summer〉
오후 자유선택활동		• 아이스크림, 음료수 가게 물건 만들기 • 여름바다 꾸미기 • 비가 가는 길을 만들어요	• 실외: 그늘 아래서 손과 얼굴에 물을 묻히고 부채질하기 • 여름철 건강캠페인 피켓 들고 동생반에서 캠페인하기	• 실외: 모래밭과 물놀이 장소 만들기 • 실외: 음악에 맞추어 물로 그림 그리기	• 실외: 우리 동네 생선가게 견학 • 실외: 물풍선을 옮겨요

귀가 및 가정과의 연계	• 여름의 모습 사진 가져와 전시하기 • 가정에서 폐품 가져오기	• 가정에서 대형마트 여름용품 홍보 전단지, 여름용품 가져오기 • 가정에서 즐겨 먹는 여름철 음식 조사해 오기	• 가족들과 물놀이했던 사진 가져오기 • 물에 뜨는 것과 가라앉는 것 조사하기	• 물놀이 도구로 만들 수 있는 재활용품 가져오기 • 가정의 여름 휴가 방법이나 여행계획 장소, 여행지 등에 대해 알아오기
비고	『물의 여행』(엘레오노레 슈미트 글 · 그림) 『물은 왜 필요해?』(로랑 시바티에 · 앙드레 뱅슈트리 글, 레베카 도트르메르 그림) 『오늘의 날씨는?』(김정희 글, 이른봄 그림) 『바닷가에 놀러 갔어요』(야마시타 하루오 글, 이와무라 카즈오 그림) 『구리와 구라의 헤엄치기』(나타가와 리에코 글, 야마와키 유리코 그림) 『할머니의 바닷가』(로실린 비어드쇼 글 · 그림) 『찰랑찰랑 물이 있어요』(곽영진 · 김은화 글, 김재홍 그림) 『여름이 좋아, 물이 좋아』(김용란 글, 곽성화 그림) 『할머니와 둘이서』(CD-ROM 동화)			

출처: 보건복지부(2012b).

(3) 주간보육계획

주간보육계획안은 유아가 보육활동 주제를 탐색하고 인식하는 과정에서 새로운 생각이나 느낌을 확장시킬 수 있게 구성되어야 한다. 또한 계획된 활동을 흥미 있게 진행할 수 있도록 시간적 · 공간적 배려가 이루어질 수 있도록 한다. 주간보육계획안 수립 시 고려할 사항은 다음과 같다(보건복지부, 2012b).

- 주간보육계획안에 배치된 활동은 5세 누리과정의 세부 내용에 근거하여 소주제 간 활동들이 연계되도록 작성한다.
- 보육활동은 누리과정의 내용에 적합하며 누리과정의 5개 영역 중 어느 하나에 치우치지 않도록 선정한다.
- 소주제와 연관된 보육활동이 영유아의 흥미와 능력에 따라 여러 날에 걸쳐 지속될 수도 있고, 매일 다른 활동이 제시될 수도 있으며, 교사가 계획한 활동을 영유아가 하지 않고 다른 놀이를 할 수도 있음을 염두에 둔다.
- 새로운 활동인지, 교사 개입이 많은 활동인지, 교사의 준비가 많은 활동인지 등을

고려하여 요일별로 적절히 안배하도록 한다. 대소집단활동이나 실내 및 실외 자유선택활동의 경우 정적·동적 활동을 균형 있게 배치한다.

- 자유선택활동은 월요일부터 금요일(또는 토요일)까지 점진적으로 확장 또는 심화되도록 배치하고 각 요일별로, 흥미영역별로 균형 있게 안배한다. 일주일을 진행

표 8-8 만 5세 주간보육계획안 예시

구분		월	화	수	목	금	토
기본생활		• 옷 제자리에 걸기					
등원		• 등원길에 본 곤충 이야기하기					
오전 자유선택활동	쌓기놀이 영역		• 쿨쿨 곰가족		• 개미집을 지어요		
	역할놀이 영역	• 올챙이 연못나라		• 애벌레의 변신			
	미술영역	• 개구리 접어 연못 꾸미기			• 나비모빌 만들기		
	언어영역	•『곰 사냥을 떠나자』		•『나비일기』			
	수·과학 영역		• 수: 개구리 성장패턴				
				• 과학: 지렁이화분 만들기			
					• 수: 무당벌레 주사위 게임		
	음률영역		• 〈나비야〉 악기놀이		• 올챙이와 개구리		
대소집단활동		• 이야기 나누기: 겨울잠에서 깨어났어요 • 신체: 곰 잡으러 간단다	• 이야기 나누기:『개구리 왕자』와 약속 • 음악: 개구리 가족	• 요리: 무당벌레 주먹밥	• 동극: 무지개 나비가 되었어요	• 이야기 나누기:『나비일기』 함께 들어 보기	
실외활동		• 개구리 발자국 찍기		• 나비카드 붙이기			
점심 및 휴식				• 지렁이화분에 음식물 찌꺼기 넣어 보기			
오후 자유선택활동			• 실외: 〈나비야〉 노래에 맞춰 춤추기(확장)				
			• 나비의 일기장 만들어 보기(확장)				
귀가 및 가정과의 연계		• 곤충 그림책 집에서 함께 읽어 보기					
활동 간 연계		※ 가능한 활동 간 연계의 예 • 오전 언어:『나비일기』→ 오후: 나비의 일기장 만들어 보기(확장) → 대소집단: '나비의 일기장' 함께 들어 보기 • 오전 언어:『곰 사냥을 떠나자』→ 대소집단: 곰 잡으러 간단다 • 오전 음률: 〈나비야〉 악기놀이 → 실외: 〈나비야〉 노래에 맞춰 춤추기(확장)					

출처: 보건복지부(2012b).

하며 흥미영역 간, 오전과 오후 간, 자유선택활동과 대소집단 간, 실내외 간 활동이 연계, 확장 및 심화되도록 배치한다.

- 오후 자유선택활동은 새로운 활동으로 계획할 수 있으나, 오전 활동 중 활동방법을 부분적으로 변화하거나 추가 자료를 제공하여 연계하는 방법도 가능하다. 경우에 따라서는 오전 자유선택활동을 반복하여 진행할 수도 있다. 가능한 한 오후 자유선택활동은 실내 · 실외 활동을 모두 계획하도록 한다.

(4) 일일보육계획

유아 일일보육계획 구성 시 참고 사항은 다음과 같다(보건복지부, 2012b).

- 일일보육계획은 등원, 오전 자유선택활동, 정리정돈, 손 씻기, 화장실 다녀오기, 대소집단활동, 실외활동, 점심과 낮잠, 오후 자유선택활동, 귀가 등의 활동명으로 이루어진다.
- 유아는 놀이에 열중하면 자신의 생리적 욕구를 적절히 조절할 수 없으므로, 일과 계획에 간식, 배변, 휴식 등 생리적 욕구를 고려하도록 한다.
- 동적 활동과 정적 활동, 실내와 실외 활동, 개별활동과 대소집단활동, 교사주도활동과 유아주도활동을 균형 있게 배치하도록 계획한다.
- 동일한 활동이라도 활동시간(오전, 오후), 장소(실내외, 보육실), 시기(학기 초 · 중 · 말), 보조 인력의 유무 등을 고려하여 일과 계획을 수립하도록 한다.
- 구체적으로 고려해야 할 사항은 다음과 같다.
  - 실내 자유선택활동은 오전과 오후에 각각 이루어지며, 2시간 30분 이상 계획되어야 한다.
  - 오전 자유선택활동은 여러 가지 흥미영역활동이 이루어지도록 충분히 계획한다.
  - 오후 자유선택활동은 오전 활동을 반복하거나 연계활동을 준비하여 놀이가 확장되도록 균형 있게 계획한다.
  - 실외활동은 일과 중 매일 포함하여 계획하고, 오전이나 오후 중 1시간 이상 계획되어야 하며, 주제와 연관된 다양한 활동 및 자유놀이가 진행되도록 계획한다.
  - 일일보육계획 시 간식, 배변, 휴식 등 유아들의 신체적 욕구를 고려하여 일상양육에 대한 계획이 포함되도록 한다.

표 8-9 유아 일과운영계획 예시

시간	활동명
7:30~9:00	등원 및 통합보육
9:00~10:20	오전 자유선택활동
10:20~10:50	화장실 가기/손 씻기 오전 간식
10:50~11:20	대소집단활동
11:20~12:10	실외활동/손 씻기
12:10~13:20	점심식사/이 닦기
13:20~13:40	대소집단활동
13:40~15:00	오후 자유선택활동
15:00~15:30	화장실 가기/손 씻기 오후 간식
15:30~16:20	실외활동/손 씻기
16:20~17:30	오후 자유선택활동
17:30~17:50	대소집단활동
17:50~19:30	귀가지도 및 통합보육

시간	활동명
7:30~9:00	등원 및 통합보육
9:00~9:30	화장실 가기/손 씻기 오전 간식
9:30~10:50	오전 자유선택활동
10:50~11:20	대소집단활동
11:20~12:10	실외활동/손 씻기
12:10~13:20	점심식사/이 닦기
13:20~13:40	대소집단활동
13:40~15:00	오후 자유선택활동
15:00~15:30	화장실 가기/손 씻기 오후 간식
15:30~16:20	실외활동/손 씻기
16:20~17:30	오후 자유선택활동
17:30~17:50	대소집단활동
17:50~19:30	귀가지도 및 통합보육

시간	활동명
7:30~9:00	등원 및 통합보육
9:00~9:30	오전 자유선택활동 자율간식
10:50~11:20	대소집단활동
11:20~12:10	실외활동/손 씻기
12:10~13:20	점심식사/이 닦기
13:20~~13:40	대소집단활동
13:40~15:00	오후 자유선택활동
15:00~15:30	화장실 가기/손 씻기 오후 간식
15:30~~16:20	실외활동/손 씻기
16:20~17:30	오후 자유선택활동
17:30~17:50	대소집단활동
17:50~19:30	귀가지도 및 통합보육

출처: 보건복지부(2012b).

- 일과의 운영시간은 기관의 상황이나 계절, 유아의 발달적 특성, 지역적 특성 등을 고려하여 융통적으로 운영할 수 있다.
- 다양한 유아 일과운영의 예는 〈표 8-9〉와 같다.

2. 보육일과 운영

일과운영이란 영유아가 어린이집에서 경험하게 되는 교육적·일상적 보육활동을 일일단위로 계획하고 실행하는 것이다. 영유아가 등원해서 귀가하기까지의 일과를 시간대별로 구분된 단위활동으로 계획하여 규칙적으로 진행하면서 시간배분을 달리하여 실행한다. 보육교사는 보육과정의 기본 단위인 일일보육계획안을 기초로 사전에 계획한 내용을 실행하고 이를 평가하여 보육일지에 기록하는 순환적인 과정을 진행

하게 된다. 일일보육계획을 실행할 때, 어린이집 특성이나 영유아의 발달적 특성과 개인차, 흥미를 반드시 고려하되 지역적 특성이나 사회적 이슈(예: 월드컵 행사, 지역 축제 등)를 반영하여 융통성 있게 진행할 수 있다.

하루 일과 운영과정에서도 보육과정의 목표와 내용이 적용되도록 실행하여 보육과정이 추구하는 인간상을 구현하도록 해야 한다. 또한 보편적인 표준보육과정, 누리과정의 목표와 어린이집의 고유한 보육철학을 함께 반영하여 하루 일과를 계획·운영하여야 한다.

보육교사는 영유아가 하루 동안 놀이하고 양육을 받으며 보내는 일과의 순서가 반복적이고 일정할 때 영유아는 심리적인 안정감을 갖게 되어 보다 다양하고 질 높은 보육경험을 하게 됨을 인식하여야 한다. 즉, 일과에 일관성이 있어야 영유아들이 쉽게 이해할 수 있고 안정감을 가지며, 이어지는 다음의 활동을 스스로 예측하고 그에 맞추어 적응하고 자신을 조절할 수 있게 된다(이기숙, 2006).

하루 일과에는 등원, 실내외 자유선택활동, 대소집단활동, 정리정돈 및 전이활동, 간식 및 식사, 낮잠 및 휴식, 손 씻기 및 배변, 귀가 등이 포함된다.

1) 등원

등원시간에는 교사와 영유아 간의 인사가 이루어지며, 교사는 영유아의 건강과 정서상태, 그날의 흥미, 집에서 가져온 이야깃거리나 소지품 등을 파악하게 된다(오영희, 우수정, 전호숙, 2007). 등원 시의 지도 원리는 다음과 같다(보건복지부, 교육과학기술부, 2013).

- 부모에게 전달할 내용이나 메모를 교실이나 현관 입구에 붙여 놓고 하루 일과에 대해 안내해 주어 어느 시간에 어떤 활동이 이루어지는지 예측할 수 있도록 한다.
- 투약의뢰서를 미리 비치해 놓는다.
- 부모와 영유아를 반갑게 맞이하고 지난밤 있었던 일에 대한 정보 및 영유아의 기분, 건강, 투약, 귀가 등의 간략한 정보를 나눈다.
- 유아는 소지품과 옷을 스스로 사물함에 정리할 수 있도록 도와주고 영아는 정리를 교사와 함께 하도록 한다.
- 소속된 반이나 통합보육실에서 하고 싶은 놀이를 선택하여 시작할 수 있도록 도

와준다. 특히 영아는 부모와 편안하게 떨어질 수 있도록 수용적이고 반기는 분위기를 조성해 준다.

2) 실내외 자유선택활동

자유선택활동 또는 자유놀이는 영유아의 개별적인 흥미와 요구에 따라 스스로 교구나 활동을 선택하여 계획하고 놀이함으로써 능동적 학습이 이루어지는 시간이다(오영희 외, 2007). 영유아가 자신의 흥미나 발달수준에 따라 활동하거나 또래와 상호작용을 할 수 있으며, 교사의 지시나 특별한 지도가 없이도 교재·교구와의 상호작용을 하면서 자발적인 즐거움을 경험할 수 있다. 연령에 따라 영아에게는 흥미나 욕구에 맞추어 자유놀이 시간으로 운영하며, 유아에게는 스스로 놀이를 자유롭게 선택하여 실행할 수 있도록 한다. 그러나 자유선택활동 시간이 유아의 즉흥적인 흥미에 따라 무계획적으로 놀이를 하는 시간으로 진행되기보다는 스스로 사고하고 활동을 선택하여 의식적으로 놀이활동을 계획하고 평가할 수 있도록 구체적인 자료와 환경을 마련해 주어야 한다.

실내 자유선택활동은 오전과 오후 시간을 모두 합해 2시간 30분 이상으로 계획한다. 전날 했던 활동과 연계하거나 오후 자유선택활동은 오전 자유선택활동을 확장시킬 수 있도록 하고, 새로운 놀이나 활동을 소개해 줄 수 있다. 실외 자유선택활동은 하루 중 1시간 이상의 실외활동을 하도록 권장한다. 실외 자유선택활동은 안전사고의 위험이 있으므로 정기점검과 안전교육을 통해 영유아가 안전하게 활동할 수 있게 하고, 교사는 시선을 떼지 않고 영유아를 지속적으로 관찰한다(보건복지부, 2012a; 보건복지부, 교육과학기술부, 2013).

3) 대소집단활동

대소집단활동이란 교사의 계획에 따라 소집단이나 대집단의 형태로 영유아가 함께 하는 활동이다. 어린 영아보다는 구조화된 활동에 잘 참여할 수 있는 유아에게 적합하다. 활동의 주제나 종류 및 특성, 유아들의 흥미나 욕구에 따라 집단의 크기를 결정할 수 있다. 대소집단활동은 자유선택활동보다 교사의 참여도가 높지만 교사가 주도해야 하는 것은 아니다. 교사는 활동의 계획과 분위기를 조성하지만 활동의 내용과 집단의 크기,

교재의 특성에 따라 교사의 참여와 유아의 참여도가 달라질 수 있다. 대소집단활동의 인원 구성, 하루에 모이는 횟수, 진행 시간 등은 유아의 흥미, 발달특성, 활동의 특성, 시기, 활동실의 공간적 상황, 인적 · 물적 환경 등을 고려하여 융통성 있게 구성하여 운영한다.

대집단활동은 한 반 전체 유아가 함께 모여서 하는 활동이며, 이야기 나누기, 동화, 동시, 동극, 음악활동, 신체활동, 요리, 게임, 휴식, 점심(간식), 계획하기, 평가 등이 대집단활동으로 많이 진행된다. 중소집단활동은 전체 집단을 2~4집단으로 나누어 다른 교사가 동시에 같은 활동을 지도하기도 하고, 같은 교사가 다른 집단의 유아들을 서로 다른 시간대에 번갈아 가며 지도할 수도 있다. 주로 소집단활동은 유아의 참여가 많은 활동일 때 이루어진다. 학기 초에는 대집단보다는 소집단활동을 더 많이 계획하고 실시한다. 한 과정씩 경험해 보아야 하는 경우나 개개인의 의견과 느낌을 충분히 표현할 수 있도록 하는 경우에는 소집단의 구성으로 이루어질 수 있다. 규칙 정하기, 견학활동의 계획, 역할 결정 등 학급의 모든 유아가 함께 생각하고 의논해야 하는 경우는 대집단으로 운영될 수 있다.

4) 정리정돈

교사는 유아들의 놀이 상황을 보고 정돈 시간 5~10분 전에 유아들에게 정리하는 시간임을 벨이나 음악 등의 신호로 알려 주고 유아 스스로 놀이나 활동을 마무리하게 한다. 유아들의 개별 능력을 고려하여 일감을 배분하여 책임감 있게 정리하는 습관을 기르도록 지도하는 것이 바람직하다. 유아들이 즐거운 마음으로 정리하거나 다음 시간으로 전이할 수 있도록 "이 블록을 어느 곳에 정리해야 할까?" "이 책을 꽂아 줄 수 있겠니?" "선생님을 도와 이 교구를 함께 옮겨 줄 수 있겠니?" 등 단순하고 구체적인 지시로 정리하기를 격려할 수 있다. 또한 작품이나 결과물이 나온 활동은 전시할 공간을 마련해 주고 미완성일 때는 다음 시간에 지속적으로 활동을 해 나갈 수 있도록 배려한다.

5) 간식 및 식사

어린이집의 경우 일반적으로 1회 식사와 오전과 오후에 각 1회씩 2회의 간식을 제공한다. 영유아의 소화기관은 아직 미성숙하여 한꺼번에 많은 양을 먹을 수 없는 것에 비해 활동량은 왕성하므로 정규식사만으로 충분하지 않을 수 있어 간식이 꼭 필요하다. 간식 제공 방식은 원하는 시간에 개별적으로 먹고 정리하는 자유 방식과 전체 영유아가 한꺼번에 정해진 시간에 다 같이 먹는 방식이 있다. 식사는 각 교실에서 학급별로 식사를 하는 경우와 식당으로 이동하여 식사를 하는 경우가 있다. 음식을 제공할 때는 영유아가 사용하기에 적당한 식기와 도구를 주고 너무 오랫동안 기다리지 않도록 한다(김혜경, 고미애, 2014). 점심시간과 간식시간을 통해 균형 잡힌 영양섭취와 함께 기본생활습관을 형성하고 사회성 발달을 지원하기 위하여 교사의 지도가 필요하다. 간식과 점심을 먹기 전에 손과 책상 등을 깨끗이 닦기, 음식을 먹을 때 편식하지 않기, 음식에 관심을 갖게 하기, 스스로 먹기, 다 먹은 후에 스스로 정리하기 등 기본생활 지도를 실시한다.

6) 낮잠 및 휴식

어린이집에서는 점심식사 후 오후 시간이 되면 영유아에게 1~2시간의 낮잠을 통해 충분한 휴식을 취해 피로감을 갖지 않도록 해야 한다. 영유아는 잠시도 가만히 있지 않고 놀이에 몰두하기 때문에 쉽게 피로해지지만 스스로 신체리듬을 조절하면서 휴식을 취하기 어려우므로 교사의 계획하에 피로와 긴장을 풀어 주는 시간이 마련되어야 한다(김혜경, 고미애, 2014).

낮잠 및 휴식의 지도 원리

- 개별적인 휴식과 낮잠 습관을 파악하여 충분히 휴식 시간을 취할 수 있도록 한다.
- 인형 등의 개인 애착물을 허용하고 조명이나 음악 듣기, 그림책 읽어 주기 등으로 분위기를 만들어 준다.
- 낮잠을 자지 않는 영유아는 억지로 권하지 말고 조용히 휴식을 취하도록 한다.
- 낮잠을 자는 동안 교사는 반드시 영유아의 곁에서 영유아의 상태를 수시로 확인해야 한다.
- 잠들기 전까지 곁에서 상호작용해 주어 편안한 느낌이 들게 한다.
- 낮잠 후 침구 정돈에 참여시키고, 옷을 입을 수 있게 하고 머리를 빗겨 준다.

출처: 보건복지부, 교육과학기술부(2013).

7) 손 씻기 및 배변

보육 대상 연령은 0세부터로 정해져 있으며 실제로 생후 3개월부터 입소가 가능하여 어린이집에서 기저귀 갈기, 배변훈련이 이루어진다. 생애 초기의 배변훈련이 성격 형성과 위생관념 형성에 많은 영향을 미치므로 교사는 사랑과 배려로 편안한 가운데 배변훈련을 할 수 있도록 세심하게 돌봐야 한다.

기저귀 갈기 및 화장실 다녀오기의 지도 원리

- 위생적인 기저귀 갈기 환경을 만들고 편안하게 기저귀를 갈아 줄 수 있는 환경을 조성한다.
- 기저귀를 가는 동안 영아와 긍정적인 상호작용을 해 주고, 이후에 배변훈련이 편안하게 이루어지도록 심리적 준비를 하게 해 준다.
- 동화 등의 다양한 자료를 통하여 배변훈련의 과정을 이해하도록 하고 발달적 준비가 충분히 되었을 때 천천히 시도하도록 한다.
- 손 씻기, 변기 사용하기 등과 관련된 자료를 준비하고 유아가 스스로 할 수 있을 때까지 천천히 단계적으로 지도한다.

출처: 보건복지부, 교육과학기술부(2013).

8) 귀가

귀가 시간이 되면 영유아에게 놀이를 마무리 짓게 하고, '모두 제자리'를 하도록 한다. 그러면서 교사는 집단 혹은 개인별로 영유아들과 하루 일과에 대한 소감을 나누며, 영유아들의 얼굴 표정이나 기분 상태, 신체적 컨디션을 확인하도록 한다. 그리고 영유아들이 컵, 도시락, 수건, 양말 등 매일 하원 후 집에서 교체해 와야 하는 개인 소지품을 챙길 수 있도록 충분한 시간을 주도록 한다. 교사는 영유아가 등원 시, 하루 일과활동을 하면서 영유아가 달라지거나, 신체적으로 불편했거나, 또래와의 관계에서 있었던 일들을 확인해서 하원 후 학부모에게 전달할 특이사항을 여력이 된다면 메모를 해서 정확하게 전달하도록 하거나, 영유아 수첩에 메모를 잘했는지 확인하도록 한다. 만약 버스 하원이 아닌 부모에 의한 귀가인 경우 영유아의 활동 작품이나 소지품을 챙기고 교사와 또래들에게 인사하도록 귀가 지도를 한다. 통학버스를 타고 하원하는 영유아들의 경우에는 영유아 수첩에 꼼꼼하게 메모를 하고 빠진 내용이 없는지 확인을 하며, 안전귀가가 이루어지도록 끝까지 최선을 다하여 영유아들의 안전지도를 한다.

3. 보육환경 구성

1) 환경구성 원리

실내 보육환경은 일상생활영역과 놀이를 위한 흥미영역으로 구분되어 있다. 영유아를 위한 보육환경은 가정과 같이 편안해야 하며 영유아의 연령 및 발달수준과 흥미 등에 따라 구성해야 한다. 보육과정이 효율적으로 운영되도록 환경구성의 원리를 고려하여 구성하고 최소한 한 학기에 한 번 이상 주기적으로 변화시켜 주어야 한다.

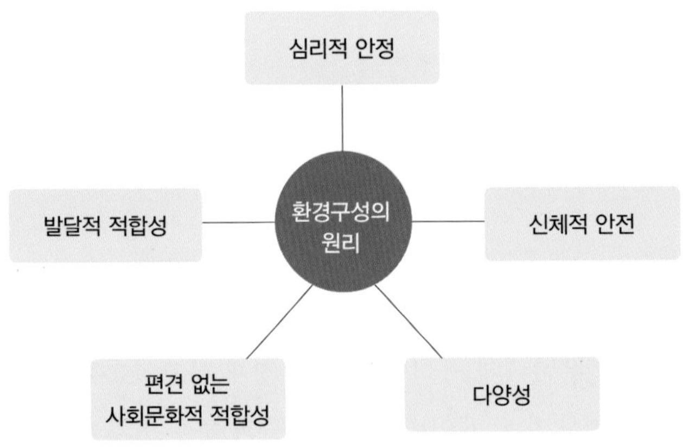

2) 흥미영역의 구성

흥미영역은 보육실에서 교구장, 칸막이 등을 사용하여 영역을 구분하고 활동의 성격이 비슷한 교구나 재료를 함께 배치하여 활동할 수 있게 구성한 공간이다. 흥미영역은 소음 정도와 물의 이용 유무에 따라 구분하여 구성한다(Frost & Kissinger, 1976).

표 8-10 영아반 보육환경 구성

구분	일상생활영역		놀이영역					
0세반	수유	기저귀 갈기	신체	언어	감각 · 탐색	–	–	–
1세반	수유	기저귀 갈기	신체	언어	감각 · 탐색	역할 · 쌓기	–	–
2세반	–	–	신체	언어	감각 · 탐색	역할 · 쌓기	미술	음률

영아반의 경우에는 놀이특성을 반영하여 탐색활동과 놀이활동이 충분히 이루어지도록 다양한 놀이영역을 구성한다. 0~1세반은 일상생활이 편안하게 이루어지도록 구성하고 2세반으로 갈수록 놀이영역인 흥미영역의 수를 늘린다. 특히 영아의 특성상 신체활동이 활발하게 일어나고 실내외로 자주 이동하기 어려운 점을 감안하여 신체영역을 보육실 내에 구성한다. 놀이영역은 조용한 놀이와 시끄러운 놀이를 구분하여 배치한다.

유아는 흥미영역을 5~6개 영역으로 구성하여 1개 흥미영역에서 3~4명의 유아가 활동할 수 있도록 하는 것이 좋다(보건복지부, 2014). 유아반의 흥미영역 종류에는 쌓기놀이, 역할놀이, 미술, 언어, 수 · 과학, 음률 등의 영역이 있다. 각 흥미영역 구성을 위한 고려사항을 살펴보면 다음과 같다.

[그림 8-1] 유아반 보육실

(1) 쌓기놀이영역

쌓기놀이영역은 시끄럽고 소음이 발생하는 활동적이며 건조한 영역이므로 주로 역

[그림 8-2] 쌓기놀이영역

할놀이영역 옆에 위치하는 것이 좋다. 특히 블록을 쌓고 넘어뜨리는 과정의 소음을 줄이기 위하여 바닥에 카펫이나 자리를 깔아 인접 영역에 방해를 주지 않도록 한다. 또한 유아들이 블록을 최대한 활용하여 구성할 수 있도록 충분한 공간을 확보한다.

(2) 역할놀이영역

역할놀이영역은 유아들이 소방서 놀이, 병원 놀이 등 다양한 주제의 상상놀이 및 사회극적 놀이가 이루어지는 영역이다. 많은 유아들이 참여할 수 있도록 충분한 공간을 제공하고 놀이의 확장이 가능하도록 쌓기놀이영역 등과 가까이 배치하는 것이 좋다. 유아들의 상상력을 자극하고 놀이의 주제가 고정되지 않도록 자료를 충분히 제공하며 적절히 자료를 바꾸어 준다.

(3) 미술영역

미술영역은 다양한 재료를 이용하여 그리기, 만들기, 꾸미기와 같은 표현이 이루어지고 완성된 작품을 감상하는 기회를 제공한다. 미술영역은 활동실의 조용하고 밝은 곳에 위치하는 것이 좋다. 손쉽게 자료를 꺼내고 정리할 수 있는 자료장이 구비되어야 하고, 작품을 다 만든 후 작품을 말리거나 전시할 수 있는 설비가 있어야 한다. 물이 필요한 활동이나 정리를 위해 물이 가까이 있는 곳에 배치하면 좋다.

[그림 8-3] 미술영역

(4) 언어영역

언어영역은 유아들이 편안하게 책을 보거나 자료를 찾는 것 이외에 말하기, 듣기, 읽기, 쓰기 등이 이루어지는 곳이다. 교사는 이 모든 활동을 위한 자료를 동시에 내어 줄 수도 있고, 책 이외의 활동을 주기적으로 교체해 줄 수도 있다. 언어영역은 조용하고 밝고 안정된 곳에 배치하여야 한다. 언어영역에는 부드러운 느낌의 카펫을 깔아 주고 낮은 탁자와 등을 기댈 수 있는 쿠션을 준비해 준다.

(5) 수 · 과학 영역

수 영역은 만 5세아들이 수학적 탐구와 경험, 논리적 사고 및 문제해결과 관련된 활동을 하는 곳이다. 개별적인 활동이 주로 이루어지는 곳으로 조용한 곳에 책상과 함께 배치한다. 과학영역은 수학영역과 마찬가지로 조용한 곳에 배치하며, 특히 식물이나 동물을 키울 수 있으므로 햇빛이 잘 드는 곳을 택한다. 또한 소집단으로 집중하여 활동에 몰입할 수 있도록 유아가 관찰하기 쉬운 낮은 탁자 등을 구비한다. 과학영역의 자료들은 계절, 주제, 유아의 홍미에 기초하여 다양한 자연물이나 실물을 제시한다.

(6) 음률영역

음률영역은 영유아가 음악을 듣고, 노래를 부르고, 여러 가지 악기 및 소리를 탐색하며, 몸을 움직여 보는 영역이다. 활동적이고 소음이 많은 영역이므로 다른 영역에 방해가 되지 않도록 조용한 영역과는 떨어진 곳에 배치하거나, 필요한 기간 동안만 배치할 수도 있다. 다양한 소리가 나는 악기 혹은 교구를 제공하는 것이 필요하다.

3) 실외환경 구성

실외놀이는 어린이집에서 오랫동안 생활하는 유아들이 신선한 공기를 마시고 햇볕을 쬘 수 있는 시간이므로 매일 일과에 포함되어야 한다. 실외에서 활동을 하는 동안 유아들은 신체적 활동뿐만 아니라 자연을 탐색하고, 친구들과 함께 놀이하면서 사회성을 기르기도 한다. 뿐만 아니라 물과 모래를 가지고 놀면서 긴장감을 해소하기도 하고, 그늘지고 조용한 곳에서 휴식을 취하기도 한다. 이러한 유아들의 놀이를 도와주기 위해 실외놀이 공간은 다양한 재료로 바닥을 구성하고, 햇볕이 드는 공간과 그늘진 공간을 확보하며 안전하게 구성되어야 한다.

4. 수업 자료 관리 및 원아 정보 관리

1) 수업 자료 관리

어린이집에서 수업시간에 사용되는 교재 · 교구를 효율적으로 보관하는 일은 매우 중요하다. 교재 · 교구에 대한 유아들의 흥미가 떨어지거나 수업의 주제가 바뀌는 경우 기존의 수업 자료를 이후에 재사용할 수 있도록 일정할 장소를 정하여 보관해야 한다. 즉, 보관하는 곳에 전체 목록을 써서 체계적으로 보관 · 관리하는 것이 유아에게 의미 있는 교육활동을 제공하고 교재 · 교구의 활용도를 지속적으로 높일 수 있다.

2) 원아 정보 관리

어린이집의 원장과 보육교사는 영유아와 가족에 대한 정보를 파악하고 있어야 하며, 영유아가 어린이집 생활을 하는 동안 보이는 특징적인 행동이나 발달적 유의 사항

등에 대한 자료를 수집하여 이를 체계적으로 관리하는 것이 필요하다. 영유아의 부모로부터 수집하는 정보는 가정환경과 비상연락망, 예방 접종 상황, 영유아의 체질이나 알레르기 여부, 원아가 좋아하는 놀이나 활동, 가정생활에 대한 간단한 기록 등으로서 생활기록부를 통해 수집한다(조성연, 이정희, 김온기, 제경숙, 김영심, 2013).

담임교사가 영유아에 관해 수집하는 자료로는 신체발육 상태, 건강검진 결과, 표준화된 검사 결과, 보육일지를 통한 일화기록, 관찰기록, 작품 포트폴리오 등이 있다. 학급 운영을 위하여 수집할 자료는 학부모 서약서, 식생활 조사표, 비상연락망, 응급처치 동의서 등이 있다.

표 8-11 학부모 서약서 예시

서약서

○○어린이집 원장 귀하

본인은 ____________________(이)가 ○○어린이집에 다니는 동안 다음과 같은 사항의 규칙에 동의하고 적극 협조할 것을 서약합니다.

1. ○○어린이집에서 실시하는 교육활동과 행사에 적극 참여한다.
2. 본 어린이집 운영 규칙을 잘 준수한다.
3. 놀이 중 발생한 안전사고의 경우 어린이집에서 가입한 보험 규정에 따른다.

○○○○년 ○월 ○일

____________________의 보호자 ____________________(인)

표 8-12 생활기록부 예시

ㄱ. 인적 사항

아동	이름	(한글) (한자)	성별	남 · 여	사진 (3×4cm)
아동	생년월일		입 · 퇴소일	입소일 퇴소일	
아동	주소				
아동	전화번호		혈액형		
보호자	영아와의 관계	부	모	형제(자매)	기타
보호자	이름				
보호자	직업				
보호자	근무지(전화번호)				
보호자	근무시간 평일				
보호자	근무시간 토요일				
보호자	근무시간 일요일				
데려오고, 데려가는 사람		(성명: 관계:) (성명: 관계:)			

※ 비고: 보호자란 중 부모가 있을 경우 양자 모두 기재

ㄴ. 신체발달 사항

구분 \ 연령	3세	4세	5세
신장(cm)			
몸무게(kg)			
의견			
특이사항			

ㄷ. 활동 발달 상황

영역별 \ 연령	3세	4세	5세
기본생활습관			
신체운동 · 건강			
의사소통			
사회관계			
예술경험			
자연탐구			
종합의견			

5. 어린이집 평가제

어린이집 평가제는 전체 어린이집의 질 관리를 위하여 정기적인 평가를 통해 어린이집이 지속적으로 보육의 질적 수준을 향상시키고 유지하게 함으로써 영유아의 안전과 건강, 조화로운 성장과 발달을 도모하여 부모가 믿고 맡길 수 있는 안심 보육환경에 기여하고자 한다(보건복지부, 한국보육진흥원, 2021). 어린이집을 평가하는 제도는 2005년에 처음으로 어린이집 평가인증제라는 명칭으로 시작되었다. 보육서비스의 질 관리와 유지를 위해 도입된 평가인증제는 자발적으로 신청한 어린이집을 대상으로 평가가 이루어져 미인증 어린이집에 대한 질 관리가 이루어지지 못하는 한계를 가지고 있었다. 이에 따라 2018년 「영유아보육법」 개정을 통하여 '보육 · 양육에 대한 사회적 책임강화' 실현과 영유아의 건강한 성장 및 발달을 위해 모든 어린이집을 대상으로 하는 의무 평가제가 2019년부터 시행되었다.

1) 어린이집 평가제의 목적

어린이집 평가제는 양질의 보육서비스를 제공하기 위해 다음과 같은 시행 목적을 가진다(보건복지부, 한국보육진흥원, 2021).

- 상시적인 보육서비스 질 관리를 위해 주요 핵심지표를 중심으로 질 관리 표준을 제시하고, 어린이집 스스로 질적 수준을 제고하도록 한다.
- 전체 어린이집에 대한 주기적 평가를 통하여 보육서비스 질 관리의 사각지대를 해소하고, 전반적인 보육서비스 수준을 지속적으로 관리하여 국가의 책무성을 강화하고자 한다.
- 궁극적으로 평가제를 통해 보육서비스의 질 향상을 제고함으로써 영유아의 안전과 건강, 조화로운 성장과 발달을 도모하고자 한다.
- 영유아의 인권과 놀 권리를 보장하고 영유아가 건강하고 행복하게 성장할 수 있는 안심 보육환경을 조성하며, 보육교직원이 영유아보육에 집중할 수 있는 여건을 조성한다.

2) 어린이집 평가지표

어린이집 평가지표는 4영역, 18지표, 59항목으로 구성되어 있으며, 필수지표 1개, 필수요소 8개 항목으로 지정하였다(보건복지부, 한국보육진흥원, 2021). 구체적인 내용은 〈표 8-13〉과 같다.

표 8-13 어린이집 평가인증 지표

구분	평가제	
영역(4)	지표(18)	항목(59)
Ⅰ. 보육과정 및 상호작용(18)	1-1. 영유아 권리 존중 [필수]	2
	1-2. 보육계획 수립 및 실행	6
	1-3. 놀이 및 활동 지원	3
	1-4. 영유아 간 상호작용 지원	4
	1-5. 보육과정 평가	3
	소계	18
Ⅱ. 보육환경 및 운영관리(14)	2-1. 실내공간 구성 및 운영	4
	2-2. 실외공간 구성 및 운영	3
	2-3. 기관 운영	4
	2-4. 가정 및 지역사회와의 연계	3
	소계	14
Ⅲ. 건강 · 안전(15)	3-1. 실내외 공간의 청결 및 안전	3
	3-2. 급 · 간식	3
	3-3. 건강증진을 위한 교육 및 관리	3
	3-4. 등 · 하원의 안전	3
	3-5. 안전교육과 사고예방	3
	소계	15
Ⅳ. 교직원(12)	4-1. 원장의 리더십	3
	4-2. 보육교직원의 근무환경	3
	4-3. 보육교직원의 처우와 복지	3
	4-4. 보육교직원의 전문성 제고	3
	소계	12

주: 3-2, 3-4, 3-5 지표 내 필수요소 8개 포함

출처: 보건복지부, 한국보육진흥원(2021).

3) 어린이집 평가제 운영체계

어린이집 평가제 운영체계는 이전의 평가인증제가 가진 문제점을 보완하여 현재의 운영체계로 변화하였다. 평가인증제와 평가제의 차이점은 〈표 8-14〉와 같다.

표 8-14 평가인증제 및 평가제 특징 비교

구분	평가인증제	평가제
평가대상	평가인증 신청 어린이집	전체 어린이집
평가절차	어린이집 신청 → 기본사항 확인 → 자체점검 → 현장평가 → 종합평가(총 4개월) 신청 (어린이집) → 기본사항 확인 (지방자치단체) → 자체점검 보고서 제출 (어린이집) → 현장평가 (현장 평가자) → 종합평가, 결과 통보 (종합평가 위원회)	평가대상 통보 → 기본사항 확인 및 자체점검 → 현장평가 → 종합평가(총 3개월) 대상 통보 (한국보육진흥원) → 기본사항 확인 및 자체점검보고서 제출 (지방자치단체, 어린이집) → 현장평가 (현장 평가자) → 종합평가, 결과 통보 (종합평가 위원회)
	참여수수료 어린이집 납부	참여수수료 전액 국가 부담
	기본사항: 필수항목 9개, 기본항목 –필수항목 미준수는 참여 제외, 기본항목 미준수는 차하위 등급 부여	기본사항: 사전점검사항 5개, 위반이력사항 –사전점검사항 미준수는 D등급 부여, 위반이력사항 발생 시 차하위등급 부여
	소위원회와 종합평가위원회에서 심의, 등급 결정	소위원회와 종합평가위원회에서 심의, 등급 결정 *필수요소 및 요소 미충족 시 A등급 불가
	재참여, 재평가 과정 운영	재참여, 재평가 과정 폐지
평가결과	4등급(A, B, C, D), D등급 불인증	4등급(A, B, C, D)
평가주기	(유효기간) 3년(A등급 1년 연장 가능)	A, B등급 3년 / C, D등급 2년
결과공표	평가받은 어린이집의 결과 공시 –평가인증 결과, 인증이력 등 공개	전체 어린이집의 결과 공시 –평가결과, 평가이력 등 공개
사후관리 및 등급조정	• 인증 어린이집 사후관리 –연차별 자체점검보고서 제출 –확인점검(무작위, 월단위 시기 안내) –확인방문(배우자 및 직계존비속 또는 1년 이상 재직교사로 대표자 변경, 주소 변경) –인증유효기간 종료 • 법 위반 및 행정처분 발생 시 인증 취소	• 평가등급별 사후관리 –연차별 자체점검보고서 제출(A, B등급) –사후방문 지원(C, D등급 의무실시) –확인점검(평가 관련 민원발생, 법 위반 및 행정처분, 정보공시 부실 어린이집 등에 대하여 불시 점검) • 평가등급 조정 및 관리
결과활용	인증어린이집에 대한 행정적 · 재정적 지원	• 평가등급별 행정적 · 재정적 지원 등 • 지도점검 연계(2회 연속 D등급 어린이집)

현재의 평가제 운영체계는 대상 선정 및 통보, 기본사항 확인 및 자체점검, 현장평가, 종합평가, 결과통보, 결과공표, 사후관리의 단계로 이루어진다. 평가에서 A와 B 등급을 받은 경우에는 연차별 자체점검보고서를 제출하는 반면에 C와 D등급을 받은 경우에는 자체개선보고서를 제출해야 한다. 운영체계의 세부 과정은 [그림 8-4]와 같다.

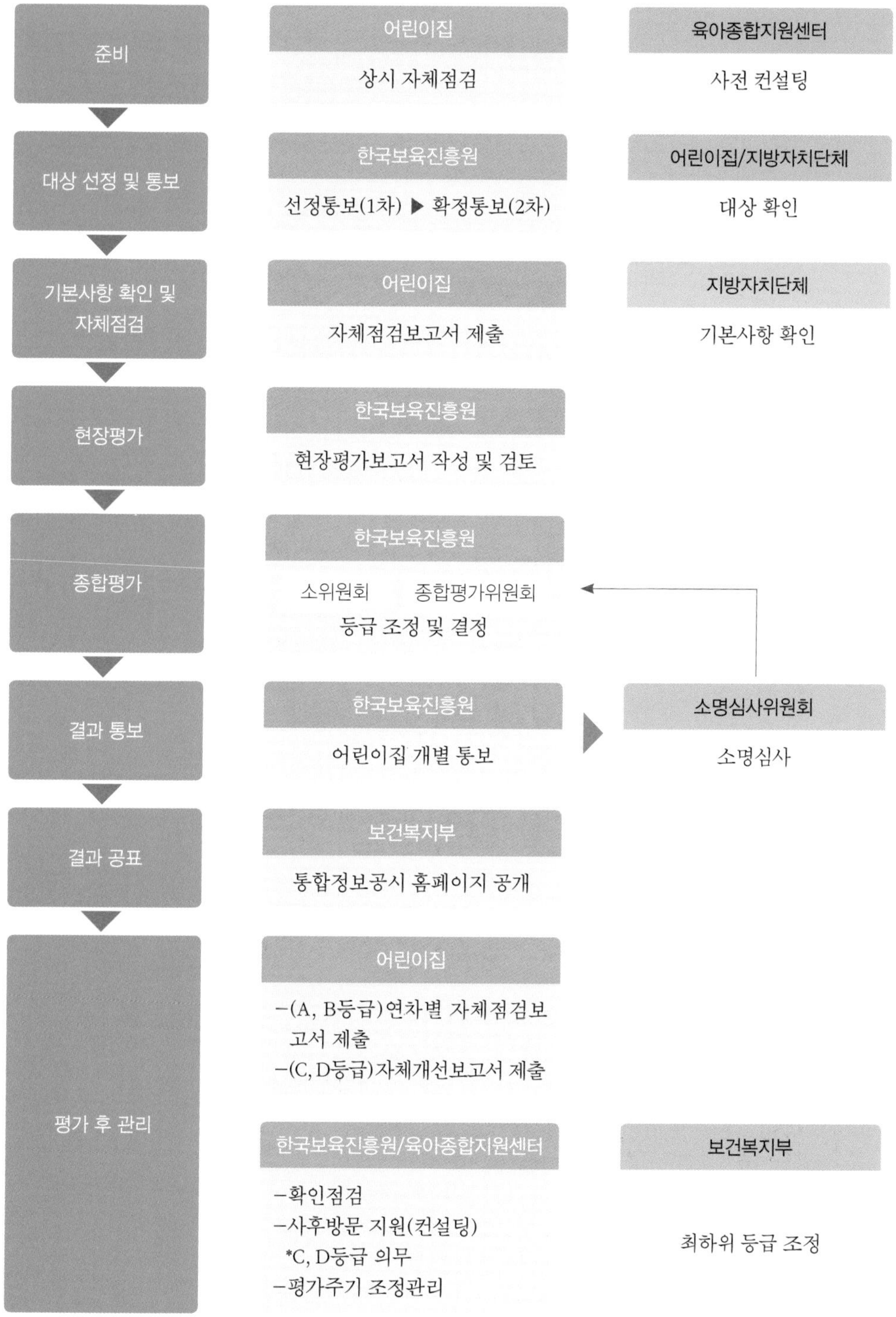

준비	**어린이집** 상시 자체점검	**육아종합지원센터** 사전 컨설팅
대상 선정 및 통보	**한국보육진흥원** 선정통보(1차) ▶ 확정통보(2차)	**어린이집/지방자치단체** 대상 확인
기본사항 확인 및 자체점검	**어린이집** 자체점검보고서 제출	**지방자치단체** 기본사항 확인
현장평가	**한국보육진흥원** 현장평가보고서 작성 및 검토	
종합평가	**한국보육진흥원** 소위원회 종합평가위원회 등급 조정 및 결정	◀ (소명심사위원회)
결과 통보	**한국보육진흥원** 어린이집 개별 통보 ▶	**소명심사위원회** 소명심사
결과 공표	**보건복지부** 통합정보공시 홈페이지 공개	
평가 후 관리	**어린이집** –(A, B등급)연차별 자체점검보고서 제출 –(C, D등급)자체개선보고서 제출	
	한국보육진흥원/육아종합지원센터 –확인점검 –사후방문 지원(컨설팅) *C, D등급 의무 –평가주기 조정관리	**보건복지부** 최하위 등급 조정

[그림 8-4] 어린이집 평가제 운영체계

▣ 활동

보육교사라면 교실의 물리적 환경을 어떻게 배치하고 싶은지 배치도를 그리고 이유를 설명하시오(단, 보육 대상의 연령은 자유롭게 정한다).

생각할 문제

1. 보육교사가 됨을 가정하여 연령별 보육계획안, 하루 보육일과표를 작성해 보고, 작성하는 데 어려운 부분에 대하여 자유롭게 생각을 나누어 봅시다.

2. 보육실 구성에서 특히 중요시되어야 하는 부분에 대해서 자유롭게 생각을 나누어 봅시다.

참고문헌

권연희 외(2013). **보육과정**. 경기: 양서원.

김혜경, 고미애(2014). **아동음악지도**. 경기: 공동체.

박세정, 박지영, 석은조, 오성숙(2014). **보육교사론**. 경기: 공동체.

보건복지부(2012a). 2012년도 보육 사업 안내.

보건복지부(2012b). 5세 누리과정에 기초한 어린이집 프로그램.

보건복지부, 중앙육아종합지원센터(2013). 어린이집 표준보육과정 및 0~2세 영아보육프로그램의 이해.

보건복지부(2014). 2014 어린이집 평가인증 안내.

보건복지부, 교육과학기술부(2013). 3~5세 연령별 누리과정 교사용 지침서.

보건복지부, 중앙육아종합지원센터(2018). 표준보육과정의 이해와 실제.

보건복지부, 한국보육진흥원(2021). 2021 어린이집 평가 매뉴얼(어린이집용).

여성가족부(2007). 표준 보육 프로그램 0~5세.

오영희, 우수정, 전호숙(2007). 유아 정서 교육 교사 연구 프로그램이 유치원 교사의 정서 신념과 정서 표현에 미치는 영향. **유아 교육 연구**, 27(3), 27-46.

이기숙(2006). **유아교육과정**. 경기: 교문사.

조성연, 이정희, 김온기, 제경숙, 김영심(2013). **보육학개론**. 서울: 학지사.

Frost, J. L., & Kissinger, J. B. (1976). *The young child and the educative process*. Chicago: Holt, Rinehart, and Winston.

부록 어린이집 평가제: 어린이집 기본사항 확인

1) 사전점검사항(5항목)

항목	평정	평정기준
영유아 및 보육교직원 관련 보험 가입	준수	• 모든 영유아에 대한 상해보험과 어린이집에 대한 화재 및 배상보험에 가입되어 있는 경우 • 임용된 모든 보육교직원에 대한 4대 보험에 가입되어 있는 경우
	미준수	• 영유아 상해보험에 가입되지 않은 경우 • 화재보험 또는 배상보험에 가입되지 않은 경우 • 임용된 모든 보육교직원에 대한 4대 보험에 가입되지 않은 경우
어린이집의 설치기준	준수	• 어린이집 내 영유아용 화장실, 목욕실, 조리실이 설치되어 있고, 폐쇄회로 텔레비전이 보육실, 공동놀이실 등에 설치되어 있는 경우 ※ 폐쇄회로 텔레비전의 경우 보호자 전원이 서면으로 동의하여 시 · 군 · 구청장에게 설치하지 않을 것으로 신고하거나, 네트워크 카메라를 설치한 경우 설치 면제 ※「영유아보육법 시행규칙」 제9조 [별표 1] 참조 • 정원 50인 이상 어린이집에 놀이터가 설치되어 있는 경우
	미준수	• 어린이집 내 영유아용 화장실, 목욕실, 조리실이 설치되어 있지 않거나, 폐쇄회로 텔레비전이 보육실, 공동놀이실 등에 설치되어 있지 않은 경우 • 인가공간을 무단 전용하는 경우 ※「영유아보육법 시행규칙」 제9조 [별표 1] 참조 • 정원 50인 이상 어린이집에 놀이터가 설치되어 있지 않은 경우
보육실의 설치기준	준수	• 인가정원 대비 보육실의 면적이 설치기준을 충족한 경우 ※「영유아보육법 시행규칙」 제9조 [별표 1] 참조 ※ 기존 어린이집(2005. 1. 29. 이전 설치 신고된 어린이집)은 구(舊)법 적용
	미준수	• 인가정원 대비 보육실의 면적이 설치기준 미만인 경우 • 인가공간을 무단 전용하는 경우 ※「영유아보육법 시행규칙」 제9조 [별표 1] 참조
보육교직원 배치기준	준수	• 보육교직원 배치기준 중 일반기준을 모두 충족한 경우 ※「영유아보육법 시행규칙」 제10조 [별표 2] 참조
	미준수	• 보육교직원 배치기준 중 일반기준을 모두 충족하지 못한 경우 ※「영유아보육법 시행규칙」 제10조 [별표 2] 참조
비상재해 대비시설 설치	준수	• 비상재해대비시설 설치기준을 충족한 경우(보육사업안내 I-11 참조) ※「영유아보육법 시행규칙」 제9조 [별표 1] 참조
	미준수	• 비상재해대비시설 설치기준을 충족하지 못한 경우(보육사업안내 I-11 참조) ※「영유아보육법 시행규칙」 제9조 [별표 1] 참조

※ 사전점검사항 미준수 항목이 종합평가 때까지 개선되지 않은 경우 종합평가에서 최하위 등급(D등급)을 부여함.

2) 위반이력사항

구분	확인 내용	결과 반영
운영정지	•「영유아보육법」 제45조 제1항 제1호에 따라 3백만 원 이상 보조금을 거짓이나 그 밖의 부정한 방법으로 교부받거나 유용하여 6개월 이상의 운영정지 행정처분을 받은 경우 •「영유아보육법」 제45조 제1항 제2호에 따라 3백만 원 이상 비용 또는 보조금 반환명령을 받고 반환하지 않는 경우 •「영유아보육법」 제45조 제1항 제3호에 따라 제44조에 따른 시정 또는 변경 명령을 위반하여 6개월 이상의 운영정지 행정처분을 받은 경우 •「영유아보육법」 제45조 제1항 제4호에 따라 운영정지 이상의 행정처분을 받은 경우 •「영유아보육법」 제45조 제1항 제5호에 따라 6개월 이상의 운영정지 행정처분을 받은 경우	종합평가 시 차하위 등급 부여
과징금 처분	•「영유아보육법」 제45조의2에 따라 제45조 제1항 제1호 · 제2호 · 제3호 · 제5호의 6개월 이상의 운영정지 행정처분에 갈음한 과징금을 부과받은 경우 •「영유아보육법」 제45조의2에 따라 제45조 제1항 제4호의 운영정지 이상의 행정처분에 갈음한 과징금을 부과받은 경우	
보조금 반환명령	•「영유아보육법」 제40조 제2호 또는 제3호에 따라 3백만 원 이상 보조금의 반환명령을 받은 경우	
원장 자격정지 또는 자격취소	•「영유아보육법」 제46조에 따른 자격정지 1년 이내의 범위인 경우 •「영유아보육법」 제48조에 따른 자격취소	
보육교사 자격정지 또는 자격취소	•「영유아보육법」 제47조에 따른 자격정지 6개월 이상인 경우 •「영유아보육법」 제48조에 따른 자격취소	
금고 이상의 형	• 어린이집의 설치 · 운영자가 「영유아보육법」을 위반하여 금고 이상의 형을 선고받고 그 형이 확정된 경우	
「아동복지법」 등 위반	•「아동복지법」 제17조를 위반하거나 「아동 · 청소년의 성보호에 관한 법률」 제2조 제2호의 아동 · 청소년 대상 성범죄 또는 제2조 제3호의 아동 · 청소년 대상 성폭력범죄를 저지른 경우(수사, 재판 계류 중에 있는 경우 포함)	
「식품위생법」 위반	•「식품위생법」 제94조 제1항 제1호 또는 제2호, 제95조 제1호 또는 제4호, 제97조 제1호 또는 제2호를 위반하여 징역 또는 벌금형을 받은 경우	

※ 선정통보 직전월 말일로부터 최근 3년 이내에 위의 위반이력사항이 발생한 경우 종합평가 시 차하위 등급으로 조정함.

제9장

보육교사의 근무환경

학습목표

1. 복무규정의 역할과 그 중요성을 이해한다.
2. 업무분장의 필요성을 이해한다.
3. 직무만족도와 직무스트레스가 의미하는 바를 이해하고, 그 영향과 중요성에 대해 설명할 수 있다.

보육교사의 근무환경은 보육교사가 맡은 바 임무를 효율적으로 수행할 수 있도록 하는 환경 전반을 말하는 것으로, 보육과 교육의 효과와 능률 면에서 적절한 근무환경은 필수적이다. 보육교사의 근무환경은 복합적인 요인들로 이루어져 있는데, 이 장에서는 근무환경에 직접적으로 영향을 미칠 수 있는 복무규정, 업무분장, 그리고 보육교사의 직무만족도에 대해 살펴보고자 한다.

1. 복무규정

보육교직원은 근로조건이 명시된 근로계약을 맺게 되며, 근로계약 내용이 곧 복무규정이 되고, 보육교직원은 이러한 복무규정에 따른 직무에 종사할 의무를 가진다. 복무규정에는 지켜야 할 규율과 임금, 근로시간, 기타 근로조건에 관한 구체적 사항이 포함된다.

보육교직원 복무규정 지침

교직원 채용 시 임금, 근로시간 및 그 밖의 근로조건 등을 명시한 근로계약을 체결해야 하되, 이 경우 근로계약과 관련하여 부당한 내용(결혼, 출산, 육아휴직 등으로 인한 퇴직요구 등)이 포함되어서는 아니 되며, 관할 행정기관은 이를 적극 지도 · 감독해야 한다.

- 근로계약은 가능한 한 '기간의 정함이 없는 근로계약' 체결을 원칙으로 한다.
- 다만, 불가피하게 근로기간을 따로 정하여 채용하는 경우, 삼일절(3 · 1)은 근로제공 의무가 없는 공휴일이므로 근로계약 체결 시 해당일을 포함하는 것을 원칙으로 한다.

  * 고용노동부 근로기준정책과-회시번호2216(2016. 4. 1.)
- 동일 어린이집에서 겸임하는 경우, 어린이집 운영 상황에 따라 별도 또는 일괄로 임면보고 및 근로계약이 가능하다.

출처: 보건복지부(2021).

1) 교직원의 근무시간

어린이집 원장의 평일 근무시간은 8시간이며, 어린이집 운영시간을 고려하여 연장 근무가 가능하다. 보육교사 및 기타 교직원의 근무시간도 평일 8시간 근무를 원칙으로 하되, 연장보육 전담교사의 근무시간은 평일 4시간을 원칙으로 한다. 보육교직원의 근무시간 및 근로조건 등은 「근로기준법」 등 노동관계법령에 따라야 한다.

2) 교직원의 겸임 제한

원장 및 보육교사 등 보육교직원은 전임이어야 하므로, 동일 어린이집과 다른 시설에서의 업무를 겸임할 수 없다. 다만, 보조교사나 야간연장 보육교사는 근무시간을 달리할 때 연장보육 전담교사 겸임은 가능하다. '전임'은 근무시간 동안 상시 해당 직무에 종사하여야 한다는 의미로, 보육교직원의 전임 규정에 위배될 수 있는 모든 시설을 포함한 곳에서의 겸임을 금한다.

3) 교직원의 휴가 등 기타 복무관리

보육교직원의 휴가는 보육 공백을 최소화할 수 있도록 순번제로 실시하고, 보육교직원의 공백이 생기는 경우 대체인력을 배치해야 한다. 보육교직원의 근로시간과 관련된 사항은 「근로기준법」 등의 관련 법령, 고용 및 육아휴직 등의 관련 사항은 「남녀고용평등과 일 · 가정 양립 지원에 관한 법률」, 최저임금 보장 관련 사항에 대해서는 「최저임금법」의 규정을 따르는 등 교직원의 복무, 근로와 관련하여 각 개별법을 준용한다.

보육교직원 복무관리

가. 교직원의 근무시간

- 어린이집 원장의 근무시간은 평일 8시간을 원칙으로 함. 다만, 어린이집의 운영 시간(평일 12시간 원칙)을 고려하여 연장 근무할 수 있음.
  - 어린이집 원장이 1일 8시간 근무하는 경우에는 보육교사 중 원장 업무를 대행할 자를 지정하여 어린이집 운영에 지장이 없도록 해야 함.
- 어린이집 원장(교사겸직원장 포함)이 휴가, 병가, 보수교육 참여 등 불가피한 사유로 직무를 수행할 수 없는 경우, 보육교사가 그 직무를 대행할 수 있는 기간은 15일(연속, 휴일 제외) 이내로 제한하며, 실제 대행 시작일을 기준으로 15일을 초과할 경우 대체원장을 배치해야 함.
  - 다만, 교사겸직원장이 1일 이상 담임교사의 직무를 수행할 수 없는 경우 보육 공백 방지를 위해 담당 반에 대체 보육교사를 배치해야 함.
- 보육교사 등 기타 교직원의 근무시간은 평일 8시간을 원칙으로 하되, 연장보육 전담교사의 근무시간은 평일 4시간을 원칙으로 함.

  ※ 보육교사 등 보육교직원의 근무시간 및 근로조건 등은 「근로기준법」 등 노동관계법령에 따라야 하며, 이를 위반하는 경우가 발생하지 않도록 주의

나. 교직원의 겸임 제한

1) 동일 어린이집에서의 겸임 제한

- 보육교직원(원장, 보육교사 등)은 전임이어야 하므로, 다른 업무를 겸임할 수 없음.
  - 다만, 보조교사, 야간연장 보육교사는 근무시간을 달리하는 경우 연장보육 전담교사 겸임 가능
- 다음의 경우에만 어린이집 원장의 겸임이 가능함.
  - 어린이집 원장이 간호사 또는 영양사 자격이 있는 경우, 간호사 또는 영양사 겸임 가능(간호사, 영양사 동시 겸임은 불가)
  - 정원 20인 이하 어린이집의 원장은 보육교사 겸임 가능
  - 도서 · 벽지 · 농어촌 지역의 21~39인 이하 어린이집으로서 시장 · 군수 · 구청장의 승인을 받은 경우, 원장이 보육교사 겸임 가능

2) 다른 시설의 겸임 제한

(가) 일반기준

- 보육교직원은 전임이어야 하며, 다른 시설의 업무를 겸임할 수 없으나, 보조교사, 야간연장 보육교사는 근무시간을 달리하는 경우 연장보육 전담교사 겸임 가능
  - –'전임'이란 근무시간 동안 상시 해당 직무에 종사해야 함을 의미하고, '다른 시설의 업무'란 다른 어린이집뿐만 아니라 다른 사회복지시설 및 유치원, 종교시설 등 보육교직원의 전임 규정에 위배될 수 있는 모든 시설을 포함

    예: 'A' 어린이집의 원장은 'B' 아동복지시설의 시설장을 겸임할 수 없음.
- 특히 어린이집 원장 및 보육교사는 휴일, 휴가 등으로 근무를 하지 않는 날을 제외하고는 근무시간 동안 어린이집에 상주하며 상시 해당 직무에 종사해야 함.
  - –특별한 사유(회의참석 등)로 외출할 경우에는 근무상황부에 기록 · 관리하고, 이 경우 증빙서류(공문, 리플릿 등)을 첨부하여 관리
  - –업무 외의 외출 시에는 개인 연간 휴가일수에서 차감

(나) 어린이집 원장의 겸임 제한

- 어린이집 원장은 전임이어야 하며, 다른 시설의 업무를 겸임할 수 없음. 따라서 어린이집 원장은 다른 어린이집의 교직원(원장, 보육교사 등)으로 근무할 수 없으며, 전임 규정에 위배될 수 있는 어린이집이 아닌 다른 시설(아동복지시설, 유치원 등)의 종사자로 근무할 수 없음.

  예: 'A' 어린이집의 원장인 '갑'은 'B' 어린이집의 원장이나 보육교사를 겸임할 수 없음.

  예: 'A' 어린이집의 원장인 '갑'은 'B' 유치원의 원장이나 교사 등을 겸임할 수 없음.
- 어린이집 원장은 특별한 경우를 제외하고는 근무시간 중에 상시 그 업무에 종사해야 함.
- 어린이집 원장은 특별한 경우를 제외하고는 근무시간 중에 상시 그 업무에 종사해야 하는 바, 근무시간 중에 대가를 받고 긴 이동시간 등 불가피한 사유로 월 12시간을 초과하는 세미나, 공청회, 토론회, 발표회, 심포지엄, 교육과정에 참석하여 강연 · 강의 · 발표 · 토론하는 행위는 어린이집 운영위원회 승인 및 지방자치단체 보고 후 할 수 있음.

  ※대학으로부터 정기적인 급여를 받는 교수는 원장을 겸직할 수 없음.

- 종전 법(2005. 1. 30. 개정 전)에서는 종교시설 등에서 부설 어린이집을 설치할 경우 종교시설의 장이 어린이집 원장을 겸임할 수 있었으나, 개정법(2005. 1. 30.)에서는 겸임 규정을 삭제하고 어린이집 원장은 전임이어야 한다고 규정
  - 따라서 종교시설의 장 및 종교시설 종사자는 어린이집 원장을 겸임할 수 없음.

  ※ 법 시행규칙 부칙 제3조에 따라 2005년 1월 29일 이전에 설치된 시설은 2006년 2월말까지 개정법에 의한 보육교직원 배치기준 준수

다. 교직원의 휴가 등 기타 복무관리

- 보육교직원의 휴가는 보육 공백을 최소화할 수 있도록 순번제로 실시하고, 보수교육, 출산휴가 등으로 어린이집의 원장, 보육교사 또는 그 밖의 보육교직원의 공백이 생기는 경우에는 이를 대체할 수 있는 대체원장, 대체교사 또는 그 밖의 인력을 각각 배치해야 함.
- 「근로기준법」 제54조(휴게)에 따라 사용자(어린이집 원장 또는 대표자)는 근로자(보육교직원)의 근로시간이 4시간인 경우에는 30분 이상, 8시간인 경우에는 1시간 이상의 휴게시간을 근로시간 도중에 주어야 함.
  - 휴게시간은 조기퇴근 또는 수당지급으로 대체할 수 없음(고용노동부 유권해석, 근로기준정책과-4040, 2018. 6. 26.).
  - 담임교사가 휴게시간을 사용하는 동안 원장 또는 보조교사가 담임교사의 업무 대행 가능
- 보육교직원의 휴가, 휴일, 휴식 등 근로시간과 관련이 있는 사항에 대하여서는 「근로기준법」 등 노동관련법령에 따름.
- 고용, 산전후휴가, 육아휴직 등과 관련이 있는 사항에 대하여서는 「남녀고용평등과 일 · 가정 양립 지원에 관한 법률」의 규정 준용
- 담임교사가 「남녀고용평등과 일 · 가정 양립 지원에 관한 법률」 제19조의2에 따른 육아기 근로시간 단축제도를 활용하는 경우 사용자는 보육공백을 대체할 인력을 신규 채용하거나 기존 인력(다른 반 담임교사, 보조교사, 연장보육 전담교사 등) 활용하여 배치해야 함.
  - 다만, 기존 인력을 활용하여 배치할 경우, 당초 편성된 동일 연령반 및 혼합반의 연령별 교사 대 아동 비율을 준수해야 함.

- 보육교직원의 최저임금 보장 등과 관련이 있는 사항에 대하여서는「최저임금법」의 규정을 준용
- 기타 교직원의 복무, 근로 등과 관련하여서는 각 개별법을 준용토록 함.

※ 고용노동부는 육아휴직 등 활용률을 제고하고 근로자의 고용안정을 도모하기 위하여 근로자의 출산전후휴가, 유산사산휴가, 육아휴직 또는 육아기 근로시간 단축기간 중 대체인력 활용을 지원하는 '출산육아기 대체인력 지원금' 사업을 진행 중이다[자세한 내용은 고용노동부 고용보험 홈페이지(https://www.ei.go.kr) 참조].

출처: 보건복지부(2021).

보육교사 배치 기준
(「영유아보육법」 제17조 및 「시행규칙」 제10조)

보육교사는 다음의 구분에 따라 배치되어야 하고, 보육교사의 업무부담을 경감할 수 있도록 보조교사 등을 둔다.

- 만 1세 미만의 영아 3명당 1명을 원칙으로 한다.
- 만 1세 이상 만 2세 미만의 영아 5명당 1명을 원칙으로 한다.
- 만 2세 이상 만 3세 미만의 영아 7명당 1명을 원칙으로 한다.
- 만 3세 이상 만 4세 미만의 유아 15명당 1명을 원칙으로 한다.
- 만 4세 이상 미취학 유아 20명당 1명을 원칙으로 하며, 유아 40명당 1명은 보육교사 1급 자격을 가진 사람이어야 한다.
- 취학아동 20명당 1명을 원칙으로 한다.
- 장애아 보육은 장애아 3명당 1명을 원칙으로 하되, 장애아 9명당 보육교사 1명은 특수교사 자격소지자여야 한다.
- 연장반 만 3세 미만 영아 5명당 1명을 원칙으로 한다.
- 연장반 만 3세 이상 유아 15명당 1명을, 만 1세 미만 및 장애아는 3명당 1명을 원칙으로 한다.

출처: 보건복지부(2021).

4) 복무규정 준수의 실태

'2018년 전국보육실태조사–어린이집조사 보고'(육아정책연구소, 2018)에 따르면, 복무규정에 대한 안내를 받았는지에 대한 질문 결과, 90.08%가 안내를 받았다고 응답하여 2015년과 비교해 볼 때 복무규정 전체를 안내하는 비율이 상승했음을 알 수 있다. 그러나 여전히 일부 안내와 안내받지 않음, 또는 복무규정 없음의 응답도 9.2%에 달하는 것으로 조사되었다. 특히 복무규정이 없다는 응답은 민간과 가정 어린이집에서 일부 나타났다. 근로계약서 작성 여부는 98.7%로 높은 근로계약서 작성률을 보이지만, 미작성 또는 근로조건 미기재 비율도 1.3%에 달하는 것으로 나타났다.

보수와 관련하여 「최저임금법」 규정 준수 여부에 대해서는 96.9%가 잘 준수하고 있다고 답해 2015년도에 비해 5.9% 증가한 것을 알 수 있다. 반면, 「최저임금법」 규정 준수 여부에 대해 모르겠다는 응답은 2.5%, 준수하지 않는다는 응답도 0.6%로 나타났다.

그 밖에도 앞서 언급하였듯이, 보육교사의 근무시간은 「근로기준법」에 따라 1일 8시간을 원칙으로 하고, 근로시간이 8시간 이상인 경우 근로시간 중 1시간 이상의 휴식시간이 주어져야 하며, 초과 근무시간에 대해 시간 외 수당을 지급해야 한다. 2018년 어린이집 교사의 1일 평균 근로시간은 9시간 7분으로 2015년 9시간 36분에 비해 감소한 것으로 나타났다. 그러나 교사들의 휴게시간은 37분, 평균점심시간은 7분으로 이들의 총 휴게시간은 여전히 1시간에 미치지 못하는 것으로 나타났다.

또한 보육교사들의 초과근무와 시간 외 수당을 조사한 바에 따르면, 초과근무를 한다는 응답은 49.5%, 이 중 시간 외 수당을 받는다고 응답한 경우는 50.1%로 나타났다. 이는 2015년 대비 초과근무 비율은 23.6% 감소하고, 시간 외 수당 지급 비율은 8% 상승한 수치이다. 초과근무 시 시간 외 수당을 지급받는 경우에 초과근무 시간만큼 지급받는 비율은 71.8%에 달하지만, 초과근무 수당에 상한선이 있는 경우나 시간에 관계없이 모든 교사에게 일괄 지급하는 방식도 각각 13.8%와 10.3%로 나타났다.

보육교직원의 복무규정은 교사가 지켜야 하는 의무뿐만 아니라, 교사의 권리를 포함한다. 일반적으로 근로조건 및 처우는 조직 내 구성원들의 근무의욕과 생산성을 결정짓는 매우 중요한 요인이다. 그럼에도 불구하고 그동안 보육교사는 열악한 근로조건과 정당한 처우를 받지 못함에도 이를 당연하게 받아들이는 환경에서 근무해 왔지만, 이제는 이를 개선해야 한다는 인식이 높아짐에 따라 일부 변화가 이루어지고 있

다. 그러나 여전히 질 높은 보육서비스를 제공하기 위한 보육교사의 근로조건과 처우의 개선에 대한 인식의 변화와 더불어 더 큰 실질적 변화가 요구된다.

2. 업무분장

보육교사는 보육뿐만 아니라 여러 가지 역할을 수행해야 한다. 보육교사의 전반적인 역할과 이에 따른 직무내용을 살펴보면, 교수학습 준비 관련, 교수학습 실제 관련, 교수학습 평가 관련, 전문성 신장 관련, 영유아 보호 관련, 학부모 관련, 행사 관련, 사무 관련, 시설설비 관련 업무, 그리고 대인관계 및 사회적인 업무로 구분된다(김은영, 권미경, 조혜주, 2012).

표 9-1 보육교사의 전반적 역할

보육교사의 전반적 역할	직무 내용
교수학습 준비 관련 업무	교육계획, 교재 · 교구 준비, 환경구성, 수업준비, 수업협의
교수학습 실제 관련 업무	등하원지도, 놀이지도, 생활지도, 상호작용, 활동운영
교수학습 평가 관련 업무	영유아평가, 수업평가, 보육과정 평가
전문성 신장 관련 업무	직무 및 승급 연수 참여, 연구 및 장학, 다른 전문가와의 네트워크 구성
영유아 보호 관련 업무	영유아 건강지도, 영유아 청결지도, 영유아 안전관리 및 지도
학부모 관련 업무	부모와의 연계, 부모상담, 부모교육, 가족지원
행사 관련 업무	행사 준비, 행사 진행, 행사 마무리
사무 관련 업무	문서 작성 및 관리, 사무관리, 물품관리, 운영관리
시설설비 관련 업무	시설관리, 기자재 관리
대인관계 및 사회적인 업무	교사 경조사 및 외부 출입자 관리 및 손님맞이, 지역사회 행사 참석 및 네트워크 형성, 지역사회 봉사

출처: 김은영 외(2012).

〈표 9-1〉에서 보듯이, 보육교사는 영유아들을 보호하고 교육하는 교사의 고유한 업무 외에도 다양한 업무를 담당하여야 한다. 교사 개개인이 수행해야 하는 업무가 다양하고 많을수록 세밀한 업무분장은 필수적이다. 세밀한 업무분장은 책임소재를 분명하게 하고, 합리적이고 공평한 업무분장을 가능하게 하기 때문에 보육기관 내 인간관

계에서의 갈등 요소를 줄일 수 있기 때문이다.

〈표 9-2〉와 〈표 9-3〉은 보육교직원 업무분장표와 비상시 업무분담표의 예시이다. 업무분장표에는 원장 및 보육직원의 개인별 업무분장 사항 등을 기재한다. 또한 모든 보육교직원을 대상으로 업무분장이 골고루 분배되도록 작성하며, 개별 업무를 확인할 수 있도록 게시하여 자신의 업무를 인지하고 있어야 한다.

표 9-2 보육교직원 업무분장표 예시

구분	담당	업무내용	비고
주요 업무	원장	• 원의 전반적인 교육 및 운영계획 / 견학 및 행사계획 • 업무분장, 감독, 근무평정 등 업무관리 • 시설설비 및 재정 관리 / 운영 및 교육 정보수집 • 행정당국 및 단체와의 관계 유지 / 일지 취합 검사	-전체 청소 구역 관리
	교사	• 보육활동 진행 및 준비 / 보육일지 작성 • 각 보육실의 환경구성 및 청결 관리 / 학부모 상담 • 영유아에 대한 관찰일지 및 보고서 작성 • 영유아 건강 및 안전 관리 / 영유아 영양 및 급식 관리	-담당 교실 관리
기타 업무	교사 ○○○	• 영아반의 전반적인 교육내용 관리 • 연간보육계획안, 주간보육계획안, 일일보육계획안 작성 • 원아 관리 및 관찰지도 / 소모성 교재 점검 및 신청 • 시청각 기자재 관리(OHP 빔프로젝터, 비디오 카메라 등) • 안전관리(소화기 점검), 비상 대피 훈련 담당	-계단 청소 -외부 청소
	교사 ○○○	• 입학상담 및 자원봉사자 담당 / 위생 소독 • 식단표 작성 및 주문 담당 / 화분 관리 • 게시판(주간보육계획안, 주간식단표, 월행사) 담당 및 관리	-화장실 청소 -화장실 수건 관리
	교사 ○○○	• 유아반의 전반적인 교육내용 관리 • 연간보육계획안, 주간보육계획안, 일일보육계획안 작성 • 원아 관리 및 관찰지도 / 교재 · 교구 정리 및 관리 • 행사일지 작성 / 비디오 및 테이프 정리 담당	-실외 놀이터 청소
	교사 ○○○	• 사무실 도서 정리 및 관리 / 업무일지 작성 • 종이, 시트지, 코팅지, 복사지(복사기) 등 지류 정리 및 관리 • 약품장 관리 및 약품사용대장 담당 / 생일잔치 계획 및 준비	-현관 청소
	운전사	• 차량안전 준수사항 • 차량 내 소화기 관리	-차량 청결
	조리사	• 1층 물컵 관리 / 식자재 주문 및 관리 • 2층 정수기 물컵 관리	-수족관, 화초 -세탁기 관리

출처: 보건복지부, 한국보육진흥원(2016).

표 9-3 비상시 업무분장표 예시

담당자	업무	화재 및 재난 발생 시	안전사고 발생 시	돌발상황 발생 시
원장 (김○○)	지휘명령 총괄	지휘명령 총괄	지휘명령 총괄	지휘명령 총괄
주임 교사 (홍○○)	소방시설 유지 문서관리	• 연간소방교육 계획 • 비상사태 시 비상벨 및 원내 전달 • 전원 차단, 관계기관 통보	• 학부모와 관계기관 통보 • 응급처치 및 지정 병원으로 긴급 후송	• 119 신고 및 원내 전파 • 관계기관 통보
교사 (손○○)	시설 및 설비 최종점검	• 자체 소방시설을 활용한 소화활동 • 건물 내 단속 및 비상문 개방 • 소화활동상 장애물 제거와 복구 • 주요 서류와 물건 반출	• 시설 및 설비 안전 점검 • 사고 문서 관리	• 건물 내 단속 • 비상문 개방
교사 (박○○)	화장실, 현관 및 실외 최종점검	• 인명구조 • 대피 유도	• 화장실 시설 및 설비 안전 점검 • 실외 시설 및 설비 안전 점검	• 대피 유도
교사 (전○○)	후송	• 구급약품 관리 • 응급처치 및 지정 병원으로 긴급후송	• 응급처치 및 지정 병원으로 긴급 후송	• 응급처치
취사원	조리실 점검	• 가스 및 전기 관리	• 안전사고 장소 확인 및 현장보관	• 응급보조 대비
사무원 및 운전사	비상시 통합 연락망 관리	• 응급기관 연락 및 화재 장소 확인	• 응급처치 및 지정 병원으로 긴급 후송	• 긴급후송

3. 보육교사의 직무만족도

직무만족도는 개인이 종사하는 직무에 대해 가지는 감정적 · 정서적 만족상태로서, 직무만족도가 높을 때 성취감과 보람을 느끼며 조직에서 보다 효율적으로 직무를 수행할 수 있게 한다. 특히 보육교사의 높은 직무만족도는 자신의 직업에 대한 교사의 사명의식과 근무환경에 대한 만족감으로 이어져 보육 및 교육의 질을 제고한다는 점에서 영유아에게 직접적인 영향을 미치는 중요한 요인이라고 할 수 있다.

1) 직무만족도의 개념

직무만족(job satisfaction)이란 개인이 소속된 조직 안에서 자신이 수행하는 직무와 관련하여 가지고 있는 감정적이고 정서적인 상태를 말한다. 직무만족도는 학자에 따라 다양하게 정의되지만, 직무만족도가 주관적인 개념이라는 점은 공통적으로 제시되고 있다. 한 개인이 경험한 직무에 대한 평가를 토대로 갖게 되는 긍정적 또는 부정적 정서 상태가 직무만족도이며, 이는 개인이 자신의 직무에 대해 기대하는 바와 현실 사이에서 겪는 차이에 의해 결정된다(Locke, 1976). 즉, 자신이 가지고 있던 기대가 충족되면 자신의 직무에 대해 긍정적인 정서 상태가 되어 직무만족도는 높아지게 되며, 반대로 직무가 자신의 기대를 충족시키지 못할수록 부정적 정서 상태를 경험하게 되면서 직무만족도는 낮아지게 된다.

보육교사의 직무만족도는 바람직한 보육서비스를 제공하기 위해 고려되어야 하는 직접적인 요인이다. 직무만족도가 높은 교사일수록 성취감과 보람을 가질 수 있게 된다. 따라서 직무만족도는 자신의 직무환경에 대한 높은 만족감으로 양질의 보육을 실천할 수 있게 하는 중요한 요인이라고 할 수 있다.

2) 직무만족도 구성요소

직무만족도를 결정하는 구성요소는 학자에 따라 비교적 다양하다(〈표 9-4〉 참조). 유아교육환경에서 교사들의 직무만족에 영향을 미치는 다양한 요인들 가운데 비교적 공통적으로 제시되는 요인으로 동료교사와의 관계, 원장과의 관계, 직무 자체의 특성, 보수와 승진의 기회, 그리고 근무환경을 들 수 있다(Jorde-Bloom, 1989). 동료교사와의 관계는 상호 존중을 바탕으로 신뢰관계 형성 정도를 포함한 동료로부터의 격려와 지지를 받는지에 대한 지각 정도를 말한다. 원장과의 관계는 교사가 평가하는 원장의 능력과 교사 자신의 수행과 관련한 피드백의 양과 질을 포함하고 있다. 직무 자체의 특성은 즐거움과 행복감의 원인이 되는 질적 측면과, 수행 업무의 양과 업무수행에 드는 시간인 양적 측면 모두를 포함한다. 보수와 승진의 기회는 급여나 수당 등의 보상체제와 승진의 기회 여부로서 이는 비단 교사라는 직업에 국한되지 않고 개인이 어떠한 직업을 선택함에 있어서, 그리고 개인의 직무만족도와 업무의 능률에 있어서 결정적으

표 9-4 직무만족도 하위 구성요소

연구자	직무만족도 하위 구성요소
Locke(1976)	직무 자체, 임금, 승진, 인정, 복지후생, 근속여건, 감독, 동료, 회사정책
Jorde-Bloom(1989)	동료교사와의 관계, 원장과의 관계, 직무 자체의 특성, 보수와 승진의 기회, 근무환경
이분려(1998)	동료교사와의 관계, 원장과의 관계, 직무 자체의 특성, 보수와 승진의 기회, 근무환경, 기관에 대한 느낌
배혜자(2008)	직무 전반, 보수, 승진의 기회, 동료와의 관계, 원장과의 관계, 근무환경 및 후생복지
이정미(2009)	인간관계, 근무환경, 심리적 요인, 경제적 요인, 직무 자체
양인자(2010)	직업에 대한 전망, 직무 자체, 사회적 인정, 직업에 대한 소신
조은주(2012)	근무환경, 직무 자체, 인간관계, 사회적 인정, 근무조건, 보수, 승진, 교사의 사회적 배경

로 작용하는 요인이다. 근무환경은 휴식시간, 교사와 영아의 비율 등의 직무구조적 면과 물리적 환경 자체의 여건을 말한다.

직무만족은 정서적 측면과 인지적 측면으로도 구분할 수 있다(Moorman, 1993). 직무만족의 정서적 측면은 개인의 직무수행과 관련된 전반적인 측면에서 정서적으로 즐거움을 느끼는 정도를 말한다. 이에 비해 보수, 근로시간, 승진 기회와 같이 직무와 관련된 근무조건 등에 대한 만족감을 느끼는 정도는 직무만족의 인지적 측면이라고 할 수 있다. 종합해 보면, 수행하는 직무 자체에 대한 만족의 정도와 근무조건에 대한 만족의 정도가 직무만족도를 결정한다고 볼 수 있다.

3) 보육교사의 직무만족도

보육교사의 직무만족은 교사가 교육현장에서 느끼는 행복감과 직결되며, 결국 교사의 삶의 질과 연관된다고 할 수 있다. 구체적으로 보육교사의 직무만족은 교사의 이직의도에 영향을 미칠 수 있으며, 교사가 책임지는 영유아들에게 직접적인 영향을 주는 요인이다. 보육교사의 직무만족도가 높을수록 심리적 행복감도 높은 것으로 나타나는데, 이는 반대로 과도한 업무나 열악한 처우로 인해 직무만족도가 떨어지게 되면 교사 개인의 행복감은 낮아지고, 이로 인해 교사의 역할과 자질 및 태도에도 영향을 미치게 된다(김유진, 정민정, 2008). 이 뿐만 아니라 보육교사의 근무지인 유아교육기관은 그 구성원과 운영 면에서 조직의 규모가 작아 교사 간 친밀감이 다른 기관에 비해 높

은 특성을 가진다(임원진, 이진화, 2014). 이는 구성원들 간의 협력이 이루어질 수도 있지만, 반대로 사적인 관계에서의 업무부담 증가와 불분명한 업무분담과 역할구분으로 인해 직무만족의 저하와 이직의도의 증가로 이어질 수 있다(오세미, 김민아, 홍계훈, 양회창, 2014; 차주경, 이경화, 2011).

12개 국가를 대상으로 교사의 직무만족도가 교육에 미치는 효과를 조사한 연구에 따르면, 교사의 직무만족도와 교육의 효과는 관련성이 높은 것으로 나타났다(Puurula, 2000). 이는 교사의 효능감이 교수활동과 학업성취에 중요한 영향을 미치는 것처럼(조부경, 서소영, 2001; Ashton, 1984), 교사의 직무만족도가 높아지면 자신이 하는 일에 대한 보람을 느끼고 교사로서 더 발전하기 위한 노력을 함으로써 궁극적으로 보육과 교육의 질적 향상도 이루어진다는 것을 말해 준다. 특히 보육교사는 영유아의 발달에 직접적인 영향을 미치는 중요한 인적 자원으로, 보육교사가 행복해야 최적의 보육서비스를 제공할 수 있고, 보육의 궁극적 목표를 이룰 수 있다는 점에서 보육교사의 직무만족은 중요하며(Evans, 1990), 보육교사가 자신의 직무에 대한 불만족을 가질 때 보육프로그램의 질에 부정적인 영향을 미치게 된다(Pope & Stremmel, 1992). 이와 같이 양질의 보육을 위해서 보육교사의 역할이 강조되지만, 현실은 과노동, 저임금 등으로 인한 보육교사의 높은 직무스트레스와 낮은 사회적 인식, 열악한 복지 등으로 보육교사의 직무만족도가 떨어진다(조성연, 2004). 중간 경력교사들을 대상으로 7개 항목(일에 대한 보람, 급여 수준, 근무환경 전반, 물리적 환경, 인적 환경, 근로시간, 사회적 인식)에 대한 직무만족도를 조사한 결과, '인적 환경'과 '일에 대한 보람'이 가장 높게 나타난 반면, '사회적 인식'과 '급여 수준'에 대한 만족도가 가장 낮은 것으로 나타났다(육아정책연구소, 2016).

보육교사의 직무만족도는 교사 개인의 행복과 직결될 뿐만 아니라 보육 대상인 영유아에게 양질의 보육을 제공하는 데 큰 영향을 미치는 만큼, 직무만족도를 구성하는 하위요소들을 이해하고, 자신의 직무만족 정도를 인식하는 것은 직무만족도를 높이고 좋은 보육교사로서의 삶을 위한 기초가 될 수 있을 것이다.

▣ 활동

다음의 직무만족도 측정 체크리스트를 통해 직무만족도를 구성하는 요소들을 살펴보고, 어떤 항목들이 추가로 측정되면 좋을지 이야기해 봅시다.

〈직무만족도 체크리스트〉

항목	전혀 그렇지 않다 1	별로 그렇지 않다 2	보통 이다 3	자주 그렇다 4	매우 그렇다 5
동료교사와의 관계					
1. 동료교사들은 나에게 관심이 있다.					
2. 나는 동료교사들과 잘 지낸다.					
3. 동료교사들과 나는 사적인 관심사에 대해 함께 이야기를 나눈다.					
*4. 동료교사들은 서로 알고 지내기가 어렵다(이해하기 어렵다).					
5. 동료교사들은 나의 업무수행에 결정적인 영향을 미친다.					
*6. 나는 동료교사들에게 신뢰감을 못 느낀다.					
*7. 동료교사들은 내게 매우 비협조적이다.					
8. 나와 동료들은 생각과 자료를 서로 주고받는다.					
*9. 동료교사들과 나는 경쟁적이다.					
10. 동료교사들은 나를 격려하고 지지한다.					
원장과의 관계					
11. 원장은 나의 업무를 존중한다.					
*12. 원장은 너무 바빠서 내가 어떻게 일을 하는지 모른다.					
*13. 원장은 내가 하는 일에 지나치게 관여한다.					
14. 원장은 나에게 도움이 되는 평가를 제공해 준다.					
15. 원장은 나의 의견을 묻는다.					
16. 원장은 직무수행 능력이 뛰어나다.					
*17. 원장은 신뢰할 만하지 못하다.					
18. 원장은 내가 새로운 아이디어를 시도하도록 격려한다.					
*19. 원장은 내가 부적절한(무능력한) 사람이라고 느끼게 만든다.					
*20. 원장은 예측불가능한 사람이다.					
직무 자체					
21. 나는 내 업무에 대한 통제권을 갖고 있다.					
22. 내가 하는 일은 도전적이고 매력적인 것이다.					

23. 내가 하는 일은 학부모에게 존경받는 일이다.					
*24. 내가 하는 일은 잡무가 많다.					
*25. 내가 하는 일은 단조롭다.					
*26. 내가 하는 일은 창의적이지 못하다.					
*27. 나는 일을 처리하는 데 항상 시간이 부족하다.					
28. 내가 하는 일은 유아들의 삶에 중요한 영향을 미친다.					
*29. 내가 하는 일에 내가 받은 교육을 적용하기 어렵다.					
30. 내가 하는 일은 나에게 성취감을 준다.					
근무환경					
31. 나는 일하는 시간을 융통성 있게 조정할 수 있다.					
32. 내가 근무하는 곳의 교사와 유아의 비율이 적당하다.					
33. 나는 내가 필요로 하는 물건이 어디에 위치하고 있는지 안다.					
*34. 나는 교사라는 직업에 대해 답답함을 느낀다.					
*35. 내가 일을 좀 더 잘하기 위해서는 새로운 설비와 자료가 필요하다.					
36. 내가 근무하는 곳은 실내 장식이 잘 되어 있다.					
37. 내가 근무하는 곳은 매우 청결하다.					
*38. 내가 근무하는 곳에서 사적인 대화를 나눌 수 있는 장소를 찾기 어렵다.					
39. 내가 근무하는 곳의 정책과 절차는 명료하다.					
*40. 내가 근무하는 곳은 소란스럽다.					
보수와 승진의 기회					
41. 내가 받는 보수는 적당하다.					
42. 내가 받는 보수는 경력과 능력을 고려해 볼 때 공정하다.					
43. 내가 받는 보수는 동료교사들과 비교해 볼 때 공정하다.					
*44. 나는 장래성이 없는 일을 하고 있다.					
*45. 상여금, 건강보험, 퇴직금 보장제도가 부적절하다.					
*46. 나는 언제든지 해고당할 가능성이 있다.					
47. 나에게 주어지는 휴일과 방학은 충분하다.					
*48. 내가 하는 일에 비해 적은 보수를 받고 있다.					
*49. 나에게 승진, 발전의 기회가 너무 제한되어 있다.					
50. 나는 내년에 나의 보수가 인상될 것이라고 기대한다.					

기관에 대한 본인의 느낌					
51. 나는 적어도 2년 이상 근무할 생각이다.					
*52. 나는 종종 그만둘 생각을 한다.					
*53. 나는 단지 시간을 보내고 있는 중이다.					
54. 나는 우리 원에 대해 자부심을 느낀다.					
*55. 나는 우리 원에서 전념해서 일하지 못한다.					
56. 나는 업무시간 외에도 노력을 많이 기울인다.					
57. 나는 우리 원을 그만둔 후에 이곳에 무슨 일이 일어나는지에 대해 신경 쓰지 않을 것이다.					
58. 나는 우리 원만큼 좋은 곳을 발견하지 못했다.					
59. 나는 우리 원에서 전념해서 일한다.					
*60. 나는 때때로 직업에 발목을 잡힌 느낌이다.					
소계					

* 표시 문항은 역으로 계산함(5 → 1, 1 → 5).

** 총점이 높을수록 직무만족도가 높다는 것을 의미함.

출처: 박은혜(2013).

4. 보육교사의 직무스트레스

보육교사의 직무만족도가 영유아에 대한 교사의 태도에 영향을 미치는 요인이라면, 교사의 직무만족도에 큰 영향을 미치는 요인으로는 보육교사의 직무스트레스를 들 수 있다. 직업과 관련해서 생기는 직무스트레스는 직무환경에 대한 개인의 반응으로 개인의 능력이 직무환경에 부적합한 상태일 때를 말한다(조혜경, 구경선, 곽혜경, 2014). 보육교사의 직무스트레스는 교사의 직무상황으로 인해 생기는 심리적 평형 상태의 변화를 의미하며, 외부의 요구가 교사 개인의 능력을 압도한다는 느낌을 받을 때 이를 심리적 위협으로 받아들이게 된다(윤혜미, 권혜경, 2003). 보육교사는 영유아의 보육과 교육을 책임지는 역할뿐만 아니라 학부모, 동료교사, 원장과의 원만한 관계까지 고려해야 하는 위치에서 많은 스트레스를 받을 수밖에 없는데, 지나친 직무스트레스는 교사의 직무만족도와 업무 효율성의 저하로 이어지고, 결국 직업 자체에 대한 만족도가

낮아지면서 잦은 이직으로 연결되기도 한다. 직무스트레스를 구성하는 요인으로는 개인적 요인과, 직무 자체의 특성을 포함하는 조직 요인 및 물리적 환경 요인들로 이루어진 근무환경 요인이라는 두 가지 측면으로 나누어 볼 수 있다(윤혜미, 권혜경, 2003). 개인적 요인으로는 성별, 결혼 여부, 경력, 연령, 교육 정도 등이 있다. 그 외에도 자기효능감, 자아존중감, 자아탄력성과 같은 개인의 내적 특성이 교사의 직무스트레스 경험 정도와 대처에 영향을 미칠 수 있다. 근무환경 요인으로는 근무시간, 임금, 사회적 인식, 동료교사와의 관계 등이 포함된다. 특히 보육교사의 과도한 노동과 저임금은 직무스트레스와 이직률을 높이는 주요한 요인으로 작용하여 보육교사뿐 아니라 이들이 돌보는 영유아에게도 부정적인 영향을 준다(조성연, 구현아, 2005). 따라서 보육교사의 직무스트레스를 적절히 해소할 수 있는 개인적 노력과 제도적 보완이 이루어져 양질의 보육서비스 제공이 가능하도록 해야 할 것이다.

최근에는 보육교사의 직무스트레스와 관련하여 정서노동의 개념을 적용하기 시작하였다. 정서노동은 특정 사회나 집단에서 적절하다고 여기는 표현규범에 따라서 자신의 감정을 조절하여 표현하는 것을 말한다. 당연히 정서노동은 다른 사람과 관계가 있는 업무를 수행하는 과정에서 일어나며, 교사의 경우 교육적 목적을 위해서 자신의 감정을 특정 규범에 따라 억누르고, 변화시키고, 과장하게 되면서 정서노동을 겪게 된다(Zembylas, 2003). 보육교사에게는 어린 영유아를 보살피는 역할이 강조될 수밖에 없기 때문에 영유아와의 상호작용을 할 때 자신의 부정적 정서는 철저히 억제하면서 긍정적 정서를 표현하도록 요구되므로 보다 강도 높은 정서노동을 경험한다고 할 수 있다.

강도 높은 정서노동은 직무스트레스로 이어지고, 이는 곧 직무만족도에 영향을 미친다는 점에서 정서노동과 직무스트레스를 완화해 줄 수 있는 요소를 이해하고 이를 적용하려는 노력은 매우 중요하다. 특히 어린이집이라는 직업 환경의 특성상 다른 조직에 비해 성인 조직원의 수가 적고, 여성 편중이며, 인간관계가 밀접하기 때문에 조직 내 인간관계에 의해 심리적 영향을 더 크게 받는 특징을 가진다(김유정, 박수경, 임정선, 안선희, 2011). 개인이 사회적 관계를 맺고 있는 가족, 친지, 동료로부터 제공받는 긍정적 자원인 사회적 지지가 스트레스 상황에서 오는 부정적인 반응을 완화해 주는 역할을 한다는 점을 상기해 보면, 보육교사에게 사회적 지지를 통한 정서노동과 직무스트레스의 완화는 필수적이라고 볼 수 있다. 따라서 보육교사가 동료교사와 원장으

로부터 교사 역할 수행에 필요한 지원을 받고, 동료교사들과 긍정적 유대관계를 맺고, 영유아 및 학부모들과의 원만한 관계를 통해 사회적 지지를 받을 수 있도록 하는 것이 보육교사의 직무스트레스 완화와 직무만족도 증가에 중요한 요인이 된다.

생각할 문제

1. 직장 내 업무분장이 제대로 이루어지지 않은 경우 생길 수 있는 물리적 · 심리적 문제점을 구체적으로 나열해 봅시다.

2. 보육교사로서 직장 내 명확하지 않은 업무분장의 문제를 어떻게 해결할 수 있을지 이야기해 봅시다.

3. 보육교사의 직무만족도를 구성하는 요소 중 나에게 가장 중요하다고 생각되는 것과 가장 덜 중요하다고 여겨지는 것을 하나씩 골라 보고, 그것을 고른 이유에 대해 생각해 봅시다.

참고문헌

김유정, 박수경, 임정선, 안선희(2011). 보육교사-원장 간의 관계의 질과 근무기관 내에서 경험하는 사회적 지지가 교사 효능감에 미치는 영향. 한국영유아보육학, 68, 189-213.

김유진, 정민정(2008). 보육교사의 직무만족도가 심리적 행복감에 미치는 영향. 아동복지연구, 6(3), 1-17.

김은영, 권미경, 조혜주(2012). 교사양성과정 내실화를 위한 유치원과 어린이집 일과운영 및 교사의 직무분석. 서울: 육아정책연구소.

박은혜(2013). 유아교사론(제4판). 서울: 창지사.

배혜자(2008). 영유아어린이집 보육교사의 직무만족에 관한 연구. 한양대학교 행정 · 자치대학원 석사학위논문.

보건복지부(2021). 2021년도 보육사업안내.

보건복지부, 한국보육진흥원(2016). 2016 어린이집 평가인증 안내.

양인자(2010). 보육교사 근무환경과 직무만족에 관한 연구. 상지대학교 사회복지정책대학원 석사학위논문.

오세미, 김민아, 홍계훈, 양회창(2014). 공정성 지각과 이직의도의 관계에서 보상만족과 내적동기의 조절된 매개 모형: 보육교사를 중심으로. 고용직업능력개발연구, 17(3), 93-124.

육아정책연구소(2016). 2015년 전국보육실태조사-어린이집조사 보고.

육아정책연구소(2018). 2018년 전국보육실태조사-어린이집조사 보고.

윤혜미, 권혜경(2003). 보육교사의 직무스트레스와 직업만족도. 한국생활과학지, 12(3), 303-319.

이분려(1998). 유치원 조직풍토와 직무만족 및 교사효능가의 관계. 이화여자대학교 교육대학원 석사학위논문.

이정미(2009). 영아보육교사의 전문성 인식과 직무만족에 관한 연구. 숭실대학교 교육대학원 석사학위논문.

임원진, 이진화(2014). 유아교사의 조직커뮤니케이션 만족, 소진, 조직시민행동 간의 관계. 육아지원연구, 9(2), 227-248.

조부경, 서소영(2001). 유치원 교사의 과학교수효능감에 따른 과학교수 실제 및 유아의 과학행동. 유아교육연구, 21(2), 5-27.

조성연(2004). 보육교사의 직무만족도와 직무스트레스. 한국영유아보육학, 36, 23-44.

조성연, 구현아(2005). 보육교사의 직무스트레스와 자기효능감. 아동학회지, 26(4), 55-70.

조은주(2012). 보육교사의 전문성 인식 및 직무만족도, 삶의 만족도에 관한 연구. 중앙대학교 대학원 석사학위논문.

조혜경, 구경선, 곽혜경(2014). **보육교사론**. 서울: 창지사.

차주경, 이경화(2011). 사립유치원교사들의 이직이야기. **직업교육연구**, 30(3), 405-426.

Ashton, P. T. (1984). Teacher efficacy: A motivational paradigm for effective teacher education. *Journal of Teacher Education, 35*(5), 28-32.

Evans, L. (1990). The relationship of principals' leadership behavior and teachers' job satisfaction and job related stress. *Educational Research, 39*, 115-129.

Jorde-Bloom, P. (1989). Factors influencing overall job satisfaction and organizational commitment in early childhood work environment. *Journal of Research in Childhood Education, 3*(2), 107-122.

Locke, E. A. (1976). The nature and causes of job satisfaction. In M. D. Dunnette (Ed.), *Handbook of industrial and organization psychology*. Chicago, IL: Rand McNally.

Moorman, R, H. (1993). The influence of cognitive and affective based job satisfaction measures on the relationship between satisfaction and organizational citizenship behavior. *Human Relations, 6*, 759-776.

Pope, S., & Stremmel, A. (1992). Organizational climate and job satisfaction among child care teachers. *Child & Youth Forum, 21*(1), 39-52.

Puurula, A. (2000). Teacher's job satisfaction and affective education in twelve countries. *Curriculum and Teaching, 15*(2), 29-48.

Zembylas, M. (2003). Caring for teacher emotion: Reflections on teacher self-development. *Studies in Philosophy and Education, 22*(2), 103-125.

제10장

보육교사의 인간관계

학습목표

1. 인간관계의 원리를 이해한다.
2. 보육교사의 직장 내 다양한 인간관계의 특성을 이해한다.
3. 보육교사의 직장 내 바람직한 관계형성을 위한 방법에 대해 알아본다.

보육교사가 어린이집에서 맺는 인간관계의 대상은 아주 다양하다. 이 장에서는 일반적인 인간관계의 원리와 영유아보육기관의 구성원들 사이에 형성되는 다양한 인간관계의 특징과 중요성, 그리고 그 관계를 바람직한 관계로 만들고 유지하기 위한 방법에 대해 살펴보고자 한다.

1. 인간관계의 원리

인간은 태어나면서부터 다른 사람과 관계를 맺으며 살아간다. 인간관계는 사람들 사이의 전반적인 상호작용을 말한다. 사회적 존재로서의 인간에게 다른 사람과 원만한 관계를 맺고 유지하면서 살아가는 것 자체가 중요한 발달과업이라고 할 수 있다. 다른 사람과 원만한 관계를 맺기 위해서는 자기 자신에 대한 이해와 더불어 타인에 대한 깊은 이해가 수반되어야 한다. 그리고 그 이해를 바탕으로 원만한 인간관계를 위한 효과적인 방법을 배우고 이를 실천하기 위한 노력이 필요하다. 특히 효과적인 의사소통 기술은 원만한 인간관계 형성을 위해 필요한 필수적 요소이다.

인간은 사회적 존재로서 다른 사람과의 관계에서 그 집단의 일원으로 인정받고 싶어 하고, 구성원들에게 인정받기 위해 행동하려는 경향이 있는데, 이는 Maslow의 욕구위계 5단계 중에서 애정과 소속의 욕구, 존중의 욕구로 설명될 수 있다. 소속감과 존중의 욕구는 불안정한 인간관계에서는 채워지기 어렵다. 특히 체면을 중시하고, 관계지향적 성향이 강한 특성은 인간관계 상태에 따른 영향을 더 크게 받게끔 한다. 원만하고 긍정적인 인간관계는 행복감과 이어지고, 반대로 불만족스럽고 생산적이지 못한 부정적인 인간관계는 좌절감으로 이어진다. 이러한 인간관계는 한 개인의 심리적 안녕감에만 영향을 미치는 것이 아니라, 그가 속한 조직과 그 주변 인물들에게까지 영향을 줄 수 있다. 따라서 개인의 행복뿐 아니라 하나의 조직이 제 기능을 발휘하기 위해서는 관련된 사람들의 원만한 인간관계가 필수적이라고 할 수 있다.

인간관계는 다양한 사람만큼이나 다양한 유형으로 존재한다. 예를 들어, 혈연관계처럼 개인이 의지나 선택과 관계없이 형성되는 운명적이고 지속되는 일차관계, 그리고 친구, 직장동료와 같이 자신의 가치관, 취미, 의지로 선택하여 관계를 맺게 되는 이차관계가 있다. 나이, 권한, 직책 등에 따라 상하관계가 명확히 구분 지어지는 수직적 인간관계와, 서로 동등한 관계에 있는 구성원들의 수평적 인간관계로도 구분할 수 있다. 수직적 인간관계로는 상사-부하, 선배-후배, 부모-자녀를 들 수 있고, 수평적 인간관계로는 친구, 직장동료, 부부 등이 있으나 때로는 이러한 관계들이 수직적 관계와 수평적 관계의 유형을 넘나들기도 한다. 즉, 일반적으로는 수평적 관계인 직장동료나 부부 사이의 관계가 어떤 경우에는 상하 위계가 구분되는 수직적 관계의 양상으로 나타나기도 한다. 이처럼 인간관계는 다양한 유형으로 맺어질 뿐 아니라 다양한 상황과 기준에 따라 매우 복잡한 양상으로 나타나기도 한다. 원만한 인간관계를 위해서 자신이 속한 사회와 직장 내에서 자신이 맺고 있는 관계의 특성을 파악하고 자신의 역할과 바람직한 관계를 위해 필요한 방식을 효과적으로 적용하는 법을 터득한다면 다양한 관계 안에서 잘 적응할 수 있을 것이다.

2. 직장 내 인간관계

인간에게 있어 인간관계는 일상생활 그 자체이며, 직장 내 인간관계 역시 매우 중요한 요소이다(이병록, 2011). 하나의 조직이 제 기능을 제대로 발휘하기 위해서는 공동의 목표를 위해 조직원 간의 협력이 잘 이루어져야 하며, 조직원들의 원만한 인간관계는 가장 기본 요소라고 할 수 있기 때문이다.

보육교사가 직장동료인 교사들과 원장, 학부모 등 다양한 구성원들과 어떠한 관계를 맺고 협력해 나아가는지는 자신이 책임지고 있는 영유아들을 잘 보호하고 가르치는 일만큼이나 중요하다고 할 수 있다. 유아교육기관은 유아를 중심으로 교사, 원장 및 기타 교직원으로 구성되는 것이 일반적이며, 학부모와도 밀접한 협력관계를 이루며 운영되는 조직이다. 이러한 조직에서 구성원들과의 관계에 문제가 있다면 이는 교사 개개인의 문제로 끝나지 않고 기관의 영유아교육과 보육의 목표를 달성하는 데 심각한 방해 요소로 작용할 수 있으며, 보육교사의 이직 사유 중 직장 내 인간관계 안에서의 갈등이 큰 비중을 차지한다는 것은 놀라운 일이 아니다.

1) 학부모와의 관계

(1) 교사-학부모 관계의 중요성 및 특징

부모는 자녀의 삶에 가장 큰 영향을 미치는 존재로서, 교사가 학부모와 협력적 관계를 맺을 때 유아의 발달과 학습에 긍정적인 영향을 줄 수 있다(염지숙, 홍춘희, 2006). 따라서 유아의 바람직한 성장을 돕기 위해서는 학부모와의 긍정적인 관계형성이 매우 중요하다. 학부모와 교사는 유아의 건강한 발달이라는 공동의 목표를 가지는 파트너로서 서로의 역할을 지지하고 협력하는 관계가 되어야 한다. 그러나 부모와 교사의 교육적 기대나 목표, 그 목표를 달성하는 방식에서의 미세한 차이 등으로 인해 그 관계가 어려워질 수도 있다. 따라서 교사와 학부모 사이의 바람직한 인간관계는 상호 간의 입장과 역할 차이를 이해하는 것에서부터 시작되어야 할 것이다.

교사와 학부모의 관계는 간접적이고 일시적이라는 특성을 가지며, 동시에 비선택적이면서 부분적인 관계이기도 하다(박은혜, 2013; 윤기영, 2005).

- 교사와 학부모의 관계는 상호 간 주도적으로 맺은 직접적인 관계가 아니라 유아를 중심으로 맺은 간접적인 관계이다.
- 교사와 학부모의 관계는 대부분 유아가 교사의 지도를 받는 동안, 혹은 해당 기관에 재원하는 기간 동안에 한해 유지되는 일시적 관계이다.
- 교사와 학부모의 관계에서 부모가 자녀의 담당교사를 선택할 수 없듯이 교사 역시 임의대로 영유아를 선별해서 학급을 구성할 수 없다는 점에서 비선택적 결합으로 맺어지는 관계이다.
- 교사와 학부모의 관계는 사적인 부분을 공유하는 것이 아닌 유아의 교육과 발달에 관련되는 부분으로 한정되는 공적이고 부분적인 관계이다.

이처럼 교사와 학부모의 관계는 복합적인 특성을 지닌 관계이다. 교사는 부모가 자신의 자녀에게 보다 나은 교육과 보육이 제공될 수 있도록 요구할 권리를 가진다는 것을 이해해야 한다. 동시에 교사는 기관의 운영방침과 교사의 철학을 확실히 하여 학부모가 정도를 벗어나는 무리한 요구나 무례한 행동을 하지 않도록 할 권리도 가진다.

(2) 학부모와 바람직한 관계 맺기

모든 인간관계는 신뢰를 바탕으로 하는 것이 바람직하다. 학부모가 교사에 대한 신뢰감을 가지면 교사의 교육방식과 전문성에 대해 긍정적으로 받아들이게 되고 보다 협력적인 태도를 보일 수 있다. 학부모와의 신뢰관계 구축을 통한 긍정적인 관계형성은 매우 중요한 요소로 인식되지만, 교사들은 학부모와의 의사소통에서 지나친 요구와 간섭에 대처하는 데 어려움을 겪는 것으로 나타났다(손환희, 정계숙, 2011). 그 외에도 다음 〈표 10-1〉에서 볼 수 있듯이, 교사와 학부모 사이의 동반자적 관계 맺기에 방해가 되는 요인은 여러 가지가 있다(Wilson, 2016). 또한 이러한 요인들에 대해 학부모보다 교사들이 더 많이 자각하고 있음을 알 수 있다. 특히 교사들이 가장 큰 방해 요인으로 생각하는 학부모 참여의 부재에 대해서는 무엇이 학부모 참여를 어렵게 하는지, 그리고 그 해결 방안에 대한 고민을 통해 학부모의 참여를 이끌어 내는 것이 교사-학부모 사이의 바람직한 관계 맺기에 큰 도움이 될 수 있을 것이다.

무엇보다 교사와 학부모 사이의 신뢰 형성을 위해 교사는 부모의 의견과 권리를 존중하며, 그들이 자신의 자녀에 대해 가장 잘 알고 있는 사람이라는 점과 유아를 잘 지도하고 보살피기 위해서는 부모의 협조가 무엇보다 중요하다는 사실을 인정해야 한다. 또한 어떠한 문제가 발생할 경우, 교사는 학부모와의 신뢰관계를 바탕으로 문제를 해결해 가려는 노력이 중요하다. 마찬가지로 학부모는 교사의 자질과 전문성에 대해 인정하고 상호협력적인 관계를 이어 가도록 해야 한다.

신뢰감을 구축하고 바람직한 관계를 맺고 유지하기 위한 방법 중 하나는 효과적인 의사소통이라고 할 수 있다. 솔직하고 적절한 의사소통이 양방향으로 이루어질 때 교사와 학부모 사이의 갈등 상황이 일어나는 것을 미연에 방지하는 효과가 있다. 이는 궁극적으로 유아의 성장과 발달을 지원할 뿐 아니라, 교사의 직무만족도에도 긍정적 영향을 미칠 것이다.

학부모는 교사를 통해 자녀에 대한 정보를 듣기 기대한다. 부모는 자녀의 발달상황, 친구관계, 그날의 기분상태, 일상적 경험 등 아이와 관련된 모든 것을 알고 싶어 한다. 교사는 이러한 부모의 욕구를 이해하고, 이를 원만한 관계를 위한 소통과 교류의 기회로 삼아야 한다. 따라서 교사는 학부모에게 충분한 정보를 제공할 필요가 있으며, 이때 교사의 의사소통 기술과 진솔한 상담은 학부모와 교사 간의 심리적인 거리감을 줄여 줄 수 있다(염지숙, 홍춘희, 2006).

표 10-1 교사-학부모의 동반자적 관계 맺기에 방해가 되는 요인

방해 요인	교사(%)	학부모(%)
학부모의 참여 부재	86	56
교사의 참여 부재	53	35
자신의 역할에 대한 학부모의 확신 부족	54	42
(지나치게) '전문가'의 행세를 하는 교사	55	36
학부모와 주요 인물(교직원) 사이의 성향 차이로 인한 충돌	56	44
유아의 요구(needs)에 대한 견해 차이	60	36
관계 맺기를 위한 기회나 활동의 부족	45	38
관계를 쌓을 시간적 여유 부족	55	42
충분한 경청이 이루어지지 않음	45	32
기타	9	15

출처: Wilson (2016).

부모와 보육교사와의 대면상담은 가정과 연계하여 영유아보육의 일관성을 유지하는 데 좋은 의사소통 방법이다. 대면상담에는 개별면담과 집단면담이 있다.

① 개별면담

모든 영유아 부모와의 개별면담은 연 2회 이상 실시하며, 주요 면담내용을 기록 · 관리할 것을 권장하고 있다(보건복지부, 한국보육진흥원, 2021). 영아는 월령에 따른 발달 차이가 크므로 부모와 등하원 시에도 수시로 면담을 실시할 수 있다. 보육교사는 면담을 시행하기 전에 해당 영유아와 관련된 관찰 자료, 평가 결과, 어린이집 생활 등에 관한 자료를 준비한다.

② 집단면담

집단면담은 학기 초에 각 반에서 전체 학부모 대상으로 오리엔테이션 형태로 진행할 수 있다. 또한 부모 참여 행사 이후에 참여 학부모 대상 면담이나 반별로 소규모로 집단면담을 실시할 수 있다. 집단면담을 실시하기 전에는 다수 학부모의 관심과 욕구를 파악하여 이에 대해 준비할 필요가 있다.

이 외에도 학부모와의 유기적인 의사소통을 위한 방법은 다양하다. 가정통신문, 개별 알림장, 메일, 전화, 어린이집 홈페이지의 게시판 등을 이용하여 정보와 의견을 주고받을 수 있다. 특히 학부모의 상담 요청이나 어린이집 참관 요구 등에 대해서는 유아에 대한 정보를 공유하고 교육계획 및 일정 등에 대한 의사소통이 원활하게 이루어질 수 있는 관계 구축의 기회로 받아들임으로써 유연한 교사-학부모의 관계가 만들어질 수 있다. 그렇게 된다면 부모로서도 과도한 부담감을 가지지 않고 어린이집을 방문하여 교사와 자유롭게 대화할 수 있는 기회를 갖게 되는 것이다. 법적으로도 학부모의 어린이집 참관권을 보장하기 위하여 학부모가 어린이집 참관을 위해 참관 7일 전 참관 신청서를 제

보호자의 어린이집 참관
(「영유아보육법」 제25조의3, 「시행규칙」 제27조의2)

가. 참관 목적

- 보호자가 보육환경, 보육내용 등의 확인을 위해 원하는 경우 직접 어린이집을 참관토록 하여, 어린이집 운영의 투명성을 제고하고 어린이집과 부모의 이해 증진 강화

나. 참관 자격

- 해당 어린이집에 재원 중인 영유아의 보호자

다. 참관 시기 및 방법

- 어린이집의 원장은 보호자가 참관을 요구하는 경우 보육에 지장이 없는 시간대를 선택하여 참관할 수 있도록 하여야 함
  - 어린이집 원장은 참관의 내용에 따른 참관 방법, 참관 일시 등에 관한 사항을 어린이집 운영위원회의 심의를 거쳐 정할 수 있음
- 위와 같이 참관에 관한 사항을 정하는 경우, 어린이집 원장은 보호자와 보육교사의 의견을 충분히 들어야 함
- 다만, 어린이집을 이용하는 영유아의 보호자가 영유아의 위치 및 상태 등을 확인하기 위한 단순 관찰 및 면담을 요구하는 경우에는 영유아의 보호자와 어린이집 원장 및 보육교사가 협의하여 수시로 진행 가능

출처: 보건복지부(2021).

출하도록 한 기존 규정을 폐지하여 학부모가 필요할 때 자유롭게 어린이집 참관을 신청할 수 있게 되었다. 참관 시기는 어린이집 원장, 보육교사와 협의를 통해 정할 수 있다.

(3) 부모와의 협력

부모와의 바람직한 관계형성뿐 아니라 부모와의 협력을 강화하기 위해서 어린이집에서는 부모의 자녀양육을 지원하기 위한 부모교육을 실시하고, 외부의 부모교육 프로그램 등의 정보를 제공한다. 또한 부모의 보육 참여도 적극적으로 장려할 필요가 있다. 「영유아보육법」 제25조(「시행령」 제21조의2, 「시행규칙」 제26조)에 따르면, 어린이집에서는 학부모 대표가 참여하는 어린이집 운영위원회를 분기별 1회 이상 개최하도록 정하고 있다(보건복지부, 2021). 어린이집 운영에 관한 운영위원회의 논의 결과는 부모에게 공지되어야 하고, 부모가 참관, 자원봉사, 보조교사 등 보육활동에 참여할 수 있는 절차와 방법을 안내할 필요가 있다.

▣ 활동

다음과 같은 상황에서 나는 어떤 선택을 할지, 그런 선택을 하는 이유, 그리고 그 선택을 실행하는 데 가장 적절한 방식에 대해 생각한 뒤 써 보고, 이에 대해 친구들과 이야기해 봅시다.

상황
"우리 반 ○○를 지난 두 달간 지켜본 결과, 약간의 발달 지연이 있는 것 같아요. 심한 정도는 아닌 듯한데, 제 생각으로는 아무래도 발달 스크리닝을 받아 보는 것이 좋을 것 같다는 생각이 들어요. 문제는 ○○의 어머니에게 그 말을 어떻게 전해야 할지 잘 모르겠어요. 그런 부분에 있어 아주 민감하게 반응하실 분이거든요. 제가 초보교사라 더더욱 말씀드리기가 힘드네요. 섣불리 잘못 얘기했다가는 그 어머니와의 관계가 틀어질 게 분명한데…… 어떻게 해야 할까요?"
나의 선택은?

이유
적절한 방식

2) 원장과의 관계

(1) 교사-원장 관계의 중요성 및 특징

교사와 어린이집 원장 사이의 관계는 직장 내 상하 위계가 명확한 수직적인 관계이다. 그러므로 교사에게 원장과의 관계는 스트레스의 원인이 될 수도 있고, 반대로 지지 요인이 되기도 한다. 교사는 어린이집과 관련해 총괄적 책임을 지는 원장의 보육·교육철학과 운영방침을 수용하고 이에 따라 업무를 수행해야 하며, 원장은 항상 교사의 의견에 귀 기울일 준비가 되어 있을 때 원만한 관계가 이어질 수 있다. 교사와 원장의 관계는 수직적인 형태임에도 불구하고, 어린이집 유아들의 건강한 발달을 위한 공동의 목표를 갖는 동반자이기도 하기 때문에 단순한 수직적 관계에서의 지시와 복종의 체계와는 다른 양상의 관계적 특징을 가지고 있다. 즉, 실제의 지위와 수행해야 하는 역할은 다르지만 같은 목표를 향해 협력하고 서로를 지지해야 하는 공동체라고 할 수 있다. 따라서 원장이 권한과 책임을 가지고 있더라도 교사들의 의견을 무시하고 독단적으로 모든 결정권을 가져가는 것은 매우 위험하다. 왜냐하면 그러한 독단적 운영

방식하에서 교사들은 자율적이고 창의적인 학급 운영과 업무수행을 할 수 없게 되어 유아의 보육활동에도 부정적 영향으로 이어질 가능성이 높아지기 때문이다. 교육의 질을 결정하는 요소 중 하나인 원장의 특성과 지도성에 따라 어린이집의 조직풍토와 교사들의 역할수행 및 직무태도는 직접적인 영향을 받는다(김우식, 2002). 이 점에 유념한다면 원장으로서 교사들을 존중하고, 교사들의 의견과 제안을 수용할 수 있는 자세를 가지며, 교사들이 겪는 어려움에 공감하고 이를 해결하기 위한 도움을 줄 수 있고, 교사들이 믿고 따를 수 있는 리더십을 발휘할 때 교사들의 자발적 협력을 이끌어 내고 바람직한 관계를 지속시킬 수 있을 것이다.

(2) 원장과 바람직한 관계 맺기

원장으로부터의 격려나 지지와 같은 심리적 지원을 받은 교사는 자신의 교수능력에 대해 긍정적으로 인식하고, 사기가 진작되며, 교사의 개인적 변화와 전문적 변화의 방향제시에 이르기까지 영향을 받는다(기순신, 2002; 임재택, 2003). 따라서 교사와 원장의 조화로운 관계는 교사 개인의 성장과 발전을 이끌고, 교육적으로도 긍정적 영향을 미칠 수 있게 한다. 교사와 원장 사이의 바람직한 관계형성을 위해서는 원장이 지도자로서의 능력을 보여 줄 필요가 있으며, 교사는 원장의 교육철학과 신념 및 운영방침을 이해하고 수용할 필요가 있다. 그러나 예외적으로 교사가 원장의 의견이나 방침 및 지시에 이견이 있는 경우 교사로서의 위치와 역할에서 벗어나지 않는 선에서 자신의 생각을 원장에게 전달해야 한다.

서로에게 칭찬과 격려를 아끼지 말고, 다양한 의사소통의 기회를 갖고 서로의 입장을 전달하고 이해할 수 있는 기회를 만드는 것 역시 도움이 된다. 그래야만 갈등이 축적되어 한꺼번에 폭발하는 일 없이 상황이 발생하면 빠른 시간 안에 적절한 해결 방식을 찾기 위해 서로 노력할 수 있을 것이다. 이럴 때 비로소 갈등의 해결과 예방이 가능해져 바람직한 관계가 맺어진다.

3) 동료교사와의 관계

(1) 교사-동료교사 관계의 중요성 및 특징

보육교사와 원장 간의 관계가 수직적이라면, 보육교사의 동료교사와의 관계는 수평적 관계라고 할 수 있다. 교사는 동료와의 관계 안에서 수업과 학급 운영 등에 관한 새로운 지식과 정보를 얻고, 도움을 받을 수 있다. 상호협력적 관계를 형성함으로써 교사로서의 전문성을 향상시킬 수 있는 파트너가 되는 것이다. 그러나 동료라는 점에서는 동등한 관계이지만 주임교사와 같은 직책에 따라 보육교사들 간의 관계는 수평적이면서도 수직적인 관계가 될 수 있다. 특히 교사 간에 경력이 높은 순서로 위계적 서열이 이루어지고 서로 간의 역할과 교육철학에 대한 기대가 어긋나면 갈등을 겪게 된다. 더욱이 어린이집은 다른 교육기관에 비해 조직의 크기가 작고 동료교사의 수가 작다는 특성을 가진다. 이러한 특성으로 인해 구성원들 서로가 서로에게 미치는 긍정적 혹은 부정적 영향력은 더 크다고 할 수 있다(임정수, 이완정, 2009).

교사가 느끼는 만족감 혹은 불만족에 동료교사와의 인간관계가 큰 영향을 주는 이유는 남성에 비해 여성이 관계를 더 중시하는 성향으로 인해 인관관계에서 느끼는 갈등을 더 크게 받아들이기 때문이다(박은혜, 2013). 교사 사이의 원만하지 못한 관계는 교사의 심리 상태와 직무만족도에 영향을 미쳐 이직의 직접적 원인이 되기도 한다. 또한 교사의 부정적인 심리 상태는 유아에게 전달되어 교육적 측면에서도 부정적인 결과를 불러온다. 교사는 저마다의 교육철학을 가진 전문가로서 자율성이 필요하지만, 유아들을 위한 교육목적에 이르기 위해 조직의 구성원으로 협력의 자세가 필수적이다. 따라서 교사와 동료교사와의 관계가 서로 격려하고 협력하며 지지하는 관계로 형성되어 있는지가 원만한 관계의 중요한 요소가 된다.

(2) 동료교사와 바람직한 관계 맺기

교사와 동료교사 간의 바람직한 관계를 위해서는 상호 존중과 협력의 자세가 필요하다. 교사들은 자신이 맡은 학급에 대해 교육활동과 운영 및 유아지도 등의 방식에 대한 권한을 가지고 있으며, 이는 교사 상호 간 간섭을 피해야 하는 부분이다. 각자의 개인적 가치관이나 신념의 차이는 인정하고, 교사로서 윤리적 기준에 어긋나는 상황이 아니라면 간섭하지 않고 상대의 방식을 존중해 줄 필요가 있다. 또한 동료교사와의

협력을 통해 학급의 운영을 보다 발전적으로 할 수 있도록 서로 도움이 되는 관계를 유지하도록 한다.

보육교사는 담임교사의 업무 외에도 어린이집과 관련된 다양한 역할을 수행하여야 한다. 명확하고 공정한 업무분담을 통해 구성원들이 적절하게 일을 분담하도록 하고 자신에게 주어진 일은 책임감을 가지고 완수하려는 노력을 해야 한다. 각자에게 주어진 업무를 미루거나 제대로 처리하지 않는 경우 이는 고스란히 동료교사의 업무로 부담되어 갈등을 유발할 소지가 매우 높기 때문이다.

모든 인간관계에서와 마찬가지로 동료교사들의 관계에서도 신뢰감 형성과 효과적인 의사소통이 이루어져야 하며, 갈등상황 발생 시 이를 원만히 해결할 수 있는 능력을 가져야 한다. 효과적인 의사소통을 위해 '나-전달법(I-Message)'과 '적극적/반영적 경청' 등도 좋은 방법으로 평가된다. '나-전달법'은 상대방의 행동으로 인해 내가 느끼는 감정이나 생각을 '나'를 주어로 하여 전달하는 방법으로서 상대를 직접적으로 지적하고 탓하는 대신, 상대로 하여금 자신의 행동을 되돌아볼 수 있게 하는 효과가 있다. '반영적/적극적 경청'은 상대방의 말을 단순히 듣고 있는 것이 아니라 상대의 이야기를 정확하게 이해하고 있다는 점이 전달된다. 이와 동시에 건설적인 비판은 수용할 수 있는 자세를 가지는 것이 중요하다. 이처럼 효과적 의사소통 방식을 통해 상대방의 의견을 경청하고 나의 입장을 긍정적으로 전달한다면, 구성원들의 원만한 관계형성에 도움이 될 것이다.

교사와 동료교사들이 하나의 조직으로서 서로 관계를 맺고, 유지하고, 최고의 결과를 만들어 낼 수 있기까지의 과정은 결코 쉬운 일이 아니다. 하나의 팀(조직)은 마치 살아 있는 유기체와 같이 발달의 단계를 거치며, 절대 고정되지 않고 지속적으로 진화한다(Whalley, 2011)는 원칙에 기반을 둔 Bruce Tuckman(1965)의 팀 형성 모델(Team-formation model)에 대입해 보면 교사들의 조직 내 관계형성의 단계를 볼 수 있다. 여느 조직처럼 보육교사와 동료교사들은 서로 다른 개개인이 모여 특징적인 단계들을 거쳐 하나의 조직으로 성장할 것이다. 조직이 형성되는 초기의 1단계인 형성기(forming)와, 2단계인 혼돈기(storming)의 갈등과 위기를 넘겨야 비로소 3단계인 규범기(norming)와 4단계인 성취기(performing)에 이르러 안정된 조직으로의 성장이 이루어진다. 따라서 교사는 동료교사들과 함께 단계별 이행 과정에서의 갈등을 원만하게 해결해 가는 것이 최고의 팀워크에 이르기 위해 반드시 필요하다는 것을 상기해야 한다.

표 10-2 Tuckman(1965)의 팀 형성 모델

팀 발달단계	특징
1단계: 형성기	• 팀이 새로 만들어지고 서로를 알아 가는 단계 • 서로의 역할과 책임을 규정 • 아직 서로에 대한 믿음이나 공동의 목표 설정을 하기까지 긴 시간이 필요 • 리더십에 대한 합의가 중요
2단계: 혼돈기	• 의사결정 과정에서 자신의 입장을 강하게 주장하면서 갈등과 분열이 나타남 • 팀원 간 경쟁 • 리더십을 시험해 봄 • 팀원들이 경청하고 피드백을 수용하면, 목표와 역할은 수정되고 믿음이 생기기 시작
3단계: 규범기	• 공동의 목표, 역할, 책임에 대한 합의 후 일의 진척 속도가 높아지므로 성과를 기대할 수 있음 • 팀원 간 신뢰관계, 결속력 강화 • 지속적인 의사소통과 상호 존중이 중요한 시기
4단계: 성취기	• 팀의 높은 효율성과 자신감 • 조화로운 관계 • 각자의 맡은 바를 차질 없이 수행 • 개방적 소통과 서로에 대한 높은 신뢰 • 개인의 욕구보다 팀의 요구를 우선순위에 둠

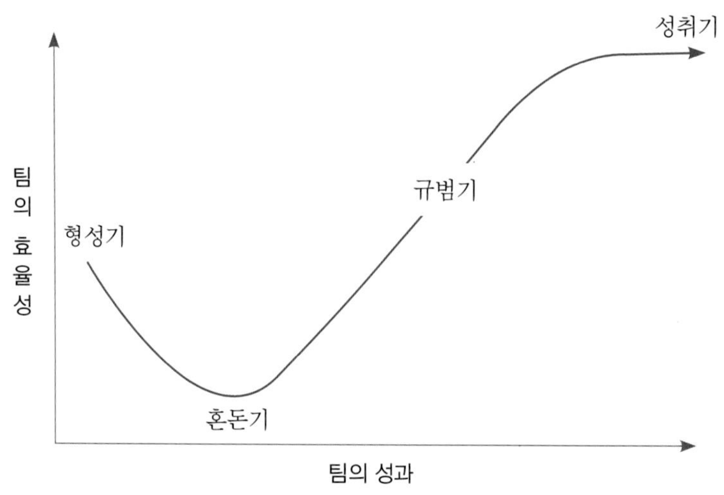

[그림 10-1] 팀 발달단계별 팀 효율성과 성과

출처: The Coaching(https://www.thecoachingtoolscompany.com/get-your-team-performing-beautifully-with-this-powerful-group-development-model/).

4) 기타 교직원과의 관계

(1) 교사-교직원 관계의 중요성 및 특징

보육교사와 원장 외에 어린이집의 구성원으로서 어린이집을 관리하고 행정 업무를 담당하는 교직원들이 있다. 직접적으로 아이들을 교육하지는 않지만 보육과 관련된 다양한 업무를 책임지는 교직원들로 사무교사, 조리사, 취사부, 관리인, 차량기사 등이 있을 수 있다. 어린이집을 직장으로 하는 구성원들은 그 특성상 좁은 반경 안에서 많은 시간을 함께 보내는 경우가 많고, 아이들의 보육과 연관된 일을 하기 때문에 교사와 기타 교직원 간의 원만한 관계를 유지하는 일 역시 중요하다. 교직원은 아이들을 담당하는 보육교사에게 직접적으로 큰 영향을 미치기보다는 보육교사가 자신의 반을 운영하고, 유아들이 어린이집 생활을 하는 데 있어 간접적인 영향을 미친다는 점에서 주변적인 인간관계가 형성된다고 할 수 있다.

(2) 기타 교직원과 바람직한 관계 맺기

교사가 다른 교직원을 대할 때는 그들이 하는 업무 역시 중요한 부분이라는 사실을 상기하고 어린이집의 동등한 동료로서 존중해 줄 필요가 있다. 업무상 다른 교직원의 도움을 필요로 할 때에는 전달이나 통보가 아닌 협조를 부탁하거나 의견을 구하는 방식으로의 소통이 갈등을 줄일 수 있는 방법이다.

조직의 성장(team building)을 위한 5단계

① 달성 가능한 목표 세우기
② 각자의 역할 명확히 하기
③ 서로 지지하는(supportive) 관계 맺기
④ 적극적 참여 격려하기
⑤ 조직의 효율성 점검하기

출처: Neugebauer & Neugebauer (1998).

5) 지역사회와의 관계

(1) 교사-지역사회 관계의 중요성 및 특징

교사가 지역사회와 맺는 관계는 기관을 매개로 하여 지역사회의 물적 · 인적 자원을 활용한 간접적 연계라고 할 수 있다. 동시에 교사나 지역사회 모두 유아의 발달과 성장을 위해 협력해야 하는 동반자적 관계라고도 볼 수 있다. 유아들은 자신이 속한 지역사회의 관습과 규범의 영향을 받으면서 성장한다. 또한 어린이집이라는 교육기관에 부족한 자원의 한계를 효율적으로 극복하는 방안은 지역사회와 연계하여 다양한 교육활동을 계획하고 실천하는 것이다. 교사가 지역사회의 물적 · 인적 자원과 연계하여 교육과정 운영에 반영하는 방법으로는 경찰관, 의사, 소방관 등 다양한 직업을 가진 인사의 방문을 계획하거나 활동에 참여시킴으로써 유아가 다양한 직업에 대한 관심을 갖도록 유도하는 것을 포함한다. 그 밖에도 지역사회의 공공도서관, 주민센터, 공원 등의 장소를 방문하는 체험학습을 계획할 수도 있다. 이러한 지역 연계활동은 누리과정(교육과학기술부, 보건복지부, 2013)에서 사회관계 영역의 세부 내용 중 '지역사회에 관심 갖고 이해하기'에 해당하는 활동으로 이어지는 질 높은 교육이 될 수 있다. 따라서 교사는 지역사회와 원만한 관계를 형성하여 지역사회의 물적 · 인적 자원을 활용한 교육활동을 통해 유아의 발달에 긍정적 영향을 줄 수 있도록 지역사회와의 교류를 증진시키려는 노력을 기울여야 한다.

(2) 지역사회와의 협력

교육적 측면에서 지역사회와의 연계는 중요하고 소중한 자원이다. 교사들도 이러한 중요성을 인식하고는 있으나, 교사가 관계를 맺는 다른 대상(학부모, 원장, 동료교사 등)에 비해서는 지역사회와의 협력 관계가 현저히 낮은 수준에 그친다고 볼 수 있다. 교사는 다른 동료교사들과 함께 지역사회의 유용한 인적 자원 및 기관들을 찾아 협조를 구하고, 교육과정과 연계한 실제적 경험을 제공할 수 있는 방안들을 찾고 실행에 옮기려는 노력이 필요하다. 지역사회의 협조를 구할 때는 방문, 전화, 메일, 공문 등을 통하고, 대상 기관이나 인물에게 협조를 구하는 목적과 형태, 그리고 이러한 협력이 유아에게 미칠 긍정적 효과에 대한 설명을 설득력 있게 제시할 필요가 있다.

일단 어떤 지역사회의 자원과 바람직한 관계 맺기가 이루어지면 그 관계를 지속하

기 위한 노력이 요구된다. 한 번의 협력 이후, 관계가 단절되지 않도록 원활한 소통이 지속될 수 있도록 하고, 이후 지역사회의 연계를 확장해 나갈 수 있도록 해야 한다. 아울러 가능하면 지역사회 협력의 수혜자로만 남지 않도록 어린이집이나 교사들이 유아기 자녀 교육에 관한 강연 등 지역사회가 필요로 하는 정보나 전문지식을 제공함으로써 상호협력적 관계가 유지될 수 있도록 한다면 교사-지역사회 사이의 원만한 관계는 더 오래 유지될 수 있을 것이다.

▣ 활동

주간계획안의 주제를 정하고, 이에 따른 지역사회와 연계 학습방안을 구상하여 빈칸을 채워 봅시다.

주	주제	연계기관	내용
1	안전	소방서/ 어린이 교통공원	화재 예방 교육, 화재 대피 훈련/ 교통안전 교육
2			
3			
4			

생각할 문제

1. 보육교사가 직장 내 대상(원장, 동료교사, 학부모 등)과 원만한 관계를 지속하지 못했을 경우 교사 자신에게 어떤 영향이 미칠지 생각해 봅시다.

2. 학부모와 바람직한 인간관계를 형성하기 위해 필요한 자세에는 어떤 것들이 있는지 이야기해 봅시다.

3. 학부모, 원장, 동료교사와의 갈등이 생기면 어떤 방식으로 갈등을 해결해 나갈지에 대해 생각해 봅시다. 대상에 따라 갈등 해결 방식의 차이에 대해서도 생각해 보고 의견을 나눠 봅시다.

참고문헌

교육과학기술부, 보건복지부(2013). 3~5세 연령별 누리과정 해설서.

기순신(2002). **교사론**. 서울: 학지사.

김우식(2002). 유치원 원장의 변혁적 지도성과 교사의 직무성과와의 관계 연구. 인하대학교 교육대학원 석사학위논문.

박은혜(2013). **유아교사론**. 서울: 창지사.

보건복지부(2021). 2021년도 보육사업안내.

보건복지부, 한국보육진흥원(2021). 2021 어린이집 평가매뉴얼.

손환희, 정계숙(2011). 유아교사가 지각하는 부모-교사 간 의사소통의 어려움에 영향을 미치는 요인. **미래유아교육학회지, 18**(1), 213-232.

염지숙, 홍춘희(2006). 부모와의 관계형성에서 초임유아교사가 겪는 경험에 관한 연구. **한국교원교육연구, 23**(2), 407-434.

윤기영(2005). **원장과 교사를 위한 유아교육기관에서의 학부모 탐구**. 경기: 양서원.

이병록(2011). 보육교사의 인간관계가 직무만족에 미치는 영향. **한국사회복지행정학, 13**(2), 1-21.

임재택(2003). **유아교육기관 운영관리**. 경기: 양서원.

임정수, 이완정(2009). 유아교사 윤리강령을 토대로 분석한 동료 관계에서의 스트레스와 대처 방식. **아동과 권리, 13**(4), 529-554.

Neugebauer, B., & Neugebauer, R. (Eds.) (1998). *The Art of Leadership: Managing Early Childhood Organisations*, Vol. 2. Perth: Childcare Information Exchange.

Tuckman, B. (1965). Developmental Sequence in small groups. *Psychological Bulletin, 63*, 384-399.

Whalley, M. (2011). *Leading Practice in Early Years Settings* (2nd edition). Exeter: Learning Matters.

Wilson, T. (2016). *Working with parents, carers and families in the early years: The essential guide*. London: Routledge.

The Coaching. http://www.thecoachingtoolscompany.com

제3부

보육교사의 준비

제11장

보육교직원 자격관리 및 양성과정

학습목표

1. 보육교직원의 자격기준에 대해 이해한다.
2. 보육교사 자격 취득을 위한 교과목 및 학점을 이해한다.
3. 보육교사 양성과정의 체계를 이해한다.

보육교직원인 어린이집 보육교사 및 원장은 국가가 정한 자격요건을 충족하여야 공인된 자격증을 취득하고 어린이집에서 근무할 수 있다. 이 장에서는 보육교사 및 원장의 자격 취득과 승급을 위한 기준, 보육교사 양성 교육과정에 대해 살펴보고자 한다.

1. 보육교직원 자격기준

2004년 「영유아보육법」의 개정과 함께 어린이집 보육교사와 원장의 자격관리의 효율성 및 투명성을 제고하고, 보육서비스의 질적 수준을 향상하기 위하여 국가자격증 제도를 도입하게 됨으로써 법률적 근거가 마련되었고, 2005년 이후부터 자격증 교부가 시행되었다. 따라서 보육교사 자격증에 대한 법적 근거는 「영유아보육법」에 있으며, 2011년 개정된 제21조와 제22조에서는 어린이집 원장과 보육교사의 자격과 관련하여 다음과 같이 규정하고 있다.

「영유아보육법」 제21조(어린이집의 원장 또는 보육교사의 자격)

① 어린이집의 원장은 대통령령으로 정하는 자격을 가진 자로서 보건복지부장관이 검정 · 수여하는 자격증을 받은 자여야 한다.

② 보육교사는 다음 각 호의 어느 하나에 해당하는 자로서 보건복지부장관이 검정 · 수여하는 자격증을 받은 자여야 한다.

1. 「고등교육법」 제2조에 따른 학교에서 보건복지부령으로 정하는 보육 관련 교과목과 학점을 이수하고 전문학사학위 이상을 취득한 사람

1의2. 법령에 따라 「고등교육법」 제2조에 따른 학교를 졸업한 사람과 같은 수준 이상의 학력이 있다고 인정된 사람으로서 보건복지부령으로 정하는 보육 관련 교과목과 학점을 이수하고 전문학사학위 이상을 취득한 사람

2. 고등학교 또는 이와 같은 수준 이상의 학교를 졸업한 자로서 시·도지사가 지정한 교육훈련시설에서 소정의 교육과정을 이수한 사람

「영유아보육법」 제22조(어린이집의 원장 또는 보육교사 자격증의 교부 등)

① 보건복지부장관은 제21조 제1항 및 제2항에 따라 어린이집의 원장 또는 보육교사의 자격을 검정하고 자격증을 교부하여야 한다.

보육교사와 원장의 자격기준에 관한 세부 사항은 다음과 같다.

1) 보육교사 자격기준

「영유아보육법」 제21조와 관련된 보육교사의 자격기준은 대통령령으로 정하며 〈표 11-1〉과 같이 1, 2, 3등급으로 나뉜다. 이 법에서는 보육교사 2급의 경우 전문대학과 동등한 수준 이상의 학교에서 보육 관련 교육과정을 이수하거나 3급 자격 취득 후 소정 기간의 경력에 해당하는 경우 승급교육을 받은 사람이 취득할 수 있는 것으로 정해

표 11-1 보육교사의 자격기준

등급	자격기준	
	종전법(2014년 3월 이전)	개정법(2014년 3월 이후)
보육교사 1급	가. 보육교사 2급 자격을 취득한 후 3년 이상의 보육업무 경력이 있는 사람으로서 보건복지부장관이 정하는 승급교육을 받은 사람 나. 보육교사 2급 자격을 취득한후 보육 관련 대학원에서 석사학위 이상을 취득하고 1년 이상 보육업무 경력이 있는 사람으로 보건복지부장관이 정하는 승급교육을 받은 사람	기존과 동일
보육교사 2급	가. 전문대학 또는 이와 같은 수준 이상의 학교에서 보건복지부령이 정하는 보육 관련 교과목 및 학점을 이수하고 졸업한 사람 나. 보육교사 3급 자격을 취득한 후 1년 이상의 보육업무 경력이 있는 사람으로서 보건복지부장관이 정하는 승급교육을 받은 사람	가. 기존과 동일 나. 3급 자격 취득 후 '1년 이상'의 보육업무 경력에서 '2년 이상'으로 개정
보육교사 3급	고등학교 또는 이와 같은 수준 이상의 학교를 졸업한 사람으로서 보건복지부령으로 정하는 교육훈련시설에서 정해진 교육과정을 수료한 사람	기존과 동일

져 있는데, 승급교육을 받을 수 있는 경력 기간이 개정 법에서는 보다 강화되었다. 종전 법상으로는 보육교사 3급 자격을 취득한 후 1년 이상의 보육업무 경력이 있는 사람으로서 보건복지부장관이 정하는 승급교육을 받은 사람이 취득할 수 있었으나, 2014년 3월부터 시행되는 개정 법에서는 보육교사 3급 자격을 취득한 후 2년 이상의 보육업무 경력이 있어야 보육교사 2급으로의 승급이 가능하도록 강화되었다.

각급 보육교사 자격증을 발급받기 위해 구비(제출)해야 하는 서류는 〈표 11-2〉와 같다.

표 11-2 보육교사 자격발급 구비 서류

종류	구비(제출) 서류
보육교사 1급	① 보육교사 2급 자격증 사본 ② 보육업무 3년 이상 경력증명서 ③ 승급교육 이수증명서
	① 보육교사 2급 자격증 사본 ② 석사학위 증명서 ③ 보육업무 1년 이상 경력증명서 ④ 승급교육 이수증명서
보육교사 2급	① 최종 학교 졸업증명서 ② 최종 학교 성적증명서 ③ 보육실습 확인서
	① 보육교사 3급 자격증 사본 ② 보육업무 2년 이상 경력증명서 ③ 승급교육 이수증명서
보육교사 3급	① 최종 학교 졸업증명서 ② 교육훈련시설 수료증

2) 어린이집 원장 자격기준

어린이집 원장의 자격은 자격인정제의 형태로 유지되어 왔으나 2005년부터 발급된 보육교사 국가자격증 제도가 체계화되면서, 보육교사와 마찬가지로 '자격관리의 효율성 및 투명성을 제고하고 보육서비스의 질적 수준을 향상'한다는 동등한 차원에서 어린이집 원장의 자격증도 2005년 「영유아보육법」의 전면 개정으로 국가자격증 제도가 법적으로 마련되었으며, 부칙에 따라 2007년부터 어린이집 원장의 국가 자격증 발급 및 교부가 시행되었다.

어린이집 원장의 자격에 대한 법적 근거는 다음과 같다.

어린이집의 원장의 자격기준(「영유아보육법 시행령」 제21조 관련)〈개정 2021.12.7.〉

1. 어린이집 원장의 자격기준
  가. 일반기준
    1) 보육교사 1급 자격을 취득한 후 3년 이상의 보육 등 아동복지업무 경력이 있는 사람
    2) 「유아교육법」에 따른 유치원 정교사 1급 자격 또는 같은 법에 따른 특수학교(유치원 과정을 말한다)의 정교사 자격을 취득한 후 3년 이상의 보육 등 아동복지업무 경력이 있는 사람
    3) 유치원 원장의 자격을 가진 사람
    4) 「초·중등교육법」에 따른 초등학교 정교사 자격 또는 같은 법에 따른 특수학교(초등학교 과정을 말한다)의 정교사 자격을 취득한 후 5년 이상의 보육 등 아동복지업무 경력이 있는 사람
    5) 「사회복지사업법」에 따른 사회복지사 1급 자격을 취득한 후 5년 이상의 보육 등 아동복지업무 경력이 있는 사람
    6) 「의료법」에 따른 간호사 면허를 취득한 후 7년 이상의 보육 등 아동복지업무 경력이 있는 사람
    7) 국가 또는 지방자치단체에서 7급 이상의 공무원으로 보육 등 아동복지업무에 5년 이상 근무한 경력이 있는 사람
  나. 가정어린이집
    1) 일반기준에서 정한 자격을 갖춘 사람
    2) 보육교사 1급 이상의 자격을 취득한 후 1년 이상의 보육업무 경력이 있는 사람
  다. 영아 전담 어린이집: 만 3세 미만의 영아만을 20명 이상 보육하는 어린이집
    1) 일반기준에서 정한 자격을 갖춘 사람
    2) 간호사 면허를 취득한 후 5년 이상의 아동간호업무 경력이 있는 사람

라. 장애아 전문 어린이집: 「장애아동복지지원법」 제32조에 따른 장애영유아 어린이집 중 12명 이상의 장애영유아를 보육할 수 있는 어린이집
  1) 일반기준에서 정한 자격을 갖춘 사람으로서 대학(전문대학을 포함한다)에서 장애인복지 및 재활 관련 학과를 전공한 사람
  2) 일반기준에서 정한 자격을 갖춘 사람으로서 장애영유아 어린이집에서 2년 이상의 보육업무 경력이 있는 사람

마. 「고등교육법」에 따른 대학(전문대학을 포함한다) 또는 법 제21조제2항제2호에 따른 교육훈련시설이 운영(위탁 또는 부설 운영을 말한다)하는 어린이집
  1) 가목에 따른 일반기준에서 정한 자격을 갖춘 사람
  2) 어린이집을 운영하는 대학의 조교수 또는 교육훈련시설의 전임교수 이상으로서 보육 관련 교과목에 대하여 3년 이상의 교육 경력이 있는 사람

바. 가목부터 라목까지의 어느 하나에 해당하는 사람은 보건복지부령으로 정하는 사전직무교육을 받아야 한다.

출처: 법제처 국가법령정보센터(2021).

어린이집 원장 자격기준에 명시된 경력에 대한 기준은 제시된 항목 중 어느 한 항목에라도 해당하는 경력을 의미한다. 어린이집 원장 자격기준에 해당하는 경력에 대한 내용은 원장으로서의 전문성에 대한 세부 사항을 명확히 규정하고자 원장의 세부 경력 중 '보육 등 아동복지업무 경력'과 '보육업무 경력' '아동간호업무 경력'을 다음과 같이 좀 더 구체적으로 명시하고 있다.

어린이집 원장 자격기준에 해당하는 경력(「영유아보육법 시행령」 제21조 관련)

1. "보육 등 아동복지업무 경력"이란 다음의 어느 하나에 해당하는 경력을 말한다.

가. 다음의 어느 하나에 해당하는 경력
  1) 어린이집에서 어린이집의 원장, 보육교사, 특수교사[「초 · 중등교육법」 제21조제2항에 따라 특수학교의 정교사, 준교사 또는 실기교사(담당과목이 재활복지과목인 경우만 해당한다)의 자격증을 가진 사람과 이에 준하는 사람으로 보건복지부장관이 인정하는 사람을 말한다. 이하 같다] 또는 치료사로 근무한 경력

2) 육아종합지원센터에서 육아종합지원센터의 장, 보육전문요원, 특수교사, 대체교사 또는 시간제보육 담당 보육교사로 근무한 경력
3) 법 제8조에 따른 한국보육진흥원에서 보건복지부장관이 정하여 고시하는 임원이나 정규직 근로자로 근무한 경력
4) 법 제26조의2제2항에 따른 시간제보육서비스지정기관에서 기관의 장 또는 시간제보육 담당 보육교사로 근무한 경력

나. 「유아교육법」에 따른 유치원에서 원장, 원감, 수석교사, 교사 또는 기간제 교사로 근무한 경력

다. 「아동복지법」에 따른 아동복지시설에서 시설장, 총무, 보육사, 생활복지사, 상담지도원 또는 자립지원전담요원으로 근무한 경력

라. 「장애인복지법」에 따른 장애 영유아 거주시설에서 장애영유아와 관련된 업무에 종사한 경력

마. 「장애인 등에 대한 특수교육법」 제11조에 따른 특수교육지원센터에서 특수교육 분야의 전문인력으로 근무한 경력

바. 「유아교육법」 및 「초·중등교육법」에 따른 특수학교(유치원 과정)에서 특수학교 교원으로 근무한 경력

사. 법률 제7120호 유아교육법 제정으로 폐지되기 전 「유아교육진흥법」에 따른 새마을유아원에서 근무한 경력

아. 가목부터 사목까지의 규정에 따른 아동복지업무를 수행하는 시설 등에서 간호사로 근무한 경력

자. 국가 또는 지방자치단체에서 7급 이상의 공무원으로 보육 등 아동복지에 관한 행정업무에 종사한 경력

2. “보육업무 경력”이란 다음의 어느 하나에 해당하는 경력을 말한다.

가. 다음의 어느 하나에 해당하는 경력

1) 어린이집에서 어린이집의 원장, 보육교사, 특수교사 또는 치료사로 근무한 경력
2) 육아종합지원센터에서 육아종합지원센터의 장, 보육전문요원, 특수교사, 대체교사 또는 시간제보육 담당 보육교사로 근무한 경력

3) 법 제8조에 따른 한국보육진흥원에서 보건복지부장관이 정하여 고시하는 임원이나 정규직 근로자로 근무한 경력

4) 법 제26조의2제2항에 따른 시간제보육서비스지정기관에서 기관의 장 또는 시간제보육 담당 보육교사로 근무한 경력

나. 「유아교육법」에 따른 교육과정과 방과후 과정을 운영하는 유치원에서 원장, 원감, 수석교사, 교사 또는 기간제 교사로 근무한 경력

3. "아동간호업무 경력"이란 병원의 소아청소년과나 신생아실, 보건소 모자보건센터, 초등학교 보건실 등에서 근무한 경력을 말한다.

출처: 법제처 국가법령정보센터(2021).

2. 보육교사 보수교육

1) 보수교육의 정의

보수교육은 보육교직원의 자질 향상을 위해 실시하는 교육으로 「영유아보육법」에서는 보수교육에 관한 규정이 명시되어 있다. 보수교육은 직무교육과 승급교육으로 나눌 수 있다. 직무교육은 보육에 필요한 지식과 능력을 유지 · 개발하기 위하여 보육교직원이 정기적으로 받는 교육이며, 승급교육은 보육교사가 상위 등급의 자격(3급 → 2급, 2급 → 1급)을 취득하기 위해 받아야 하는 교육 및 어린이집 원장의 자격을 갖추기 위하여 받아야 하는 사전직무교육을 말한다.

2) 보수교육 대상자

보수교육은 현직 보육교직원을 대상으로 실시하므로 어린이집 원장, 보육교사 등의 자격을 소지한 자라도 교육 개시 당시 어린이집에 근무하지 않는 자는 보수교육을 받을 수 없다. 예외적으로 어린이집 원장 사전직무교육은 어린이집에 근무하지 않는 경우라도 신청 및 이수가 가능하다. 또한 현직 교직원이 아닌 경우에는 교육비 전액 자비 부담을 전제로 보수교육을 받을 수 있다.

3) 보수교육의 종류

보수교육에는 일반직무교육, 특별직무교육, 승급교육, 사전직무교육이 있다. 원장과 보육교사가 이수하는 보수교육은 각각 〈표 11-3〉〈표 11-4〉와 같다.

표 11-3 어린이집 원장의 보수교육

<table>
<tr><th colspan="5">직무교육</th><th>사전직무교육</th></tr>
<tr><td colspan="2">일반직무교육</td><td colspan="3">특별직무교육</td><td rowspan="2">어린이집 원장 사전직무교육</td></tr>
<tr><td>기본교육/심화교육</td><td>장기 미종사자 교육</td><td>영아보육 직무교육</td><td>장애아보육 직무교육</td><td>방과후보육 직무교육</td></tr>
</table>

표 11-4 보육교사의 보수교육

<table>
<tr><th colspan="5">직무교육</th><th colspan="2">승급교육</th></tr>
<tr><td colspan="2">일반직무교육</td><td colspan="3">특별직무교육</td><td rowspan="2">2급 보육교사 승급교육</td><td rowspan="2">1급 보육교사 승급교육</td></tr>
<tr><td>기본교육/심화교육</td><td>장기 미종사자 교육</td><td>영아보육 직무교육</td><td>장애아보육 직무교육</td><td>방과후보육 직무교육</td></tr>
</table>

4) 보수교육 내용

보수교육은 일반직무교육, 승급교육, 원장 사전직무교육, 특별직무교육으로 나뉜다. 일반직무교육은 기본과정과 심화과정이 있으며, 각각 40시간으로 보육교직원(보육교사, 원장)을 대상으로 한다. 교육의 세부 영역은 기본과정과 심화과정에서 동일하며, 그 내용은 인성·소양, 건강·안전, 전문지식·기술(장애 및 다문화 실제, 보육활동 운영의 실제, 가족 및 지역사회 협력)이다. 기본 및 심화과정은 보육업무 경력 등을 감안하여 교육대상자가 선택하여 이수할 수 있다. 승급교육은 보육교사 2급, 3급을 대상으로 하고, 원장 사전직무교육은 원장 자격을 갖추고 직무에 임하기 전에 받는 교육이며, 교육의 세부 영역은 일반직무교육과 동일하나 교과목에서는 다소 차이가 있다. 승급교육과

원장 사전직무교육은 자격증에서 그 내용과 함께 형식에서도 변화가 있으므로 해당 시간을 이수하고 반드시 승급시험을 치르도록 시험시간 2시간이 배정되어 있다. 특별직무교육은 크게 영아보육, 장애아보육, 방과후보육으로 나누어지며 교육의 세부 영역은 다른 보수교육과 동일하나 교과목에서는 차이가 있다(이 장 뒷부분의 〈부록 2〉 참조).

(1) 일반직무교육

- 현직 보육교사는 보육업무 경력이 만 2년이 지났을 때 또는 보육교사 직무교육(승급교육 포함)을 받은 해부터 만 2년이 지났을 때에 보육교사 직무교육을 받아야 한다.
- 현직 어린이집 원장은 어린이집 원장의 직무를 담당한 해부터 만 2년이 지났을 때 또는 어린이집 원장 직무교육(원장 사전직무교육 포함)을 받은 해부터 만 2년이 지났을 때에 어린이집 직무교육을 받아야 한다.
- 어린이집 원장 및 보육교사가 일반직무교육을 받아야 하는 연도에 일반직무교육을 받지 못한 경우에는 다음 연도 12월 31일까지 받아야 한다.
- 장기 미종사자 직무교육은 어린이집 원장 또는 보육교사의 자격을 취득한 사람이 만 2년 이상 보육업무를 수행하지 않다가 다시 보육업무를 수행하려 할 때 받는 교육이다. 이때 보육업무는 어린이집에서 원장, 보육교사로 근무한 경력을 말하며 만 2년 내에 40시간 이상의 경력 또는 보수교육 이수이력이 있는 경우는 제외한다.

(2) 승급교육

- 보육교사 3급 자격을 취득한 후, 보육업무 경력이 만 1년 이상 경과한 자는 2급 승급교육을 받을 수 있다.
- 보육교사 2급 자격을 취득한 후, 보육업무 경력이 만 2년 이상 경과한 자는 1급 보육교사 승급교육을 받을 수 있다.
  - 다만, 보육교사 2급 자격을 취득한 후, 보육 관련 대학원에서 석사학위 이상을 취득한 자는 보육업무 경력이 만 6개월 이상 경과한 후 1급 승급교육을 받을 수 있다.
- 승급교육을 받은 사람은 일반직무교육을 이수한 것으로 본다.

(3) 어린이집 원장 사전직무교육

- 일반, 가정, 영아전담, 장애아 전문 어린이집 원장 중 하나의 자격을 취득하고자 하는 자는 어린이집 원장 사전직무교육을 받아야 한다.
- 원장 사전직무교육을 받은 사람은 일반직무교육을 이수한 것으로 본다.

(4) 특별직무교육

- 영아 · 장애아 · 방과후보육을 담당하고자 하는 보육교사 및 어린이집 원장은 영아 · 장애아 · 방과후보육 직무교육을 받을 수 있다.
- 영아 · 장애아 · 방과후보육을 담당하고자 하는 일반직무교육 대상자는 영아 · 장애아 · 방과후보육 직무교육을 받을 수 있다.
- 영아 · 장애아 · 방과후 담당 보육교사로 근무하고자 하는 자는 사전에 특별직무교육을 받아야 하는 것이 원칙이나, 불가피하게 받지 못한 경우에는 채용 후 6개월 이내에 받아야 한다.
- 특별직무교육을 받은 사람은 일반직무교육을 이수한 것으로 본다.

표 11-5 교육과정 보수교육 대상자

교육 구분			교육대상	교육시간	비고
직무 교육	일반 직무 교육	보육 교사	현직에 종사하고 있는 보육교사로서 보육업무 경력이 만 2년을 경과한 자와 보육교사 직무교육(승급교육 포함)을 받은 해부터 만 2년이 경과한 자	40시간	매 3년마다
		원장	어린이집 원장 직무를 담당한 때부터 만 2년이 지난 경우	40시간	매 3년마다
	특별 직무 교육	영아 보육	영아보육을 담당하고 있는 일반직무교육 대상자와 영아보육을 담당하고자 하는 보육교사 및 어린이집 원장	40시간	이수하고자 하는 자
		장애아 보육	장애아보육을 담당하고 있는 일반직무교육 대상자와 장애아보육을 담당하고자 하는 보육교사 및 어린이집 원장	40시간	이수하고자 하는 자
		방과후 보육	방과후보육을 담당하고 있는 일반직무교육 대상자와 방과후보육을 담당하고자 하는 보육교사 및 어린이집 원장	40시간	이수하고자 하는 자

승급 교육	2급 승급교육	보육교사 3급 자격을 취득한 후 보육업무 경력이 만 1년이 경과한 자	80시간	이수하고자 하는 자
	1급 승급교육	보육교사 2급 자격을 취득한 후 보육업무 경력이 만 2년이 경과한 자 및 보육교사 2급의 자격을 취득한 후 보육 관련 대학원에서 석사학위를 취득한 경우 보육업무 경력이 만 6개월 경과한 자	80시간	이수하고자 하는 자
원장 사전 직무교육	-	일반, 가정, 영아전담, 장애아 전문 어린이집 원장까지 어느 하나의 자격을 취득하고자 하는 자	80시간	이수하고자 하는 자

※ 어린이집에서 특수교사나 치료사로 근무하는 자도 일반 · 특별직무교육 대상으로서 보수교육을 이수하여야 한다(일반직무교육이나 특별직무교육 중 선택적으로 이수할 수 있음).

※ 보수교육을 연속하여 3회 이상 받지 아니하는 경우 어린이집 원장 또는 보육교사 자격이 정지될 수 있으므로 보수교육 대상자는 필히 보수교육을 이수하여야 한다.

3. 보육교직원의 자격증 신청

보육교사와 어린이집 원장의 국가자격검정은 「영유아보육법 시행규칙」 제17조에 근거하여 무시험검정으로 하되 「영유아보육법 시행령」 제21조의 자격기준에 따라 제출 서류에 대한 심사를 통해 자격을 취득할 수 있다. 보건복지부장관의 위임을 받은 한국보육진흥원에서 신청자의 자격기준 서류를 심사하고 자격을 관리하고 있으며, 자격증은 보건복지부장관이 검정 · 수여한다. 구체적인 자격증 발급 절차는 [그림 11-1]과 같다.

신청절차	내용	주체
회원가입	• 보육교직원 국가자격증 홈페이지 회원가입 및 로그인	신청인
발급신청서 작성	• 자격종류(보육교사/어린이집 원장/장애영유아를 위한 보육교사) 선택 • 학력 등 세부사항 입력 • 신청자 증명사진 파일(jpg, gif) 등록	신청인
수수료 결제	• 수수료 10,000원 • 신용카드, 실시간 계좌이체, 가상계좌 중 선택하여 납부 * 서류접수 이후에는 자격증 신청 취소 및 수수료 환불 불가	신청인
서류 제출	• 자격종류 및 자격기준별 제출서류 확인 * '자격기준 및 제출서류' 메뉴에서 확인 가능 • 자격 신청 구비서류를 한국보육진흥원으로 등기우편 제출	신청인
자격검정	• (처리기한) 수수료결제 및 서류도착일로부터 14일 이내 * 단 공휴일, 서류보완에 소요되는 기간 및 특수사례 심의기간은 처리 기간에 미포함 • 제출서류를 통한 자격요건 충족여부 확인 (아래 표 참조) * '보류'로 검정된 날로부터 30일 이내에 보완서류 미제출시 불인정 대상	진흥원
자격증(자격확인서) 발급	• 자격 인정 건의 자격증/자격확인서 제작 및 발송	진흥원

자격요건	내용	
충족	인정	자격요건 충족으로 자격 인정됨
불충족	보류	보완서류 제출을 통해 재검정 진행
	특수사례	검정위원회 안건 의견을 통해 검정 진행
	불인정	자격요건 불충족으로 자격 인정불가

[그림 11-1] 자격증 발급 신청 및 교부 절차

출처: 보육교직원 국가자격증(http://chrd.childcare.go.kr).

4. 보육교사 자격 취득을 위한 교육과정

1) 보육교사 자격 취득을 위한 교과목

보육교사 2급 자격증 취득을 위해 이수해야 할 교과목과 학점은 「영유아보육법 시행규칙」 제12조 제1항에 명시되어 있으며, 새롭게 개정된 내용은 2016년 8월 1일 후에 시행되었다. 구체적인 내용은 〈표 11-6〉과 같다.

표 11-6 교육영역별 교과목 및 학점(「영유아보육법 시행규칙」 제12조 제1항)

대학 등에서 이수하여야 할 교과목 및 학점 일반			
영역	교과목		이수과목(학점)
가. 교사 인성	보육교사(인성)론, 아동권리와 복지		2과목(6학점)
나. 보육지식과 기술	필수	보육학개론, 보육과정, 영유아 발달, 영유아 교수방법론, 놀이지도, 언어지도, 아동음악(또는 아동동작, 아동미술), 아동수학지도(또는 아동과학지도), 아동안전관리(또는 아동생활지도)	9과목(27학점)
	선택	아동건강교육, 영유아 사회정서지도, 아동문학교육, 아동상담론, 장애아 지도, 특수아동 이해, 어린이집 운영관리, 영유아 보육프로그램 개발과 평가, 보육정책론, 정신건강론, 인간행동과 사회환경, 아동간호학, 아동영양학, 부모교육론, 가족복지론, 가족관계론, 가족 사회복지론	4과목(12학점) 이상
다. 보육실무	아동관찰 및 행동연구, 보육실습		2과목(6학점)

※비고

1. 교과목의 명칭이 서로 다르더라도 교과목의 내용이 비슷하면 같은 교과목으로 인정하고, 다목의 교과목 중 보육실습은 교과목 명칭과 관계없이 보육실습기관과 보육실습기간의 조건을 충족하면 보육실습으로 인정한다.
2. 각 교과목은 3학점을 기준으로 하되, 최소 2학점이어야 한다.
3. 17과목 이상, 51학점 이상 이수하여야 한다.

출처: 법제처 국가법령정보센터(2021).

※「영유아보육법 시행규칙」(2019. 6. 12. 개정)에 따른 교과목의 유사 교과목 인정범위, 편(재)입학생의 보육 관련 교과목 학점 이수 기준은 보육교직원 국가자격증 홈페이지(http://chrd.childcare.go.kr) 참조

이들 교과목은 자격을 취득하기 위해 학위를 수여한 기관에서 인정한 교과목으로, 성적증명서에 기재된 교과목과 학점을 의미한다. 이러한 기준을 적용하는 대상자는 2017년 1월 1일 이후에 입학하는 사람이며 그 이전에 입학했다 할지라도 2017년 1월 1일 이후에 교과목 교육을 시작한 경우에는 개정된 대면교과목 및 실습기준에 따라 이수해야 한다. 대면교과목 및 실습기준의 세부 내용은 〈표 11-7〉과 같다.

표 11-7 대면교과목 및 실습기준

영역	교과목
가. 교사 인성	보육교사(인성)론, 아동권리와 복지
나. 보육지식과 기술	놀이지도, 언어지도, 아동음악(또는 아동동작, 아동미술), 아동수학지도(또는 아동과학지도), 아동안전관리(또는 아동생활지도)
다. 보육실무	아동관찰 및 행동연구, 보육실습

※ 비고

1. 대면교과목은 8시간 이상 출석 수업과 1회 이상 출석 시험을 실시한다.
2. 다목의 교과목 중 보육실습에 관한 기준은 다음 각 목에 따른다.
   가. 보육실습은 이론수업과 보육현장 실습을 운영한다.
   나. 보육현장 실습은 6주 이상 240시간 이상을 원칙으로 하되, 2회에 나누어 실시할 수 있다.
   다. 보육교사의 자격을 취득하려는 사람이 보육실습을 시작하는 때에 보육정원이 15명 이상이고 법 제30조 제1항에 따른 평가에서 보건복지부장관이 정하는 등급 이상을 받은 어린이집 또는 방과후 과정을 운영하는 유치원에서 보육교사 1급 또는 유치원 정교사 1급 자격을 가진 사람이 보육실습을 지도해야 한다. 이 경우 실습 지도교사 1명당 보육실습생은 3명 이하로 한다.
   라. 보육실습은 평일 오전 9시부터 오후 7시 사이에 한 경우에만 인정하며, 보육실습시간은 하루 8시간으로 한다. 다만, 부득이한 사유가 있다고 보건복지부장관이 인정하는 경우로서 하루에 실습한 시간이 6시간 이상인 경우에는 실제로 실습한 시간을 인정한다.
   마. 보육실습의 평가는 보건복지부장관이 정하는 보육실습일지와 보육실습 평가서에 근거하여 하되, 평가점수가 80점 이상인 경우에만 보육실습을 이수한 것으로 인정한다.

2) 보육교사 자격 취득을 위한 보육실습 기준

(1) 보육실습의 목적

'표준보육실습 지도지침'(한국보육진흥원, 2010a)에서는 "보육실습이란 향후 보육교사가 되고자 준비하는 학생이 어린이집 현장에서 예비교사의 역할을 직접 경험해 보

는 과정이며, 국가가 발급하는 보육교사 자격증을 취득하기 위해 필수적일 뿐 아니라 대학(교) 및 보육교사 교육원에서 배운 이론과 지식을 교육현장에서 실제 적용해 보는 핵심적 과정이기도 하다."라고 보육실습의 목적을 명시하고 있다. 이에 따른 보육실습의 목표를 구체적으로 정리하면 다음과 같다(한국보육진흥원, 2010a).

- 보육교사로서 보육철학과 보육목표를 발전시킨다.
- 보육교사의 역할과 책임, 태도를 직접 경험한다.
- 영유아에 대한 심화된 이해 및 생활지도를 경험한다.
- 보육교사로서 요구되는 전문적이고 실천적인 지식과 다양한 지도 방법을 경험한다.
- 보육실습생 스스로 보육교사로서의 장단점을 파악하고 향후 진로를 탐색한다.
- 기관의 지역사회에서의 역할, 기관 내 조직문화 등을 이해한다.

따라서 미래의 보육교사를 길러 낸다는 큰 목적을 전제로 하여 예비교사의 올바른 보육실습을 가능하게 하기 위해서는 국가 수준의 '표준보육실습 지도지침'을 기본으로 하되 각 기관별 운영 특성에 맞춰 세부 실습 지도지침을 마련함으로써 실습생이 어떤 보육기관에서든지 표준화되고 체계적인 지도를 받을 수 있도록 국가와 양성기관, 보육기관의 협력이 이루어져야 할 것이다(박세정, 박지영, 석은조, 오성숙, 2014).

(2) 보육실습 교과목 및 학점 기준

- 보육실습은 '보육실습'이라는 교과목으로 이수하는 것을 원칙(보육실습은 현장실습과 이론수업으로 구성되어야 함)으로 한다. 따라서 성적증명서를 통하여 교과목 확인이 가능하여야 한다.
- 다만, 교과목 명칭이 다르더라도 유사 교과목을 이수한 경우로서 실습기관과 실습기간의 조건을 만족하는 경우에는 보육실습 교과목을 이수한 것으로 인정한다.
- 보육실습 교과목은 3학점 이상으로 이수하여야 하고, 평가점수가 80점 이상(B학점)인 경우에만 실습을 이수한 것으로 인정하므로, 80점(B학점) 이상의 성적을 취득하여야 한다.

(3) 보육실습 실시 기준

보육교사 자격증 취득을 위해서는 보육실습 교과목을 이수하고 어린이집,「유아교육법」에 따른 교육과정과 방과후과정을 운영하는 유치원에서 보육실습을 실시하여야 하며, 대면교과목 중 보육실습에 관한 기준은 다음을 따른다.

① 실습기관

정원 15인 이상으로 평가인증을 유지하는 어린이집 또는 교육과정과 방과후과정을 운영하는 유치원(교육청에 방과후과정 운영 유치원으로 등록되어야 함)에서 실시한다.

※ 2017년 1월 1일 이후부터 어린이집에서 보육실습을 시작하는 경우, 인가받은 정원 15명 이상으로 평가인증을 받은 어린이집에서 보육실습을 실시하여야 함

평가인증 어린이집 확인 방법

어린이집 정보공개포털(http://info.childcare.go.kr) 내 [통합 정보공시] → [어린이집 · 유치원 찾기] → [어린이집 검색] 또는 임신육아종합포털 아이사랑 홈페이지(http://www.childcare.go.kr) 내 [어린이집] → [어린이집 찾기]를 통해 확인

② 실습기간

6주, 240시간 이상을 원칙으로 하되, 2회에 나누어 실시할 수 있다.

실습기간에 대한 해석

가. 6주, 240시간 이상이란?

- 연속하여(월요일~금요일까지) 6주, 240시간 이상 실습을 실시하여야 하고, 1일 실습시간은 8시간(오전 9시부터 오후 7시 사이)이 원칙
  따라서 주 1회 실습 또는 주말 실습 등 특정 요일에만 보육실습을 실시한 경우, 그 시간이 240시간 이상이 되더라도 보육실습을 이수한 것으로 인정할 수 없음

2회에 나누어 실시하는 방법

- 하나의 보육실습 교과목을 개설한 경우: 학기 내에 2회로 나누어 실시
- 학기를 달리하여 두 개의 보육실습 교과목(I, II)을 개설한 경우: 각 학기에 1회씩 실시

③ 실습 인정 시간

보육실습의 한 회는 연속하여 평일 오전 9시부터 오후 7시 사이에 한 경우에만 인정하며, 보육실습 시간은 하루 8시간을 초과할 수 없다.

④ 실습 시기

실습은 보육실습 교과목이 개설된 학기(직전후 방학 포함)에 실시한다.

⑤ 실습 지도교사

- 실습 지도교사는 실습 지도 이전에 보육교사 1급 또는 유치원 정교사 1급 자격증을 소지한 사람이어야 한다.
- 실습 지도교사는 동일한 실습기간 내에 1명당 보육실습생을 3명 이하로 지도하여야 한다.

⑥ 보육실습 확인서

보육교사 자격증을 발급하고자 하는 사람은 보육교사 자격증 발급 신청 시 보육실습 내용의 적절성을 증명하는 '2018년도 보육사업 안내'에 보육실습 확인서, 보육실습 평가서가 제시되어 있으니 이를 참고한다(이 장 뒷부분의 '부록 1. 보육실습 관련 자료' 참조).

⑦ 실습관리 시스템을 통한 보육실습 관리

2013년 3월 1일 이후 어린이집에서 보육실습을 이수하는 경우, 보육통합정보시스템에 보육실습 내용을 등록 · 제출하여야 한다.

보육통합정보시스템을 통한 보육실습 내용 등록 · 제출 방법

① 보육실습 내용 등록 방법: 보육통합정보시스템 → [교육관리] → [보육실습생관리] → [등록]에서 보육실습생 정보와 실습 지도교사 정보를 입력 → [저장]하여 등록 완료

② 보육실습 내용 제출 방법: 보육통합정보시스템 → [교육관리] → [보육실습생관리] → 대상자 조회 후 [선택] → [제출](메시지 창 확인) → [확인]하여 제출 완료

※ 주의: 보육실습을 2회로 나누어서 실습한 경우에는 보육실습생 등록 및 제출을 각각 해야 함. 제출된 내용은 자격 취득을 위한 정보로 전송되므로 제출 이후에는 수정 불가

5. 보육교사 양성과정

1) 보육교사 양성교육과정의 구성체계

(1) 영유아 발달 및 학습에 관한 영역

Peters와 Klinzing(1990)은 보육교사 양성과정에서 영유아 발달과 학습에 대한 내용이 포함되어야 하는 이유를 다음과 같이 설명하고 있다.

- 다양한 연령의 영유아의 발달을 이해할 수 있다.
- 영유아 발달은 여러 가지 원인에 의해 다양한 방식으로 개인차를 가지고 이루어질 수 있기에 이에 대한 이해가 필요하다.
- 영유아 발달과정의 변화를 이해해야 한다.
- 발달에 영향을 끼치는 환경의 영향을 이해해야 하기 때문이다.
- 발달의 여러 측면들이 서로 상호작용하며 발달한다는 사실을 이해해야 한다(문혁준 외, 2010).

(2) 보육과정 운영 및 교수학습과정에 관한 영역

보육은 영유아들의 특성상 결과보다 과정을 중시하기에 이러한 특성으로 교사교육

에서도 교과 내용 자체보다는 이를 어떻게 가르칠 것인가의 문제를 더 강조하는 경향이 있다(배소연, 2001). 대부분의 관련 대학에서 보육과정의 기본적인 이론을 다루는 '보육과정'과 교수학습의 핵심이 되는 '놀이지도'를 개설하고 있으며, 언어, 문학, 수 · 과학, 음률, 미술 등의 교과에 관련되는 과목은 대학의 특성에 따라 독립된 과목으로 운영되거나 두 과목씩 통합하여 개설하기도 한다(문혁준, 안효진, 김경희, 김영심, 김정희, 2014). 한편, 보육교사 양성과정에 대한 개정에서는 현행 유사한 성격의 전공 교과목을 통합하여 개설하던 것을 분리하여 개설하고 영유아교육 영역에서 보다 심도 있는 전공 지식의 습득을 통해 전문성 있는 교사를 양성하는 데 초점을 두고 있다(문혁준 외, 2014).

(3) 보육의 역사, 철학 및 사회 기초에 관한 영역

영유아의 발달과 학습은 그들이 속한 사회 및 문화적 맥락과 깊은 관련성을 맺고 있다. 따라서 최근 사회 구성주의 이론에 입각하여 보육교사들이 처해 있는 사회 현상과 교육에 대한 이해를 강조해야 한다는 설득력 있는 주장이 대두하고 있다. 교사 양성교육과정은 사회, 국가 및 세계의 변화에 유기적으로 대처해 나가야 하기 때문에 교사들은 현재 그들이 처한 사회 현상이 나타나게 된 역사적 배경에 대한 선행 지식 및 현재 또는 미래에 발생 가능한 다양한 사회적인 변화까지도 가늠할 수 있는 능력이 필요하다(문혁준 외, 2010). 이에 관련 대학에서는 보육교사가 이러한 보육의 역사, 철학 및 사회 기초에 관한 지식을 습득하게 하기 위해 '보육학개론' '아동학개론'을 개설하고 이러한 과목의 중요성을 인정하여 필수 교과목으로 지정하고 있다(문혁준 외, 2010; 배소연, 2001).

2) 현행 보육교사 양성교육기관

현재 우리나라에서는 보육교사를 양성하는 기관의 조건을 「영유아보육법」에 규정하고 있으며, 크게 「고등교육법」에 의거한 학교와 교육훈련시설로 나누어 보육교사 양성이 이루어지고 있다. 2005년 「영유아보육법」의 전면 개정으로 보육교사 양성교육과정에도 많은 변화가 이루어졌다. 종전 법의 학과 중심 양성은 '대학 또는 이와 동등 이상의 학교에서 유아교육 또는 아동복지에 관련된 학과를 전공하여 졸업한 자'가 자격을 취득하는 방식으로, 관련 학과를 전제로 자격 부여의 폭을 제한하였다. 그러나 개정된 법에서는 관련 학과 규정을 폐지하고 교과목과 학점이수 기준으로 자격을 부여하게 되면서 교과목 기준은 강화되었는데, 오히려 보육교사를 양성하는 학과에 대한 전공의 관련성은 광범위해져서 교과목과 학점의 기준만 충족되면 보육교사 양성교육과정을 개설할 수 있게 되면서 학과 중심이 아닌 교과목 중심의 양성이 추진되었다(박세정 외, 2014).

보육교사를 양성하는 학교는 「영유아보육법」 제21조에서 규정하고 있다. 즉, 「고등교육법」 제2조에 따라 대학, 산업대학, 교육대학, 전문대학, 방송대학 · 통신대학 · 방송통신대학 및 사이버대학(이하 원격대학), 기술대학 등에서 보육 관련 교과목을 개설하여 학점을 이수하고, 전문학사학위 이상을 취득하면 보육교사의 자격 취득을 위한 기본 조건을 충족하게 되어 국가에서 검정하고 수여하는 보육교사 2급 자격증을 신청할 수 있게 된다. 현재 「영유아교육법」에서는 보육교사를 1, 2, 3급으로 구분하고 이외에 보육시설장의 자격을 별도로 규정하고 있다. 특히 보육교사는 영유아가 어린이집에서 생활하는 시간 내내 직접적으로 영유아와 상호작용을 하므로 영유아의 성장과 발달, 초기 경험에 가장 많은 영향을 미치는 인적 환경이다. 따라서 보육교사의 자격 취득을 위하여 「영유아보육법 시행규칙」 제12조 제1항에 전문대학 또는 이와 같은 수준 이상의 학교에서 이수하여야 하는 보육 관련 교과목 및 학점 기준을 제시하고 있다.

보육교사 양성교육을 통한 보육교사 자격증 취득자 출신 학과는 다음에 제시한 〈표 11-8〉과 같다.

표 11-8 보육교사 자격증 취득자 출신 학과 예시

구분	해당 학과명
보육계열	보육학과, 사회복지학과, 아동보육학과, 아동보육복지과, 아동복지보육과 등
아동복지계열	아동복지과, 아동가정복지과 등
아동계열	아동학과, 아동가족학과, 소비자아동학과 등
유아교육계열	유아교육과, 유아특수교육과 등
사회복지계열	사회복지학과, 사회복지행정과, 사회복지경영과, 케어사회복지과 등
기타 복지계열	복지학부, 복지행정학과, 복지관광학과, 복지상담과, 뷰티케어복지과 등
가정/가족계열	가정관리학과, 가정교육학과, 가정학과, 가족주거학과 등
교육계열	초등교육과, 교육학과, 기독교교육학과, 어린이영어교육학과 등
기타	행정학과, 대체요법학과, 무용학과, 경찰행정학과, 식품과학부, 음악과 등

출처: 한국보육진흥원(2010c).

▣ 활동

보육교사 자격 취득을 위한 교과목 목록을 보고 자신이 현재 이수한 교과목과 이수하지 못한 교과목을 확인해 봅시다.

이수한 교과목	
이수하지 못한 교과목	

생각할 문제

1. 보육실습을 위해 준비해야 할 내용에 대해 토의해 봅시다.

2. 바람직한 보육교직원 보수교육의 내용에 대해 토의해 봅시다.

참고문헌

문혁준, 김경회, 김영심, 김혜연, 배지희, 서소정, 안효진, 이경열, 이미정, 이희경, 조혜정(2010). 유아교사론. 서울: 창지사.

문혁준, 안효진, 김경회, 김영심, 김정희(2014). 보육교사론(개정판). 서울: 창지사.

박세정, 박지영, 석은조, 오성숙(2014). 보육교사론. 경기: 공동체.

배소연(2001). 4년제 유아 교사 양성 대학교의 전공 교육과정 연구. 교육학 연구, 39(4), 271-290.

보건복지부(2011). 2011 보육 시설 평가 인증 지침서. 서울: 한국보육진흥원.

보건복지부(2013). 2013 보육사업안내.

보건복지부(2018). 2018 보육사업안내.

조혜진(2007). 영아반 초임 교사들의 어려움과 적응에 대한 이해. 유아 교육연구, 27(3), 315-335.

한국보육진흥원(2010a). 보육교사 전문성 제고를 위한 표준보육과정의 이해와 적용.

한국보육진흥원(2010b). 보육시설장을 위한 표준보수보육과정.

한국보육진흥원(2010c). 표준교과 개요.

한국보육진흥원(2013). 어린이집에서의 보육실습 지도.

Peters, D. L., & Klinzing, D. (1990). The content of early childhood teacher education program: Child Development. In O. N. Saracho (Ed.), *Early Childhood Teacher Preparation* (pp. 67-81). New York: Teachers College Press.

법제처 국가법령정보센터(2021). 「영유아보육법」. http://www.law.go.kr

법제처 국가법령정보센터(2021). 「영유아보육법 시행령」. http://www.law.go.kr

법제처 국가법령정보센터(2021). 「영유아보육법 시행규칙」. http://www.law.go.kr

보육교직원 국가자격증(2021). http://chrd.childcare.go.kr

한국보육진흥원. http://kca.childcare.go.kr

부록 1 보육실습 관련 자료

1) 보육실습 확인서

보육실습 확인서

1. 실습 이수자 기본사항(필수)

이름	생년월일	양성교육기관명

2. 실습기관

실습기관명		실습기관 보육정원	
기관종류		최초인가일	년 월 일
평가인증 유지기간	년 월 일 ~ 년 월 일	연락처	
주소			

3. 실습 지도교사

이름	자격 종류	자격번호

4. 실습기간

실습기간	년 월 일 ~ 년 월 일(주간)
실습시간	총 시간(매주 요일 ~ 요일까지, 오전 시 ~ 오후 시)

위 사람은 「영유아보육법 시행규칙」 제12조 제1항에 따른 보육실습 기준을 준수하여 보육실습을 충실히 이수하였음을 확인합니다.

년 월 일

어린이집의 원장 (서명 또는 인)
학과장 (서명 또는 인)

※ 첨부서류

1. 실습기관 시설인가증 사본 1부
2. 보육실습 지도교사 자격증 사본 1부
3. 실습 지도교사 1인당 3명 이내의 보육실습생 지도 확인서.
   단, 2013년 3월 1일 이후 「어린이집 지원시스템」을 통하여 보육실습 확인서를 출력한 경우 첨부서류를 제출하지 않아도 됨

2) 보육실습 평가서

보육실습 평가서

성　　명:

생년월일:

보육실습기관명:

보육실습기간: 20　　년　　월　　일 ~ 20　　년　　월　　일

평가 영역(배점)	평가 항목		배점	점수
근무태도와 자질 (20점)	근무사항	출석, 결석, 지각, 조퇴 등	5	
	태도	성실성, 근면성, 친절, 적극성, 복장 및 용모, 예절	5	
	자질	영유아 존중, 책임감, 인성, 열의	5	
	관계형성	실습지도교사와의 관계, 동료실습생과의 관계	5	
보육활동 계획과 실행 (30점)	보육활동 계획	영역별, 반일(일일)보육활동, 계획의 적합성과 충실한 준비	15	
	보육활동 실행	영역별, 반일(일일)보육활동의 효과적이고 적절한 실행 정도	15	
예비보육 교사로서 역할수행(30점)	영유아 행동 및 놀이 관찰, 보육환경 관찰		5	
	보육일과 진행 보조와 일상생활지도		10	
	영유아 상호작용과 놀이 참여		15	
보육실습일지 작성 (10점)	구체적이고 충실한 보육실습일지 작성과 일일자기평가 및 지도교사 평가 반영		10	
총평 (10점)	실습기간동안 예비보육교사로서 향상 정도		10	
총점			100	

20　　년　　월　　일

보육실습 지도교사:　　　　(인)

어린이집 원장:　　　　(인)

부록 2 보수교육

1) 일반직무교육

가) 보육교사

영역		일반직무교육(기본과정)		일반직무교육(심화과정)	
		교과목	시간	교과목	시간
인성 · 소양 (8시간)		• 보육교사와 인권 –인권에 대한 이해 (성인지 교육내용 포함) –교사와 아동의 인권 존중 이해	3	• 보육교사의 인문적 소양 –행복한 교사되기 (성인지 교육내용 포함)	3
		• 보육교사의 직무역량 강화 –보육교사 직무 이해 –보육교사 의사소통기법 훈련	3	• 보육교사의 직무역량 강화 –보육교사 리더십 키우기 –기관 구성원 간 멘토링 실행	3
		• 보육교사의 건강관리 –보육교사의 신체 · 정신건강 이해 · 관리	2	• 보육교사의 건강관리 –보육교사의 신체 · 정신건강 이해 · 관리	2
건강 · 안전 (9시간)		• 안전사고 예방교육 –재난대비, 교통안전, 응급처치	3	• 안전사고 예방교육 –재난대비, 교통안전, 응급처치	3
		• 보건위생관리 –감염병 및 약물오남용, 응급처치	3	• 보건위생관리 –감염병 및 약물오남용, 응급처치	3
		• 아동학대, 성폭력, 실종 예방 및 사후관리 –아동학대의 이해 –성폭력 및 실종 예방 교육 –어린이집 성문제 대응교육	3	• 아동학대, 성폭력, 실종 예방 및 사후관리 –아동학대의 이해 –성폭력 및 실종 예방 교육 –어린이집 성문제 대응교육	3
전문 지식 · 기술 (23시간)	장애 및 다문화 실제 (4시간)	• 다문화교육 이해와 실제 –현장사례 중심 분석	2	• 다문화교육 과정 심화 –다문화프로그램 개발	2
		• 장애통합보육 운영 실제 –개별화 프로그램 이해, 개발	2	• 장애통합보육 운영 실제 –개별화 프로그램 적용 및 부모 협력 강화	2
	보육 활동 운영의 실제 (16시간)	• 영유아 관찰 및 기록 실제 –신체 · 인지 · 언어 · 정서 등 발달 관찰 및 사례 분석	3	• 영유아 관찰 기록의 활용 –관찰 기록 분석 및 영유아 발달 평가와 상담 활용능력 키우기	3
		• 영유아 부적응행동의 이해 –부적응행동 유형의 이해(불안, 위축, 공격, 주의산만 등)	2	• 영유아 행동 유형별 발달지원 –부적응행동 예방과 지도	2

전문 지식 · 기술 (23시간)	보육 활동 운영의 실제 (16시간)	• 보육정보 탐색의 적용과 사례 –인터넷 등 정보활용방법, 보육통합정보시스템 이해	2	• 보육교사의 놀이참여 및 확장 · 연계 –영유아 놀이 관찰, 개입을 통한 확장 및 연계 교수–학습 방법	2
		• 디지털시대의 교수매체 활용 및 적용 –인터넷, 스마트기기 등의 교수매체로서의 활용 방법 이해 및 실습	3	• 영유아 프로그램 계획 및 운영 –보육대상 및 철학에 따른 보육 프로그램 운영	3
		• 영유아 인성교육의 실제 –기본생활습관지도 및 활동에 따른 인성교육 실제 사례	3	• 영유아 인성교육의 심화 –기관 및 영유아의 발달특성에 따른 인성교육 계획 실습	3
		• 영아교사의 상호작용 전략(선택) –영아 발달, 흥미, 놀이에 따른 교수방법 학습	3	• 어린이집 시설 · 설비 관리(선택) –어린이집 시설 · 설비 관리 능력 학습	3
		• 유아교사의 상호작용 전략(선택) –유아 발달, 흥미, 놀이에 따른 교수방법 학습	3	• 동료 수업 멘토링(선택) –동료교사 간 수업지원 능력 학습	3
		• 보수교육기관 자체개발 교과목(선택)	3	• 보수교육기관 자체개발 교과목(선택)	3
	가족 및 지역 사회 협력 (3시간)	• 부모–교사 의사소통의 이해와 실제(선택) –부모–교사 간 의사소통 이해 및 갈등 상황 시 소통능력 함양	3	• 열린어린이집 계획 및 운영(선택) –열린어린이집 개념과 환경 구성 –열린어린이집 계획과 운영 실제	3
		• 부모 개별 면담 기법(선택) –성공적인 부모 면담 위한 대화법	3	• 지역사회 연계 프로그램 사례 분석(선택) –지역 내 육아인프라 활용능력 함양	3
계		15과목	40	15과목	40

나) 원장

영역		일반직무교육(기본과정)		일반직무교육(심화과정)	
		교과목	시간	교과목	시간
인성 · 소양 (8시간)		• 보육철학과 윤리 –원장의 역할과 윤리 (성인지 교육내용 포함)	3	• 아동권리와 보육철학 –보육철학과 보육이념 및 아동권리 이해(성인지 교육내용 포함)	3
		• 원장의 건강관리 –건강의 개념 및 건강관리 –신체 · 정신건강관리의 이해	3	• 원장의 건강관리 –성인기의 건강관리, 건강한 생활습관, 스트레스와 건강	3
		• 보육교직원의 인문적 소양 –행복에 대한 인문학적 고찰	2	• 보육교직원의 문화적 소양 –예술적 소양 증진을 위한 지역 문화 인프라 연계 교육	2
건강 · 안전 (9시간)		• 안전사고 예방 및 대응 –안전사고 사례별 예방법 –재난대비, 교통안전 등 관련 법규 및 안전사고관리 자체 매뉴얼 작성법 –안전사고 처리 절차	3	• 안전사고 예방 및 대응 –안전사고 사례별 예방법 –재난대비, 교통안전 등 관련 법규 및 안전사고관리 자체 매뉴얼 작성법 –안전사고 처리 절차	3
		• 보건위생관리 –응급처치, 질병관리, 감염병 및 약물 오남용, 위생관리	3	• 보건위생관리 –응급처치, 질병관리, 감염병 및 약물 오남용, 위생관리	3
		• 아동학대, 성폭력, 실종 예방 및 사후관리 –아동학대, 성폭력, 실종 이해 및 예방을 위한 지원 –아동보호서비스체계 –어린이집 성문제 대응교육	3	• 아동학대, 성폭력, 실종 예방 및 사후관리 –아동학대, 성폭력, 실종 이해 및 예방을 위한 지원 –아동보호서비스체계 –어린이집 성문제 대응교육	3
전문 지식 · 기술 (23시간)	장애 및 다문화 관리 (4시간)	• 다문화교육 프로그램 이해와 실제 –현장사례 중심 분석	2	• 다문화교육 프로그램 개발 –다문화교육 프로그램의 현황 분석 및 개발	2
		• 장애통합보육 운영 실제 –기관 내 장애통합보육의 운영 이해 –개별화교육 프로그램의 실제	2	• 장애통합보육을 위한 운영 관리 –기관 내 특수교사 및 담임교사의 협력 지원	2
	기관 운영의 실제 (16시간)	• 어린이집 내 영유아 관찰과 평가 –영유아 놀이와 행동 관찰 기록 방법 –관찰기록을 통한 아동평가 이해	3	• 아동발달 진단도구의 이해와 활용 –기관에서 교사가 활용할 수 있는 아동발달 진단도구 및 방법 이해	3

전문 지식 · 기술 (23시간)	기관 운영의 실제 (16시간)	• 보육계획과 보육일지 작성 관리 –보육교사 지도 원리 및 보육계획 수립 지도 –보육일지 작성 원리 및 작성 지도	2	• 보육 프로그램 개발 및 평가 –보육프로그램의 이해 및 개발 실제 –영아반 · 유아반 프로그램 평가	2
		• 영유아 생활지도를 위한 교사교육 –영유아 생활지도의 기초와 교사교육 –영유아 생활지도의 실제에서의 교사 지원	2	• 교사교육 프로그램 개발 및 운영 –교사교육 프로그램 개발을 위한 개념 및 중요성 –교사교육 프로그램 운영의 실제	2
		• 교수매체 선정과 평가 –교수매체의 유형, 구입시 선정기준, 제작시 고려사항 –교육적 가치 평가, 활용도 및 효율성 평가	2	• 보육과정 디지털활용능력 개발 –어린이집 운영관리와 디지털 활용의 실제 및 실습	2
		• 원장의 대외협력 관리 –원장의 대외협력 직무에 대한 이해 –부모 및 지역사회의 요구 대처관리	2	• 원장의 리더십과 조직관리 –원장의 리더십 유형 점검 –리더십 유형별 조직관리 특성 및 바람직한 리더십	2
		• 영상정보처리기기(CCTV)의 관리 및 운영 –CCTV 관련 규정 및 법규 이해 –CCTV 열람관리 방법 –CCTV 관련 개인정보 유출 예방 관리	2	• 개인정보보호와 디지털매체 윤리의 실제 –개인정보보호 관련법에 대한 이해 –어린이집 내 개인정보 관리 방법 –디지털매체 사용 예절과 윤리(사례 중심 이해)	2
		• 우수 보육프로그램 사례(선택) –우수 보육프로그램의 최신 동향 –보육프로그램의 개선	3	• 우수 보육프로그램 동향(선택) –우수 보육프로그램의 최근 연구동향, 사례 분석 –우수 보육프로그램 개발 및 지원방안	3
		• 보수교육기관 자체개발 교과목(선택)	3	• 보수교육기관 자체개발 교과목(선택)	3
	가족 및 지역사회 협력 (3시간)	• 부모자원 활용 계획과 운영(선택) –어린이집 운영에 부모참여 활성화를 위한 부모자원 활용 계획과 운영 방법	3	• 부모 요구 조사 및 활용(선택) –연간운영계획 및 의사결정을 위한 부모 요구조사 방법 및 활용 이해	3
		• 어린이집과 지역사회 자원 연계의 실제(선택) –지역사회 연계 참여 –지역사회 연계 실제	3	• 어린이집과 지역사회 자원 연계 계발(선택) –지역사회 연계 활용 –지역사회 연계활동 계획	3
계		16과목	40	16과목	40

다) 장기 미종사자

<table>
<tr><th rowspan="2">영역
(시간)</th><th colspan="2">어린이집 원장</th><th colspan="2">보육교사</th></tr>
<tr><th>교과목</th><th>시간</th><th>교과목</th><th>시간</th></tr>
<tr><td rowspan="2">인성 · 소양
(8시간)</td><td>• 아동권리와 인권
−아동복지와 인권의 이해
−아동권리와 학대</td><td>4</td><td>• 보육교사의 역할과 윤리
−보육교사의 역할
−보육교사의 윤리</td><td>4</td></tr>
<tr><td>• 원장직무의 이해 및 윤리
−원장직무 이해
−원장의 윤리 경영</td><td>4</td><td>• 아동복지와 인권
−아동복지와 인권의 이해
−아동권리와 학대</td><td>4</td></tr>
<tr><td>건강 · 안전
(4시간)</td><td>• 영유아 건강 · 안전
−영유아 건강 · 안전교육 계획 및 관리(어린이집 성문제 대응교육 포함)
−영유아 안전사고 예방 및 대응
−친환경 급식 및 영양관리
−시설 · 설비 안전관리</td><td>4</td><td>• 영유아 건강 · 안전
−영유아 건강 · 안전교육(어린이집 성문제 대응교육 포함)
−영유아 안전사고 예방교육
−보육교사의 건강</td><td>4</td></tr>
<tr><td rowspan="4">전문 지식 · 기술
(28시간)</td><td>• 보육정책의 최신 동향
−보육정책에 대한 관점
−우리나라 보육정책의 변화, 최근 동향 및 이슈
− 보육정책의 전망과 과제</td><td>4</td><td>• 영유아 관찰 및 평가
−영유아 관찰의 이해
−영유아 평가의 이해
−영유아 평가 방법의 종류
−관찰법 이해 및 적용
−포트폴리오 평가 이해</td><td>4</td></tr>
<tr><td>• 보육 관련 법규의 이해
−「영유아보육법」, 「아동복지법」, 「근로기준법」 등</td><td>4</td><td>• 영유아 행동지도
−영유아 문제행동의 이해
−영유아 문제행동 예방과 지도</td><td>4</td></tr>
<tr><td>• 어린이집 인사관리
−인사관리의 주요 단계 및 내용
−인력개발을 위한 교직원 재교육, 복지, 평가 등</td><td>4</td><td>• 영유아 긍정적 상호작용
−영유아 존중 상호작용의 이해
−영유아 놀이 상호작용의 실제</td><td>4</td></tr>
<tr><td>• 재무회계 관리
−재무회계의 중요성, 재무회계 관리 기본원칙 이해, 재무회계 운영과정(예산 · 집행 · 결산)</td><td>4</td><td>• 영유아 행동의 발달적 이해
−영아 발달(신체발달 · 인지발달 · 정서발달)
−유아 발달(신체발달 · 인지발달 · 사회성발달)</td><td>4</td></tr>
</table>

전문 지식 · 기술 (28시간)	• 조직관리와 리더십 −어린이집 조직 특성의 이해 −건강하고 효율적인 조직관리를 위한 원장의 리더십	4	• 보육계획 수립 −보육계획 수립의 원리 −보육계획 수립의 실제	4
	• 어린이집 개인정보보호 관리 및 보육통합정보시스템 이해 −개인정보관리 계획수립 및 관리 점검 −보육통합정보시스템 이해 및 실제	4	• 보육일지 작성의 실제 −보육일지의 이해 −보육일지 작성 방법 −보육일지 작성 실습	4
	• 보육 프로그램 개발과 운영 −보육 프로그램의 특성 이해 및 운영 지원	4	• 표준보육과정 −표준보육과정의 변천과 기초 −표준보육과정의 구성과 관련 자료	4
계	10과목	40	10과목	40

2) 보육교사 승급교육

영 역		2급 승급교육		1급 승급교육	
		교과목	시간	교과목	시간
인성 · 소양 (11시간)		• 아동복지와 인권의 이해 –사례중심 아동권리에 대한 민감성 증진	4	• 아동복지와 인권의 실제 –사례중심 아동권리에 대한 민감성 증진	4
		• 보육교사의 역할과 윤리 –보육교사 2급의 역할 및 직업윤리	4	• 보육교사의 역할과 윤리 –보육교사 1급의 역할 및 직업윤리	4
		• 보육교사의 건강관리와 힐링 –보육교사의 신체 및 정신건강 이해 –실습중심 질환 예방법 및 대처법	3	• 보육교사의 건강관리와 힐링 –보육교사의 신체 및 정신건강 이해 –실습중심 질환 예방법 및 대처법	3
건강 · 안전 (12시간)		• 영유아 건강안전교육 계획 및 실행 –건강안전교육 계획 및 실행 실습	3	• 영유아 건강안전교육 계획 및 실행 –건강안전교육 계획 및 실행 실습	3
		• 안전사고 예방교육 –재난대비, 교통안전, 응급처치	3	• 안전사고 예방교육 –재난대비, 교통안전, 응급처치	3
		• 보건위생관리 –감염병 및 약물 오남용, 응급처치	3	• 보건위생관리 –감염병 및 약물 오남용, 응급처치	3
		• 아동학대, 성폭력, 실종 예방 및 사후관리 –아동학대 예방 기초, 개입과정 –성폭력, 실종 예방 교육 –어린이집 성문제 대응교육	3	• 아동학대, 성폭력, 실종 예방 및 사후관리 –아동학대 이해 및 어린이집에서의 아동학대 –성폭력, 실종 예방 교육 –어린이집 성문제 대응교육	3
전문 지식 · 기술 (55시간)	장애 및 다문화 실제 (8시간)	• 다양한 가정의 영유아 이해 –다양한 가정의 이해 –다양한 가정 영유아의 특성에 따른 발달적 지원 방법	4	• 다문화가정의 영유아 지원 –다문화가정 영유아의 생활 및 발달 지원, 보육 지원 등 사례중심	4
		• 장애영유아의 이해 –발달기 영유아의 다양성 이해 –영유아 선별, 장애진단, 중재의 중요성	4	• 장애영유아의 이해 및 지원 –특수 영유아 특성별 지도 –기관 내 장애영유아 지원 관리 방안	4

전문 지식 · 기술 (55시간)	보육활동 운영의 실제 (39시간)	• 영유아 관찰 사례 이해 및 실제 –관찰의 기초, 관찰 기록 이해 –일상생활 및 놀이행동, 상호작용 관찰 실습	4	• 영유아 관찰 및 평가 –관찰도구의 활용 –관찰 기록을 평가에 활용하는 방안	4
		• 대소집단활동 운영 –대소집단활동 운영을 위한 교수학습방법	4	• 대소집단활동 운영의 실제 –대소집단활동 운영 실습	4
		• 신체 · 예술(음률)활동 운영 –신체 · 예술영역 발달의 이해 –신체 · 예술활동 운영 방법	4	• 신체 · 예술(음률)활동 운영의 실제 –신체 · 예술(음률)활동 운영 실습	4
		• 언어 · 수과학활동 운영 –언어 · 수과학영역 발달의 이해 –언어 · 수과학활동 운영 방법	4	• 언어 · 수과학활동 운영의 실제 –언어 · 수과학활동 운영 실습	4
		• 역할 · 쌓기놀이활동 운영 –역할 · 쌓기놀이영역 발달의 이해 –역할 · 쌓기놀이활동 운영 방법	4	• 역할 · 쌓기놀이활동 운영의 실제 –역할 · 쌓기놀이활동 운영 실습	4
		• 보육계획 수립 및 보육일지 작성 –보육계획의 원리, 연계성 있는 보육계획 –보육일지 작성의 원리, 일과 계획 작성, 일과의 실행과 평가 작성	4	• 보육일지 작성의 실제 –보육일지 작성 실습	4
		• 표준보육과정의 이해 및 평가 –제3차 어린이집 표준보육과정 총론, 0~1세 보육과정(6개 영역 목표, 내용체계), 2세 보육과정(6개 영역 목표, 내용범주, 내용) –표준보육과정 운영평가	4	• 보육실습 지도의 적용과 사례 –보육실습 지도의 의의, 계획, 운영, 평가	4
		• 누리과정의 이해 및 평가 –3~5세 누리과정 5개 영역 목표, 내용범주, 내용 –누리과정 운영평가	4	• 어린이집의 개인정보보호 관리 –개인정보보호 관련법에 대한 이해 –개인정보가 포함된 문서 관리 –CCTV 관련 개인정보 관리	4

<table>
<tr><td rowspan="4">전문
지식 ·
기술
(55시간)</td><td rowspan="2">보육활동
운영의
실제
(39시간)</td><td>• 영유아 행동의 발달적 이해
–사례중심 발달영역별 영유아 행동의 이해 및 지원</td><td>4</td><td>• 영유아 문제행동 조기발견
–영유아 사회 · 정서발달과 적응 지도
–발달적 지원과 치료적 접근이 필요한 영유아 이해
–사례중심 문제행동 지원 방법</td><td>4</td></tr>
<tr><td>• 실내외 놀이 환경구성
–실내외 놀이 환경구성의 기본 요건, 원리, 실제 및 평가</td><td>3</td><td>• 어린이집 환경구성 및 관리
–어린이집 환경구성의 원리 및 관리 실제</td><td>3</td></tr>
<tr><td rowspan="2">가족 및
지역사회
협력
(8시간)</td><td>• 다양한 부모–자녀 관계의 이해
–가족형태의 다양화, 부모역할, 건강한 부모–자녀 관계 형성</td><td>4</td><td>• 부모참여 계획 및 실행
–부모참여의 실제 및 활성화 방안</td><td>4</td></tr>
<tr><td>• 부모참여 및 상담 실제
–부모참여활동 계획
–부모상담을 위한 준비 및 실습</td><td>4</td><td>• 지역사회 연계활동 계획 및 운영
–보육과정, 장소, 활동에 따른 지역사회 연계활동 계획</td><td>4</td></tr>
<tr><td colspan="2">평가시험</td><td>• 2급 승급교육 평가시험</td><td>2</td><td>• 1급 승급교육 평가시험</td><td>2</td></tr>
<tr><td colspan="2">계</td><td>21과목+평가시험</td><td>80</td><td>21과목+평가시험</td><td>80</td></tr>
</table>

3) 어린이집 원장 사전직무교육

<table>
<tr><th colspan="2">영역</th><th>교과목</th><th>시간</th></tr>
<tr><td colspan="2" rowspan="3">인성 · 소양
(12시간)</td><td>• 아동권리와 아동학대
–아동권리 이해 및 유엔아동권리협약 이해
–아동학대 예방</td><td>4</td></tr>
<tr><td>• 원장직무의 이해 및 윤리
–원장직무 이해 및 윤리 경영</td><td>4</td></tr>
<tr><td>• 원장의 건강관리와 힐링
–만성질환 및 스트레스 관리법 등</td><td>4</td></tr>
<tr><td colspan="2" rowspan="6">건강 · 안전
(18시간)</td><td>• 영유아의 건강안전교육의 계획 및 관리
–사례중심 건강안전교육 계획 및 관리</td><td>3</td></tr>
<tr><td>• 안전사고 예방 및 대응
– 안전사고 사례별 예방법
– 재난대비, 교통안전 등 관련 법규 및 안전사고관리 자체 매뉴얼 작성법
– 안전사고 처리 절차</td><td>3</td></tr>
<tr><td>• 보건위생관리
–응급처치, 질병관리, 감염병 및 약물오남용, 위생관리</td><td>3</td></tr>
<tr><td>• 아동학대, 성폭력, 실종 예방 및 사후관리
–아동학대, 성폭력, 실종 이해 및 예방
–신고의무자의 역할
–어린이집 성문제 대응교육</td><td>3</td></tr>
<tr><td>• 친환경 급식 및 영양관리
–급식 운영의 관리사항 및 준수사항
–영영아기 · 영유아기의 영양관리</td><td>3</td></tr>
<tr><td>• 시설 · 설비 안전관리
–어린이집 시설 · 설비 안전관리 원리
–어린이집 시설 · 설비 기준
–실내외 시설의 안전평가 기준과 평정</td><td>3</td></tr>
<tr><td rowspan="2">전문
지식 · 기술
(48시간</td><td rowspan="2">장애 및
다문화 관리
(8시간)</td><td>• 다문화가정과 연계한 영유아 지원
–다문화가정 영유아교육 및 부모교육</td><td>4</td></tr>
<tr><td>• 장애통합보육의 운영관리
–장애통합보육 프로그램 및 인력 관리</td><td>4</td></tr>
</table>

전문 지식 · 기술 (48시간	기관 운영의 실제 (32시간)	• 보육정책의 최신 동향 –보육정책에 대한 관점 –우리나라 보육정책의 변화, 최근 동향 및 이슈 –보육정책의 전망과 과제	3
		• 보육 관련 법규의 이해 –「영유아보육법」, 「아동복지법」, 「근로기준법」 등	3
		• 어린이집 인사관리 –인사관리의 주요 단계 및 내용 –인력개발을 위한 교직원 재교육, 복지, 평가 등	3
		• 재무회계 관리 –재무회계의 중요성, 재무회계 관리 기본 원칙 이해, 재무회계 운영과정(예산 · 집행 · 결산)	3
		• 조직관리와 리더십 –어린이집 조직 특성의 이해 –건강하고 효율적인 조직관리를 위한 원장의 리더십	3
		• 사례별 발달지원 및 전문가 연계 –영유아 발달지원 및 관리 실제 –지역사회 의료전문가와의 네트워크 방법	3
		• 보육교직원의 수업 멘토링 –보육교직원의 수업능력 지원	4
		• 보육프로그램 개발과 운영 –보육프로그램의 특성 이해 및 운영 지원	4
		• 어린이집의 개인정보보호 관리 –개인정보보호 관련 법규의 이해 –개인정보관리계획 수립 및 관리 점검 –개인정보 유출 시 대응 방안	3
		• 보육통합정보시스템 이해 및 실제 –보육통합정보시스템 이해 –보육통합정보시스템 실제	3
	가족 및 지역사회 협력 (8시간)	• 부모참여 계획 및 운영 –부모교육, 부모상담, 운영위원회 등	4
		• 어린이집과 지역사회 자원의 연계 –지역사회 자원 파악 및 활용 사례	4
평가시험		• 원장 사전직무교육 평가시험	2
계		23과목+평가시험	80

4) 특별직무교육

영역		영아보육	장애아보육	방과후보육
인성 · 소양 영역		• 보육교사의 건강관리 • 영아보육교사의 역할과 윤리 • 아동권리와 영아 학대 예방	• 장애아동 복지와 장애인식 개선 • 장애아 보육교사의 역할과 윤리 • 아동권리와 장애아 학대예방	• 현대사회 변화와 방과후보육의 이해 • 방과후 보육교사의 역할과 윤리 • 아동권리와 아동학대 예방
건강 · 안전 영역		• 영아 건강교육 • 영아 안전사고 예방교육 • 보건위생관리	• 장애아급식 및 영양관리 • 장애아 안전사고 예방 및 대응 • 장애아 보건위생관리	• 초등학생의 보건 · 위생관리 • 초등학생의 안전사고 예방 및 대응
전문 지식 · 기술	보육활동 운영의 실제	• 영아 일상생활지도 I • 영아 일상생활지도 II • 표준보육과정 운영의 실제 • 영아 놀이지도 • 감각탐색활동 영역 • 역할 · 쌓기 영역 • 신체활동 영역 • 언어 영역 • 예술(음률,미술) 활동 • 실외놀이 활동 • 영아 적응프로그램 • 영아 행동관찰과 평가 • 영아와의 상호작용 실제	• 장애아의 이해 I • 장애아의 이해 II • 일반보육과정에 기반한 장애영유아 교수방법 I • 일반보육과정에 기반한 장애영유아 교수방법 II • 운동발달 교수방법 • 의사소통 발달 교수방법 • 사회성 발달 교수방법 • 인지발달 교수방법 • 자조기술 발달 교수방법 • 개별화교육프로그램 작성 • 개별화교육프로그램 실행 및 평가 • 긍정적 행동 지원	• 초등학생의 발달적 특성 • 초등학교 교육과정의 이해 • 초등학생을 위한 교수–학습방법 • 학습지도 • 숙제 및 과제 지도 • 놀이지도 • 방과후교육 프로그램에 대한 이해 I • 방과후교육 프로그램에 대한 이해 II • 방과후교육 프로그램에 대한 이해 III • 초등학생 생활지도 • 초등학생 문제행동 지원
	가족 및 지역사회 협력	• 영아 부모상담 실제	• 장애영유아 가족지원 • 지역사회 연계	• 초등학생 부모와의 상담 및 연계 • 방과후 아동을 위한 지역사회 연계
	장애 및 다문화 연계			• 학령기 장애아동의 이해와 교사 지원 • 다문화사회와 아동
계		20과목, 40시간 (과목당 2시간)	20과목, 40시간 (과목당 2시간)	20과목, 40시간 (과목당 2시간)

제12장

보육교사직 취업

학습목표

1. 어린이집 유형을 살펴본다.
2. 채용 절차에 대해 알아본다.
3. 보육교사직 지원을 위한 자기소개서와 면접을 준비한다.

이 장에서는 여러 가지 어린이집 유형을 살펴보고, 그 차이를 알아본다. 또한 어린이집에 보육교사로 취업하기 위한 채용 절차를 알아보고, 보육교사직에 지원하기 위한 자기소개서와 면접을 준비한다.

1. 어린이집 유형

어린이집은 설립 주체에 따라 그 유형이 분류된다. 총 일곱 가지 유형이 있으며, 세부적인 사항은 다음과 같다.

1) 국공립어린이집

국가나 지방자치단체가 설치하고 운영(위탁운영 포함)하는 어린이집으로 상시 영유아 11인 이상을 보육할 수 있는 시설이며, 시립 및 구립 어린이집이 이에 해당된다. 국가 및 지방자치단체의 장이 인가절차 없이 직접 설치하되, 어린이집 수급계획 등을 포함한 보육계획을 사전에 수립한다. 설치를 할 경우, 지방보육정책위원회의 심의를 거쳐야 하며 최근 개정된 「영유아보육법」 제12조(2018. 12. 24.)에 의거하여 도시 저소득 주민 밀집 주거지역 및 농어촌지역 등 취약지역과 산업단지 지역에 우선적으로 설치해야 한다. 또한 2019년 9월부터 500세대 이상 아파트 단지 내에 국공립어린이집 설치가 의무화되었다. 다만, 「공동주택관리법」 제2조제7호에 따른 입주자 등의 과반수가 국공립어린이집으로의 운영에 찬성하지 아니하는 경우이거나 보육 수요가 없는 등의 경우는 예외가 된다.

국공립어린이집을 선호하는 학부모의 요구를 수용하고 보육의 공공성 강화를 위해 2017년 전체 어린이집 대비 시설 비율은 7.8%에 불과하고 이용비율도 13%인 국공립어린이집 이용률을 2022년까지 40%로 확대하는 등 국공립 시설 확충 및 이용비율을 증가시키겠다는 내용이 포함되어 있다. 2020년 기준으로 국공립어린이집의 비율은 14%로 2017년에 비해 2배 가까이 증가하였지만, 이용원아 비율은 여전히 20.35%에

그치고 있다(보건복지부, 2021a). 실제로 국내 전체적인 국공립어린이집 비율은 경제협력개발기구(OECD) 국가 대비 매우 낮은 수준이다.

2) 직장어린이집

대통령령으로 정하는 일정 규모(상시 여성근로자 300명 이상 또는 근로자 500명 이상)의 사업주가 사업장의 근로자를 위하여 설치 · 운영하는 어린이집으로 국가나 지방자치단체의 장이 소속 공무원 및 국가나 지방자치단체의 장과 근로계약을 체결한 자로서 공무원이 아닌 자를 위하여 설치 · 운영하는 어린이집을 포함한다. 사업주가 단독 · 공동으로 직장어린이집을 설치 · 운영하고, 어린이집 운영에 필요한 비용의 50% 이상을 부담해야 하며, 상시 영유아 5인 이상을 보육할 수 있는 어린이집이다. 다만, 사업장의 사업주가 직장어린이집을 단독으로 설치할 수 없을 때에는 사업주 공동으로 직장어린이집을 설치 · 운영하거나, 지역의 어린이집과 위탁계약을 체결하여 근로자 자녀의 30% 이상을 위탁하여 보육하고, 보육에 필요한 비용의 50% 이상을 지원하여야 한다. 위탁보육을 하는 경우에는 사업장 내 보육대상이 되는 근로자 자녀 중에서 위탁보육을 받는 근로자 자녀가 보건복지부령으로 정하는 일정 비율 이상이 되도록 하여야 한다. 또한 보건복지부장관은 직장어린이집 설치, 위탁보육 등의 의무를 이행하지 아니하거나 실태 조사에 불응한 사업장의 명단을 공표할 수 있으며(「영유아보육법」 제14조의2), 시 · 도지사 또는 시 · 군 · 구청장은 직장어린이집 설치의무 미이행사업장에 대하여 이행명령, 이행강제금을 부과할 수 있다(「영유아보육법」 제44조의2, 제44조의3).

3) 사회복지법인어린이집

「사회복지사업법」에 의한 사회복지법인이 설치 및 운영하는 어린이집으로 관할 시장, 군수 또는 구청장에게 사전에 인가 신청을 해야 한다(「영유아보육법」 제13조). 상시 영유아 21인 이상을 보육할 수 있는 시설을 갖추어야 하며 산업단지에 있는 지식산업센터 건물에 어린이집 설치 시 안전사고 및 재난에 대비한 시설을 갖추어 5층까지 보육실을 설치할 수 있다.

4) 법인·단체 등 어린이집

각종 법인(사회복지법인을 제외한 비영리법인)이나 단체 등이 설치 및 운영하는 어린이집으로 관할 시장, 군수 또는 구청장에게 사전에 인가 신청을 해야 한다(「영유아보육법」 제13조). 근로복지공단이 건립한 어린이집, 사회복지관 내 어린이집 중 사회복지관과 독립적으로 운영하는 어린이집 등이 이에 해당한다. 상시 영유아 21인 이상을 보육할 수 있는 시설을 갖추어야 하며, 산업단지에 있는 지식산업센터 건물에 어린이집 설치 시 안전사고 및 재난에 대비한 시설을 갖추어 5층까지 보육실을 설치할 수 있다.

5) 민간어린이집

국공립, 사회복지법인, 법인단체등, 직장, 가정, 부모협동 어린이집이 아닌 어린이집으로 개인이 설립하여 운영하는 어린이집으로 관할 시장, 군수 또는 구청장에게 사전에 인가 신청을 해야 한다(「영유아보육법」 제13조). 상시 영유아 21인 이상을 보육할 수 있는 시설을 갖추어야 하며, 산업단지에 있는 지식산업센터 건물에 어린이집 설치 시 안전사고 및 재난에 대비한 시설을 갖추어 5층까지 보육실을 설치할 수 있다.

6) 가정어린이집

개인이 가정 또는 그에 준하는 곳에 설치하여 운영하는 어린이집(「영유아보육법」 제10조)으로 「영유아보육법」상의 설치기준을 모두 갖추어야 하며(「영유아보육법」 제15조), 관할 시장, 군수 또는 구청장에게 사전에 인가를 신청한다(「영유아보육법」 제13조). 또한 「건축법 시행령」 [별표 1]의 제2호에 따라 가정어린이집이 공동주택에 포함되므로, 임대아파트 단지 내 가정어린이집 설치는 소재지 관할 지자체의 인가를 취득한 경우 설치가 가능하다. 상가 등을 주택으로 용도변경하고 가정어린이집으로 인가 신청하는 경우, 내부구조가 가정 또는 이에 준하는 곳으로 인정되는 경우에만 인가를 받을 수 있다. 상시 영유아 5인 이상 20인 이하를 보육할 수 있다(「영유아보육법 시행규칙」 제9조). 어린이집의 명칭은 '○○어린이집'으로 하되, 동일 시·군·구 내 다른 어린이집과 동일한 명칭을 사용할 수 없으며, 다른 기관으로 오인할 수 있는 명칭은 사용할 수 없다(「영유아보육법 시행규칙」 제23조).

7) 협동어린이집

보호자 또는 보호자와 보육교직원 11인 이상이 조합을 결성하고 상호 출자하여 공동으로 설치하고 운영하는 어린이집(「영유아보육법」 제10조)으로, 이때 조합은 영리를 목적으로 하지 아니하는 조합에 한정하며, 「민법」상 조합, 「협동조합 기본법」상 사회적 협동조합 등 조합 설립 형태와 무관한 것을 의미한다. 관할 시장, 군수 또는 구청장에게 사전에 인가를 신청해야 하며, 졸업 등을 제외하고 인가 후 6월 이내에 조합원의 1/3 이상이 변동될 경우 인가를 취소할 수 있다. 상시 영유아 11인 이상 20인 이하를 보육할 수 있으며, 가정어린이집을 설치할 수 있는 곳에도 설치할 수 있다. 어린이집 대표자는 조합원 중에서 선임하되, 원장은 조합원이 아닌 자 중에서도 선임 가능하다. 어린이집의 명칭은 '○○어린이집'으로 하되, 다른 기관으로 오인할 수 있는 명칭은 사용할 수 없다(「영유아보육법 시행규칙」 제23조).

8) 공공형 어린이집

정부는 부모들이 믿고 맡길 수 있는 높은 수준의 보육서비스를 제공하는 보육인프라 구축을 위해 2011년 7월부터 '공공형 어린이집' 사업을 추진하고 있다. 「영유아보육법」 제10조에 해당하는 어린이집 가운데 보육사업안내에 따라 인건비를 지원받는 국공립, 사회복지법인, 법인 · 단체 등, 영아전담, 장애아전문 어린이집과 직장어린이집을 제외한 우수한 어린이집을 선정하여 운영비를 지원하고 양질의 보육을 영유아에게 제공하는 등 우수 보육인프라로서 기능할 수 있도록 하는 제도이다. 취약계층에게 우선 보육 및 입소 우선순위를 부

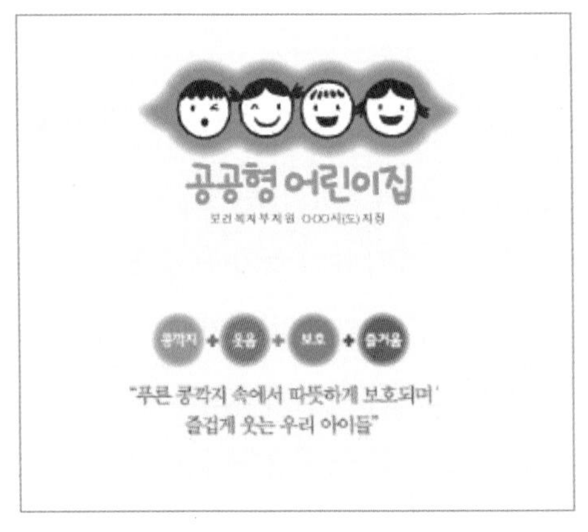

[그림 12-1] 공공어린이집 현판
출처: 공공형 어린이집(https://www.kcpi.or.kr/thebcc/ sub01/sub01_new.jsp#sub1_9).

표 12-1 공공형어린이집 유지 현황(2021년 5월 말, 총 2,221개소)

시도	부산	대구	인천	광주	대전	울산	세종	경기	강원	충북	충남	전북	전남	경북	경남	제주	합계
개소	172 (7.7)	102 (4.6)	127 (5.8)	88 (4.0)	138 (6.2)	99 (4.5)	16 (0.7)	614 (27.8)	105 (4.7)	82 (3.7)	86 (3.8)	92 (4.1)	82 (3.7)	137 (6.2)	163 (7.3)	118 (5.3)	2,221 (100.0)

출처: 한국보육진흥원 공공어린이집(https://www.kcpi.or.kr/thebcc/contents/info.do?seq=1&menu_no=1).

표 12-2 공공형어린이집 설립유형별 현황(2021년 5월 말)

구분	민간	가정	법인 · 단체 등	사회복지법인	합계
유지 현황	1,111(50.0)	1,096(49.4)	12(0.5)	2(0.1)	2,221(100.0)

출처: 한국보육진흥원 공공어린이집(https://www.kcpi.or.kr/thebcc/contents/info.do?seq=1&menu_no=1).

여하고, 보육료는 국공립어린이집과 동일하게 수납한다. 보육교사 월 급여를 국공립어린이집 1호봉(최저 수준임) 이상으로 지급하고 국고로부터 보육교사 급여 상승분, 유아반 운영비, 교육환경개선비 등 해당 월 운영비 지급(최대 1,000만 원)을 위한 보조를 받는다. 2021년 5월 말 기준 전국 공공형 어린이집은 총 2,221개소(〈표 12-1〉과 〈표 12-2〉 참조)이며, 한국보육진흥원 홈페이지에 매년 '공공형 어린이집 현황'과 업무 매뉴얼이 탑재된다.

2. 보육교직 취업 준비

보육교직원으로 취업을 준비하는 과정에서 필요한 가장 중요한 서류는 이력서, 성적증명서와 자기소개서이다. 특히 학업을 통해 취득한 학점은 자신의 전공에 대한 이해 정도와 성실성을 반영하므로 졸업 후에 후회하지 않도록 대학생활 동안 꾸준히 잘 관리하는 것이 중요하다.

1) 이력서

일부 어린이집에서는 이력서 양식을 제공하지만, 그렇지 않은 경우 일반적인 이력서 양식에 따라 내용을 작성한다.

2) 자기소개서

자신이 지원하고자 하는 어린이집에서 특별한 세부 사항이 주어지면 그 틀에 맞추어 작성하고, 그렇지 않은 경우에는 자유로운 형식을 따르되 크게 성장배경, 자신의 장단점, 직무 관련 경력, 지원 동기 등의 내용을 포함하는 것이 좋다. 서류심사 단계에서 이력서와 자기소개서만으로도 좋은 인상을 남겨 면접 단계에 이르게 하기 위해서라도 진부한 내용이 아닌 자신만의 특색을 잘 살린 자기소개서를 작성하도록 한다. 다음은 자기소개서 작성 시 유의해야 할 사항이다.

- 취업을 희망하는 어린이집의 유형 및 특성 파악: 해당 어린이집의 홈페이지나 원아모집 요강 등을 통해 어린이집이 제시하는 보육철학 및 운영 프로그램의 특성, 운영지침 등을 파악한다.
- 성장배경: 자신의 어린 시절 가족과의 관계를 통해 화목하고 긍정적인 성장배경을 가지고 있다면 행운이겠지만, 그렇지 않은 경우라면 자신이 그 경험을 통해 느낀 점은 무엇인지, 또 어떻게 그 어려움을 극복해 나아갔는지를 진솔하게 작성한다. 불우했던 성장배경을 숨기고 거짓된 내용으로 작성하는 것보다 어려움을 이겨 내고자 했던 자신의 노력과 경험을 솔직히 표현함으로써 진심이 전달될 수 있으며 이로 인해 적극적이면서도 긍정적인 인상을 줄 수 있기 때문이다.
- 해당 업무와 관련된 자신의 장단점 언급: 보육교사가 요구하는 자질 및 역할에 적합한 자신의 장점을 구체적인 에피소드를 짤막하게 곁들여 부각시킨다. 아울러 자신의 단점 역시 언급하되, 이러한 단점을 개선하기 위해 어떠한 노력을 하고 있는지도 함께 언급한다. 완벽한 사람은 없을뿐더러 자신의 단점을 잘 파악하고 있으면서 이를 개선하기 위한 노력은 오히려 긍정적인 효과를 가져올 수 있다.
- 직무 관련 경력 및 특기: 대학 졸업을 앞둔 예비교사에게는 직무 관련 경력이 많지 않겠지만, 어린이집 자원봉사나 보육실습 때 자신이 경험하고 느낀 내용으로 작성한다. 이러한 경험을 하는 동안 자신의 업무 및 역할에 대해 원장 또는 지도교사로부터 받은 칭찬을 구체적으로 언급한다. 아울러 지적받은 사항이 있다면 이것 또한 언급하며, 어떠한 노력을 하여 이를 수정하였는지를 밝혀서 보육교사의 역할을 습득하기 위해 발전된 자신의 모습을 보여 주는 내용을 포함시킨다. 또한

보육교사직과 관련된 자신의 특기를 구체적으로 언급한다.

- 지원 동기: 자신이 보육교사직을 희망하는 이유와 보육교사가 되기 위해 어떠한 노력을 해 왔는지를 언급한다. 또한 지원하고자 하는 기관 채용 이후 보육교사로서 어떻게 성장해 나아갈 것인지에 대한 계획까지 밝힌다.

전형적인 내용보다는 진솔하면서도 보육교사로서의 자신의 장점을 부각시키는 내용으로 자신만의 특색 있는 자기소개서를 작성하는 것이 중요하다. 공식적인 문서이므로 형식과 진지함, 예의를 갖추어 문어체를 사용한다. 자필이력서를 요구하지 않는 한 보수적인 글씨체를 선택하여 인쇄한다. 또한 오탈자나 어색한 문맥이 있으면 가독성을 저하시킬 뿐 아니라 성의가 없어 보이고 전문적이지도 않으므로 이러한 실수를 저지르지 않도록 유의한다. 자신이 작성한 내용을 수정하는 것은 쉬운 일이 아니므로 지인에게 오탈자 및 이해가 안 되는 문장은 없는지 검토를 받으면 좋다.

3) 포트폴리오

일부 어린이집에서는 포트폴리오를 요구하기도 하는데, 이를 통해서 자신이 보육교사로서의 역량을 시각적으로 보여 줄 수 있다. 보육실습을 하며 작성하고 지도교사의 피드백이 포함된 실습일지 일부 복사본, 자신이 세웠던 활동계획안, 영유아와 활동했던 사진, 제작했던 교재·교구의 사진, 취득한 자격증 사본 등을 잘 정리하여 준비한다.

4) 면접 준비

면접은 짧은 시간에 보육교사로서의 자신의 가능성을 보여 줘야 하는 동시에 영유아를 함께 생활하며 보육하기에 적합한 인성의 소유자라는 인상을 주어야 하므로 어려우면서도 중요한 과정이다. 대부분 서류심사를 통과한 경우 면접을 하므로, 자기소개서에 기재된 내용을 반복적으로 질문하기도 한다. 따라서 자기소개서에 포함된 내용을 잘 기억하여 이와 일치된 내용을 좀 더 구체적으로 설명해야 한다. 그 외에 보육교사로서의 능력과 인성을 알아보기 위한 질문과 원 분위기에 잘 적응할 수 있는지를 파악하기 위한 질문을 하므로 이에 대한 대비를 한다. 다음은 면접 질문의 예이다.

- 자기소개서의 내용
- 담당을 희망하는 연령과 이유
- 각 연령별 발달적 특성과 지도 시 유의할 점
- 동료교사 간의 역할
- 영유아의 갈등상황 시 해결 방안
- 자신의 스트레스 대처 방안 또는 취미 등 여가활동
- 자신을 반드시 채용해야 하는 이유

면접일 전에 이러한 예상 질문에 대해 미리 연습해 보는 것이 좋다. 면접관(원장)의 질문에 대해 면접자(보육교사직 지원자)가 대답하는 동안 면접관은 면접자의 생각, 태도, 가치관뿐 아니라 얼굴 표정, 손짓, 시선처리 등의 비언어적인 부분까지 파악하므로 예상 질문에 답변하는 자신의 목소리를 녹음하고 거울을 보면서 연습을 해 본다. 이렇게 각자 연습한 후 학과 단위로 모의면접을 실시하는 것은 예비 면접자에게 많은 도움을 준다. 면접 당일 착용할 정장을 갖추고, 액세서리 및 머리 모양, 화장 등 모든 것을 실제와 같이 준비하여 예비보육교사로서 단정하면서도 전문적인 인상을 면접관

[그림 12-2] C대학의 모의면접

들에게 줄 수 있는지 학과 교수로부터 점검을 받는다. 학과 교수는 면접관 역할을 하며 질문에 대한 답변 내용뿐 아니라 면접 시 자세 및 시선처리, 발음, 말하는 속도 등 예비보육교사의 내적 · 외적 자질을 점검하여 진솔한 조언을 해 줌으로써 면접을 받기 전에 자신을 냉정하게 돌아볼 수 있는 계기를 마련해 준다.

3. 채용 절차

1) 채용 정보

중앙육아종합지원센터 홈페이지(http://central.childcare.go.kr)의 대분류 [나눔정보] → [인력뱅크] → [어린이집구인]에서 보육교직원을 채용하는 어린이집의 목록을 확인할 수 있다. 원하는 지역과 어린이집 유형 등을 입력하면 이에 해당하는 어린이집의 정보를 얻을 수 있다([그림 12-3] 참조).

[그림 12-3] 중앙육아종합지원센터 보육교직원 구인란

2) 채용 및 임면 절차

영유아에게 질 높은 보육을 제공하기 위해서는 우수한 보육교직원을 확보하고 재교육하는 것은 매우 중요하다. 보건복지부(2021b)가 제시하는 보육기관에서의 보육교직원 채용 및 임면, 즉 임명하거나 해임하는 절차를 살펴보자.

(1) 보육교직원 임면권자

① 어린이집 원장

국공립어린이집을 법인, 단체 또는 개인에게 위탁운영하는 경우에 원장의 임면권자는 해당 지역의 시장, 군수 또는 구청장이며, 교직원 임면권을 수탁자에게 위임한 경우에는 수탁자가 임면한다. 만약 수탁기관이 변경되더라도 기존 교직원의 고용승계 등 교직원의 신분보장이 되도록 노력해야 한다. 사회복지법인, 법인 · 단체 등, 직장, 가정, 민간 어린이집 등의 경우에는 어린이집 설치자가 임면권자이며, 부모협동어린이집의 경우에는 조합을 결성하여 설치하여 운영하는 대표자가 임면한다.

② 보육교사 등 기타 직원

원장의 제청으로 법인 · 단체의 대표자 또는 교직원 임면권을 위임받은 수탁자를 포함한 어린이집 설치자가 임면한다.

(2) 보육교직원 채용

① 채용조건

- 어린이집 원장: 어린이집 원장 자격기준을 갖추고 어린이집 원장 국가자격증을 발급받은 자를 채용한다. 다만, 자격증 발급을 신청하고 자격검정이 완료되어 자격증 발급이 예정되어 자격번호가 부여된 경우에는 자격증 발급 조건부로 채용이 가능하다. 어린이집 원장은 전임하여야 하므로 상근이 어려운 경우 채용대상에서 제외된다.
- 보육교사: 보육교사 자격기준에 해당하고 보육교사 국가자격증을 발급받은 경우에

만 채용이 가능하다. 다만, 자격증 발급을 신청하고 자격검정이 완료되어 자격증 발급이 예정되어 자격번호가 부여된 경우는 자격증을 발급받은 것으로 간주하고 채용 자격이 주어진다. 보육교사의 출산휴가, 육아휴직, 장기 병가 등의 사유 발생 시 채용하는 대체교사(임시교사)도 반드시 보육교사 국가자격증을 소지하고 있어야 한다.

- 장애영유아를 위한 보육교사, 특수교사, 치료사, 간호사, 영양사, 조리원: 장애영유아를 위한 보육교사, 특수학교 교사, 치료사, 간호사, 영양사 자격증을 소지한 자를 채용한다. 상시 1회 50인 이상에게 식사를 제공하는 어린이집의 조리원 중 1인 이상은「식품위생법」에 의한 조리사 자격을 갖추어야 한다.

② 채용방법

국가 또는 지방자치단체로부터 보육교직원의 인건비를 보조받는 어린이집의 경우 보육교직원의 채용은 공개경쟁을 원칙으로 한다. 국공립어린이집의 경우 국가 또는 지방자치단체의 장이 선발고사 등을 통하여 별도로 보육교사를 채용 · 배치할 수도 있다. 보육교직원 채용 시 임금, 근로시간 및 그 밖의 근로조건 등을 명시한 근로계약([그림 12-4] 참조)을 체결하여야 하되, 이 경우 근로계약과 관련하여 부당한 내용(결혼, 출산, 육아휴직 등으로 인한 퇴직 요구 등)이 포함되어서는 아니 되며, 관할 행정기관은 이를 적극 지도 및 감독하여야 한다. 아울러 근로계약은 가능한 계약기간을 명시하지 않는 계약을 체결함을 원칙으로 하며, 원장과 보육교직원 쌍방이 날인하여 각각 한 부씩 보관한다. 원장과 보육교직원은 근로계약서를 작성할 때 운영규정(이 장 뒷부분의 〈부록 1〉 참조)에 관한 사항을 함께 읽고 운영규정의 내용 확인과 이에 동의에 관한 사항을 반드시 준수할 수 있도록 각자 서명을 한다.

또한 원장은 고용노동부(2019)의 '표준취업규칙'과 '작성시 착안사항'을 참고하여 보육교직원을 채용하고 근로계약서(이 장 뒷부분의 〈부록 2〉 참조)를 작성할 때 함께 제시하여 그 내용을 파악한 후 의견서에 서명하도록 한다. 이때 노무사에게 해당 내용을 검토받을 것이 권장된다. 완성된 취업규칙은 보육교직원이 자유롭게 열람할 수 있는 장소에 항상 게시하거나 갖추어 두어야 하며, 취업규칙을 작성 · 변경할 때에는 반드시 근무하는 보육교직원 과반수의 의견을 청취(불이익 변경 시에는 동의)하여야 한다.

③ 채용 시 구비서류

임면권자가 보육교직원을 채용할 경우에는 반드시 다음 구비서류를 제출받아 자격의 적격 여부를 판단하고, 관련 서류를 보관한다.

- 인사기록카드
- 채용신체검사서(공무원 채용 신체검사서 준용 가능)
- 주민등록등본 1부
- 보육교사 국가자격증 사본(발급 예정자는 자격증 취득 후 자격증 사본 구비)
- 해당자에 한해 보수교육 수료증(또는 '장기미종사자 직무교육 이수증')

단, 채용기간이 1개월 미만인 대체교사(임시교사), 단기간 근로자는 보건소의 전염성질환(폐결핵, 장티푸스, 전염성 피부질환 등)에 대한 건강진단결과서(구 보건증)로 갈음할 수 있다. 또한 보육실습생, 특별활동강사, 노인일자리 파견자도 보건소의 전염성 질환(폐결핵, 장티푸스, 전염성 피부질환 등)에 대한 건강진단결과서(구 보건증)를 제출해야 한다. 채용신체검사서는 전염성 질환 및 정신질환 등에 대한 검사를 포함하고 있는 경우에는 명칭에 관계없이 채용신체검사서로 인정할 수 있다. 한편, 「식품위생법」 제40조제1항 및 「식품위생법 시행규칙」 제49조에 의한 건강진단 대상자(영양사, 조리사, 조리원)는 전염성 질환(장티푸스, 폐결핵, 전염성 피부질환)에 대한 검사 결과를 포함하여 제출해야 한다.

④ 교직원 결원 시 채용시기

임면권자는 보육교직원 결원 시 1개월 이내에 신규 교직원을 채용해야 한다.

(3) 성범죄경력조회 및 관리

임면권자는 「아동 · 청소년의 성보호에 관한 법률」 제56조에 따라 교직원으로 채용하기(사실상 노무를 제공하려는 경우 포함) 전에 또는 채용 중(사실상 노무를 제공하는 경우 포함)인 경우에 성범죄경력조회를 경찰청의 범죄경력회보서 발급시스템(http://crims.police.go.kr)을 통하여 신청하고 확인해야 한다. 성범죄경력조회 위반 시 「아동 · 청소년의 성보호에 관한 법률」 제67조에 따라 부과대상이 된다. 성범죄경력조회 결과, 어

린이집에 취업 또는 사실상 노무 제공이 제한되는 자는 배제하여야 하고, 근무 중인 자에 대해서는 해임해야 한다. 어린이집을 설치 · 운영하고자 하는 자(대표자) 및 원장의 경우에도 적용되어, 조회 결과 어린이집을 설치 · 운영할 수 없는 자에 대해서는 어린이집 인가를 승인하지 않아야 하고, 설치 · 운영 중인 자에 대해서는 인가를 취소해야 한다.

(4) 아동학대 관련 범죄전력조회 및 관리

임면권자는 「아동복지법」 제29조의3에 따라 교직원으로 채용하기(사실상 노무를 제공하려는 경우 포함) 전에 또는 채용 중(사실상 노무를 제공하는 경우 포함)인 경우에 아동학대 관련 범죄경력조회를 경찰청의 범죄경력회보서 발급시스템(http://crims.police.go.kr)을 통하여 신청하고 확인해야 한다. 범죄전력조회 요청 시 「영유아보육법」에 의한 어린이집임을 확인할 수 있는 어린이집 인가증 사본(인가증이 없는 국공립어린이집은 고유번호증)과 채용예정자의 동의서를 첨부해야 한다. 아동학대 관련 범죄전력조회 결과, 어린이집에 취업 또는 사실상 노무 제공이 제한되는 자는 배제하여야 하고, 근무 중인 자에 대해서는 해임한다. 어린이집을 설치 · 운영하고자 하는 자(대표자) 및 원장의 경우에도 적용되어, 조회 결과 어린이집을 설치 · 운영할 수 없는 자에 대해서는 어린이집 인가를 승인하지 않아야 하고, 설치 · 운영 중인 자에 대해서는 인가를 취소해야 한다.

(5) 보육교직원 임면 관련 자료 관리

어린이집 원장은 보육교직원의 채용, 휴직, 출산전후휴가, 육아휴직, 육아기 단축근무, 1개월 이상의 장기병가 · 연수 · 휴가, 퇴직 등의 임면사항을 보육통합정보시스템(cpms.childcare.go.kr)에 즉시 등록하고, 이를 14일 이내에 관할 시장 · 군수 · 구청장에게 보고해야 한다. 대체교사, 보조교사, 누리과정 운영 도우미, 운전원, 단기간 근로자 등 모든 보육교직원에 대하여 직종, 근무기간 및 근무시간에 관계없이 보육통합정보시스템에 등록하고 시장 · 군수 · 구청장에게 임면보고를 해야 하며, 보육교직원의 임면에 관한 사항을 보고하지 아니하거나 거짓으로 보고한 경우 시정명령의 대상이 된다.

임면보고에 필요한 서류는 다음과 같다.

- 인사기록카드(시스템을 통하지 않고 시 · 군 · 구에 직접 임면보고하는 경우)
- 자격(면허)을 요하는 자의 경우 자격증(면허증) 사본(단, 원장 및 보육교사, 장애영유아를 위한 보육교사 등 보육통합정보시스템을 통한 자격조회가 가능한 경우에는 제출 제외)
- 채용신체검사서 사본(보건소를 통한 채용신체검사 시 시스템 연계로 확인되는 정보는 별도 증빙서류 제출 불필요)
- 성범죄 경력 및 아동학대 범죄전력 조회 회신서
- 개인정보제공 및 고유식별정보 처리 동의서
- 보수교육 수료증(또는 장기미종사자교육 이수증, 보육통합정보시스템으로 조회 가능한 경우 제외)

[그림 12-4]는 이상의 채용 및 임면 절차의 내용을 요약한 것이다.

보육교직원 채용 (원장, 보육교사, 특수교사, 조리원 등)	• 채용주체: 어린이집 설치자 • 채용조건: 자격기준을 갖춘 자 • 채용시 구비서류: −(공통) 인사기록카드, 주민등록등본, 채용신체검사서, 성범죄 경력 및 아동학대 범죄전력 조회 회신서, 개인정보제공 및 고유식별정보 처리동의서, 보수교육 수료증 −(자격이 필요한 자) 자격증 또는 면허증 사본
↓	
교직원 임면보고	• 임면보고 절차: 어린이집 → 시 · 군 · 구청장(채용 후 14일 이내) • 임면보고 시 구비서류 −인사기록카드, 채용신체검사서, 자격증 사본, 성범죄 경력 및 아동학대 범죄전력조회 회신서, 개인정보제공 및 고유식별정보 처리 동의서, 보수교육 수료증 ※ 자격증 사본 및 보수교육 수료증은 서면 제출 또는 보육통합정보시스템으로 온라인 제출 가능 ※ 인사기록카드는 "보육통합정보시스템"을 통해 임면보고 가능('15. 2. 2.~) ※ 어린이집 및 시 · 군 · 구에서는 교직원 임면보고를 시스템을 통해 실시하고 적극 지도
↓	
교직원 자격의 적격성 확인	• 확인주체: 시 · 군 · 구청장 • 확인대상: 어린이집 원장, 보육교사, 특수교사, 장애영유아를 위한 보육교사, 치료사, 간호사, 영양사, 조리원 중 조리사 • 확인방법: 각 자격별 자격증명 서류, 보수교육 수료증 및 보육통합정보시스템
↓	
교직원 결격사유 조회 및 범죄경력 조회	• 결격사유조회 및 범죄경력조회 주체: 시 · 군 · 구청장 • 내용: 교직원 결격사유(「영유아보육법」 제20조)
↓	
경력관리시스템 입력 관리	• 교직원 임면 사항을 경력관리시스템에 입력 관리

[그림 12-4] 보육교직원 채용 및 임면보고 절차

출처: 보건복지부(2017).

▣ 활동

파트너를 선정해서 모의면접을 해 봅시다. A는 면접관의 역할을, B는 보육교사 지원자의 역할을 맡습니다. 각자 면접관으로서 상대방에게 하고 싶은 질문을 적고, 자신이 지원자라면 이 질문에 어떤 응답을 할 것인지 적어 봅시다. 상대방에게 서로 질문을 하는 모의면접 과정을 휴대폰으로 녹음한 후 재생하여 면접관의 질문에 대한 자신의 대답을 분석하여 개선해야 할 사항을 적어 봅시다.

면접관으로서의 질문	지원자로서의 응답	개선해야 할 사항

생각할 문제

1. 면접 예상 질문 중 하나로 "어린이집에서 보육교사로 근무하면서 선임교사 또는 후임교사와 의견충돌로 인한 갈등상황이 생긴다면 이를 어떻게 해결할 것인가요?"에 대해 생각해 봅시다.

2. 담당하고 있는 영아 또는 유아들끼리의 갈등상황이 부모들 간의 갈등상황으로 확대되어 교사에게 각자 호소한다면 이를 어떻게 대처할지 생각해 봅시다.

3. 5년 뒤 또는 10년 뒤 자신의 모습에 대해 생각해 봅시다.

참고문헌

보건복지부(2017). '보육 · 양육에 대한 사회적 책임 강화'를 위한 제3차 중장기보육 기본계획 (2018~2022).

보건복지부(2021a). 2020 보육통계.

보건복지부(2021b). 2021 보육사업안내.

중앙보육정보센터. http://central.childcare.go.kr/ccef/main

한국보육진흥원. https://www.kcpi.or.kr/kcpi/cyberpr/childcarestat5.do

부록 1 보육교직원 운영규정(복무규정)

제1장 총칙

제1조 (목적) 어린이집에 근무하는 보육교직원의 관리에 관한 사항을 정하여 운영의 내실을 기함을 목적으로 한다.

제2조 (용어) 이 규정에 사용하는 보육교직원은 원장, 보육교사, 영양사, 간호사, 사무원, 조리원, 관리인(운전기사)을 말한다.

제3조 (적용범위) 보육교직원은 「영유아보육법」이 정하는 것을 제외하고는 이 규정을 따른다.

제2장 조직

제4조 (보육교직원의 조직) 어린이집에 종사하는 보육교직원의 수와 자격은 보건복지부 지침에 의한다.

제5조 (직무) ① 원장: 어린이집을 대표하고 어린이집 운영 전반을 총괄하며, 보육교사 및 기타 보육교직원을 감독, 관리한다.
② 보육교사: 입소 영유아의 보호, 교육 및 지도와 보육프로그램 작성 등 영유아를 보육한다.
③ 영양사: 영유아의 발달과정을 고려한 영양식단을 제공하고 식단에 의한 급식이 이루어지도록 노력한다.
④ 간호사: 영유아의 건강관리 및 비상시 응급조치 등 보육영유아의 안전을 위해 노력한다.
⑤ 사무원: 어린이집의 회계관리 및 기타 사무를 담당한다.
⑥ 조리원: 청결하고 위생적인 주방환경과 보육영유아에게 영양사의 식단에 의한 영양가 높은 식사제공을 위해 노력한다.
⑦ 관리인 및 운전기사: 어린이집의 안전관리와 차량의 안전운행 및 등・하원 시 영유아가 안전하게 승・하차할 수 있도록 주의를 기울인다.

제3장 임면

제6조 (임면) ① 보육교직원은 법인, 단체 또는 어린이집 설치자가 임면한다. 다만, 국공립어린이집을 위탁운영하는 경우에는 보육교직원 임면권을 수탁자에게 위임할 수 있다.
② 보육교직원 채용은 공개경쟁을 원칙으로 한다. 다만, 공개채용이 어려울 경우 특별채용할 수 있다.

제7조 (임용자격) ① 어린이집 보육교직원의 자격은 관련법규에 의한다.
② 전염성 질환 및 인격결함 등 신체적・정신적으로 영유아보육에 지장이 있는 자는 보육교직원으

로 채용할 수 없다.

③ 채용된 보육교직원은 수습기간을 가질 수 있으며, 수습기간 후에 채용 여부를 확정할 수 있다(단, 수습기간이라도 급여는 동일하다).

제8조 (임용구비서류) * 어린이집 상황에 맞게 보육교직원의 임용에 필요한 구비서류는 다음과 같다.

1. 인사기록카드
2. 최종학교 졸업증명서
3. 성적증명서(보육교사에 한한다)
4. 자격증 사본
5. 경력증명서(경력자에 한한다)
6. 주민등록등본
7. 채용신체검사서
8. 기타 임용에 필요한 서류
   1) 이력서 1통
   2) 주민등록등본 1통

제9조 (경력인정) 보육교직원의 경력인정은 보건복지부 보육사업 지침을 준용하며, 경력증명서에 의하여 확인한다.

제10조 (보육교직원 연령) 보육교직원의 연령은 다음과 같다.

1. 각 시 · 군 조례에 의해 보육교직원 연령이 정해진 경우는 조례규정에 따른다.
2. 기타 조례에 의하지 않는 보육교직원은 정년을 두지 않는다.

제11조 (근로계약) 보육교직원 채용 시 임금, 계약기간 등 근로조건을 명시한 근로계약을 체결하여야 한다.

제12조 (면직) 보육교직원이 다음 각 호에 해당될 때에는 직권 면직한다.

1. 신체적 · 정신적 장애로 인하여 2개월 이상 직무를 수행할 수 없을 때
2. 보육교직원이 어린이집에 근무 중 전염성 질환에 감염되었거나 기타 영유아보육으로 부적당한 사유가 발생하였을 때
3. 직무수행에 있어 능력이나 소양이 현저하게 부족하다고 인정될 때
4. 직제, 정원의 개폐 또는 예산감소 등으로 그 직이 폐지되었거나 감원이 있을 때

제13조 (임용보고) 원장은 보육교직원 임면 시 시장 · 군수 · 구청장에게 인사기록카드 사본을 첨부하여 보육교직원 임면사항을 지체 없이 보고하여야 한다.

제4장 복무

제14조 (보육교직원 복무)

1. 휴가

가. 휴가, 휴일, 휴식 등 근로시간과 관련이 있는 사항에 대해서는 「근로기준법」의 규정을 준용한다.

나. 고용, 산전후 휴가, 육아휴직 등과 관련이 있는 사항에 대해서는 「남녀고용평등과 일 · 가정 양립 지원에 관한 법률」의 규정을 준용한다.

다. 휴가는 보육공백을 최소화할 수 있도록 순번제로 실시하고 보수교육, 출산휴가 등으로 공백이 생기는 경우에는 대체교사를 배치할 수 있다.

라. 근로자의 날(5.1.)은 보육에 지장을 주지 않는 범위 내에서 교사배치를 조정하여 운영하되, 근로자의 날 근무자에 대하여 관련 법에 의거하여 휴일 근로수당을 지급한다.

2. 근무시간* (근로계약서와 동일하게)

가. 보육교사의 근무시간은 1일 8시간을 원칙으로 하고, 어린이집의 운영시간(00:00~00:00)을 고려하여 출퇴근 시간은 탄력적으로 할 수 있다.

※ 근무시간: 평일 00:00~00:00

토요일 00:00~00:00

나. 휴게시간:

다. 기준시간을 초과하여 근무하는 경우에는 「근로기준법」 등 관련 법령 규정에 의해 시간외 수당을 지급한다.

※ 초과근무시간: 평일 00:00~00:00, 토요일 00:00~00:00

라. 보육교직원이 퇴직코자 할 때는 최소한 1개월 전에 통보하여 후임자 채용에 차질이 생기지 않도록 하여야 하며, 징계나 원의 운영 사정상 부득이 해고될 시에도 1개월 전에 통보받는 것으로 한다.

3. 보육교직원의 겸임 제한

가. 보육교직원은 전임이어야 하므로, 동일 어린이집에서 다른 업무를 겸임하거나 다른 어린이집의 업무를 겸임할 수 없다.

나. 보육교사는 휴일, 휴가 등으로 근무를 하지 않는 날을 제외하고는 근무시간 동안 어린이집에 상주하며 상시 해당 직무에 종사하여야 한다. 특별한 사유(회의 참석 등)로 외출할 경우에는 근무상황부에 기록 · 관리하여야 한다.

제5장 보수

제15조 (보수기준) ① 국고보조 어린이집(보육교직원 인건비지원 어린이집)은 보건복지부 '보육교직원 인건비 지원기준'에 의해 보육교직원별 보수를 지급한다.
② 인건비 미지원 어린이집은 보건복지부 '보육교직원 지원기준'을 참고하여 자율적으로 정할 수 있다. 다만, 보육교직원의 보수를 심히 불리하게 책정해서는 안 된다.

제16조 (호봉획정) ① 초임호봉은 1호봉으로 하되 어린이집에 근무한 경력 1년과 군복무기간 1년을 1호봉씩으로 하여 초임호봉을 획정한다.
② 초임호봉의 획정에 반영되지 아니한 1년 미만의 잔여기간이 있는 때에는 그 기간을 다음 승급기간에 산입한다.
③ 보육교직원이 재직 중 다음 각 호에 해당하는 경우에는 호봉을 재획정한다.
1. 새로운 경력을 합산하여야 할 사유가 발생한 경우
2. 당해 보육교직원에게 적용되는 초임호봉 획정의 방법이 변경되는 경우

④ 호봉을 재획정하는 때에는 초임호봉 획정의 방법에 의한다.
⑤ 호봉 재획정에 반영되지 아니한 잔여기간이 있는 때에는 그 기간을 다음 승급기간에 산입한다.

제17조 (승급) ① 호봉 간의 승급에 필요한 기간은 1년으로 한다.
② 호봉은 매년 1월 1일과 7월 1일자로 승급한다.

제18조 (보수의 지급) ① 보수는 특별한 규정이 있는 경우를 제외하고는 봉급표상의 월지급액으로 하되, 신규채용 및 퇴직 등의 경우에 있어서 발령일을 기준으로 일할 계산하여 지급한다.
② 보수는 매월 25일에 지급한다. 다만, 지급일이 공휴일인 경우에는 그 전일에 지급한다.

제19조 (퇴직금의 지급) ① 1년 이상 근무하고 퇴직한 때에는 퇴직금을 지급한다.
② 지급액은 근속기간에 따라 「근로기준법」 제34조의 규정에 의한 퇴직금 지급기준에 의거 지급한다.
③ 근속기간은 재직기간에서 휴직 · 정직 · 직위해제 처분 등으로 그 직무에 종사하지 아니한 기간을 제외한 기간으로 한다.
④ 근속기간은 일할 계산하며 퇴직일은 근무일수에서 제외한다.

제20조 (퇴직적립금의 관리) ① 1년 이상 근무한 보육교직원에게 퇴직금을 지급할 수 있도록 별도의 퇴직적립금을 관리 · 운영하여야 한다.
② 근속기간이 1년 미만인 자가 퇴직한 경우 그 퇴직적립금 중 국고 및 지방자치단체 보조금은 회계연도 종료 후 3월 이내에 반환하여야 한다.
③ (인건비 국고보조 대상이 아닌 근로자) 근속기간이 1년 미만인 자가 퇴직한 어린이집은 해당 근로자의 퇴직급여, 퇴직적립금을 반환하지 않고 퇴직 후 3월 이내에 퇴직급여, 퇴직적립금 목으로 여

입 후 타 목으로 재편성하여야 한다.

제21조 (퇴직금 중간정산) ① 개별 보육교직원이 주택구입 등 대통령령으로 정하는 사유로 퇴직금 중간정산을 요구하는 경우에는 교직원이 퇴직하기 전에 해당 교직원의 계속근로기간에 대한 퇴직금을 미리 정산하여 지급할 수 있다. 이 경우 미리 정산하여 지급한 후의 퇴직금 산정을 위한 계속근로기간은 정산 시점부터 새로 계산한다.
② 중간정산 이후 1년 이내에 퇴직하는 보육교직원의 경우에도 전체 근로연수는 1년 이상이므로 퇴직금을 지급한다.

제6장 보험

제22조 (보험가입) ① 보육교직원에 대해 국민연금, 국민건강보험, 고용보험, 산재보험에 가입하여야 하며, 보험료 부담은 법정 부담비율에 의한다.
② 모든 보육영유아는 상해보험에 가입하여야 한다.
③ 영유아 상해 등에 따르는 배상보험 및 영유아 등하원 시 사용되는 차량의 자동차보험과 유상운송특약 등 배상책임보험에 가입하여야 한다.
④ 화재보험에 가입하여야 한다.

제7장 교육

제23조 (일반직무교육) ① 현직에 종사하고 있는 어린이집의 장으로서, 어린이집의 원장의 직무를 담당한 때부터 만 2년이 지난 경우와 어린이집 원장 직무교육을 받은 해부터 2년이 경과한 해에 어린이집 원장 직무교육을 받아야 한다.
② 현직 보육교사는 보육업무 경력이 만 2년이 경과한 경우와 직무교육을 받은 해부터 2년이 경과한 해에 보육교사 직무교육을 받아야 한다.

제24조 (승급교육) ① 3급 보육교사는 보육업무 경력이 만 1년 경과한 때에 2급 승급교육을 받아야 한다.
② 2급 보육교사는 보육업무 경력이 만 2년 이상이 경과한 때에 1급 승급교육을 받아야 한다.
단, 보육교사 2급 자격을 취득한 후, 보육 관련 대학원에서 석사학위를 취득한 자는 보육업무 경력이 만 6개월 이상 경과한 때에 1급 승급교육을 받을 수 있다.
③ 직무교육과 승급교육을 같은 해에 받아야 하는 경우에는 승급교육을 받은 자는 직무교육을 생략할 수 있다.

제25조 (특별직무교육) ① 일반직무교육 대상자로 영아보육을 담당하고 있거나 담당하고자 하는 보육교사 및 원장은 영아보육 직무교육을 받아야 한다.
② 일반직무교육 대상자로 장애아보육을 담당하고 있거나 담당하고자 하는 보육교사 및 원장은 장애

아보육 직무교육을 받아야 한다.
③ 일반직무교육 대상자로 방과후보육을 담당하고 있거나 방과후보육을 담당하고자 하는 보육교사 및 원장은 방과후보육 직무교육을 받아야 한다.
④ 특별직무교육을 이수한 자는 일반직무교육을 이수한 것으로 인정한다.

제26조 (교육기관) 보수교육은 보건복지부장관이 위탁하는 전문기관에서 받아야 한다.

제27조 (교육비) 정부에서 지원하는 교육비를 제외한 경비는 본인이 부담한다.

제28조 (연수교육) ① 원장은 보육교사들의 자질 향상을 위하여 희망하는 기간에 연 1회 7일 이내에서 연수기회를 줄 수 있다.
② 보육교사는 연수 후에 연수보고서를 제출하여야 한다.
③ 연수에 필요한 경비는 예산의 범위 안에서 연수의 성격, 장소 등을 감안하여 지원할 수 있다.

제8장 안전

제29조 (안전점검) ① 안전점검표 양식을 비치하고 일정 기간별로 어린이집의 안전점검을 시행하여 화재 · 상해 등 발생요인을 사전에 제거하여야 한다.
② 놀이시설물에 대한 적절한 점검일정을 세우고 특히 놀이터 시설의 볼트, 너트 등 이음장치, 울타리, 구조물의 부식 여부 등은 매일 점검하여야 한다.
③ 안전관리를 위하여 취한 모든 행위는 기록으로 보관하여야 한다.

제30조 (안전훈련) ① 소방계획을 작성하고 매월 소방훈련을 실시하여야 한다.
② 매년 안전교육계획을 수립하여 보육교직원, 부모, 영유아에 대한 교육을 실시하여야 하며, 교육계획과 교육결과를 시장 · 군수 · 구청장에게 연 1회 보고하여야 한다.

제31조 (안전관리) ① 부모와의 비상연락망을 확보하여야 하며, 응급처치 동의서를 받아 비치하여야 한다.
② 사고발생 시 사고보고서를 작성, 비치하여야 하며, 중대한 사고의 경우 즉시 시 · 군 · 구에 보고하여야 한다.
③ 영유아에게서 아동학대의 징후 등을 발견하는 경우 아동복지법령에 따라 신고하여야 한다.

부칙

① (시행) 이 규정은 ○○○○년 ○○월 ○○일부터 시행한다.
② (경과조치) 이 규정의 시행 이전에 임용된 보육교직원도 원칙적으로 이 규정을 준수하여야 한다.

○○어린이집

번호	직책	이름	주민등록번호	주소	서명
1					
2					
3					
4					
5					
6					
7					
8					

- 원장과 보육교직원은 근로계약서를 작성할 때 운영규정에 관한 사항을 함께 읽고 운영규정의 내용 확인과 이에 동의와 관련한 사항을 반드시 준수할 수 있도록 서명을 받는다.
- 운영규정에 관한 문서는 보육교직원들이 언제든지 확인할 수 있는 장소에 보관한다.

부록 2 근로계약서

근로계약서

(기관명) 대표 ×××(이하 '갑'이라 함)와 근로자 △△△(이하 '을'이라 함)는 다음과 같이 근로계약을 체결하고 상호 성실히 이행할 것을 확약한다.

제1조(담당 업무)

"을"의 담당 업무는 (   )로 하되, 업무상 필요한 경우 갑은 을의 담당 업무를 변경할 수 있다.

제2조(근로 장소)

"을"의 근로 장소는 (   )로 하되, 업무상 필요한 경우 갑은 을의 근무 장소를 변경할 수 있다.

제3조(근로시간 및 휴게시간)

① "을"의 근로일 및 근로일별 근로시간과 휴게시간은 다음과 같다. 단, 업무상 필요한 경우 근로자대표와 서면합의를 통해 휴게시간을 변경할 수 있다.

가. 근로일-평일, 토요일

나. 근로시간-평일 00:00 ~ 00:00 (휴게시간 00:00 ~ 00:00)

토요일 00:00 ~ 00:00 (휴게시간 00:00 ~ 00:00)

② "갑"은 업무상 필요에 따라 "을"에게 연장, 야간 및 휴일 근로를 명할 수 있고 본 근로계약서의 체결로 "을"은 이에 동의한다.

제4조(임금)

① "을"의 임금은 월급여 총액은 (   )원으로 한다.

② 임금의 구성항목과 그 계산 방법은 다음 표와 같다.

구성 항목	급여액	계산 방법
기본급	원	시급 × (209시간)
수당1 ( )	원	
수당2 ( )	원	
수당3 ( )	원	
수당4 ( )	원	

③ 전 항의 임금은 매월 일부터 일까지 기산하여 당월 일에 "을"이 지정하는 은행 계좌로 송금한다.

※ '국고보조어린이집'의 경우 아래 조항으로 대체

제4조(임금)

① "을"의 임금은 매년 보건복지부장관이 정한 인건비 지원 기준에 따라 (　　　) 호봉 갑(을) 월급 총액 (　　　)원으로 시작한다. (※ 필요한 경우 수당별 금액 기재)

② 전 항의 임금은 매월 　일부터 　일까지 기산하여 당월 　일에 "을"이 지정하는 은행계좌로 송금한다.

제5조(휴일)

① "을"의 유급휴일은 주휴일(매주 ○요일)과 근로자의 날로 한다.

② 그 밖의 유급휴일은 "갑"의 복무규정에 따른다.

제6조(휴가)

① "갑"은 "을"에게 「근로기준법」에 따라 연차유급휴가(전년도 8할 이상 출근 시 연간 15일, 입사 첫해는 전월 개근 시 1일을 주며 실제 사용한 일수는 이듬해 15일에서 차감)를 주며, 그 외 휴가는 "갑"의 복무규정에 따른다.

② "을"의 복무규정상 부여되는 휴가를 사용하는 경우 연차유급휴가를 사용한 것으로 하며, "을"의 근로의욕 고취 및 "갑"의 계산상 편의를 도모하기 위해 연차유급휴가의 사용을 제한하지 아니하는 범위 내에서 매월 "을"의 급여에 연차유급휴가 미사용 수당을 산입하여 지급할 수 있다.

※ 5인 미만 사업장의 경우, 「근로기준법」 제11조, 「근로기준법 시행령」 제7조에 따라 연차휴가에 관한 규정의 적용을 받지 아니하나 사업장 상황을 고려하여 연차휴가를 부여할 수 있다.

제7조(준용)

본 계약서에 명시되지 않은 사항은 복무규정 및 「근로기준법」의 관련 조항을 준용하도록 한다.

20　　년　월　일

갑(사용자)	을(근로자)
사업장명 :	이름: 　　　(인)
대표자: 　　　(인)	주민등록번호:
소재지:	주소:

○○ 어린이집

※ 5인 미만의 사업장의 경우, 제3조 ②항은 「근로기준법」 제11조 및 「근로기준법 시행령」 제7조에 의거하여 적용하지 아니할 수 있다.

〈작성 Tip〉

- 근로계약서는 쌍방이 날인하여 원장과 보육교직원이 각각 한 부씩 보관한다.
- 근로계약서의 날인은 쌍방의 성명 확인란에, 한 장 이상에는 두 장이 서로 맞닿은 곳에 날인한다.
- 월급여는 미지원 시설 어린이집의 경우 반드시 최저인건비 이상 지급하여야 하며, 지원시설 어린이집은 호봉지급 기준표에 의거하여 지급한다.

제13장

보육교사의 직업윤리

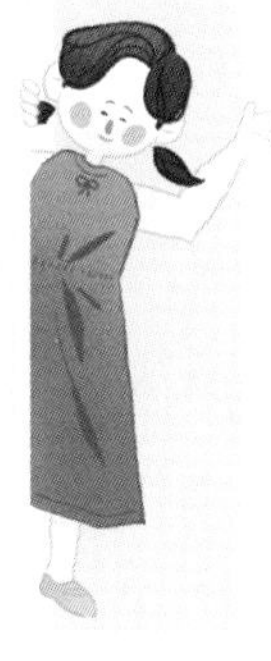

학습목표

1. 직업윤리란 무엇인지를 이해한다.
2. 다른 직종에 비해 보육교사에게 직업윤리가 더욱 강조되는 이유는 무엇인지를 생각해 보고 설명할 수 있다.
3. 영유아의 권리를 이해하고, 영유아의 권리를 지키기 위한 보육교사의 역할을 안다.

이 장에서는 보육교사의 직업윤리에 대해 알아보고, 다른 직종과 달리 보육교사에게 직업윤리가 왜 필요한지 생각해 본다. 구체적으로 보육교사가 '보육교사로서' 지켜야 할 윤리적 도리는 무엇인지 보육교사의 직업윤리가 영유아, 부모, 동료 교사에게 왜 중요한 의미를 지니는지를 생각해 본다. 더불어 보육교사의 교직윤리와 영유아의 권리, 우리나라의 보육교사 윤리강령에 대해 살펴본다.

1. 직업윤리의 이해

이 절에서는 일반적인 의미의 직업윤리와 교직윤리에 대해 알아보고, 직업윤리와 교직윤리의 차이를 생각해 본다.

1) 직업윤리의 정의

직업윤리란 무엇일까? 직업(職業)이란 생계를 유지하기 위하여 자신의 적성과 능력에 따라 일정한 기간 동안 계속하여 종사하는 일을, 윤리(倫理)란 사람으로서 마땅히 행하거나 지켜야 할 도리를 의미한다(국립국어원, 2016). '윤리'라는 단어와 '도덕'이라는 단어가 동등한 의미로 사용되듯이, 윤리적이라는 의미는 곧 도덕적이라는 의미로 통용된다(Robert, 1991). 결국 보육교사의 직업윤리란 보육교사직을 행하면서 보육교사로서 마땅히 행하거나 지켜야 할 도덕적 도리를 의미한다고 하겠다.

보육교사는 성인 동료와 함께 일반적인 사무를 보는 직업이 아니다. 보육교사가 일하는 보육시설은 영유아와 그 부모 및 가정, 사회와 국가에 대한 윤리적 책임을 지니고 있는, 공익을 위해 설립된 기관이다. 즉, 영유아를 건강하게 길러 낸다는 공공의 이익을 위해 설립된 기관이라는 것이다. 더불어 보육기관은 막대한 국가 재정을 지원받고 있는 공공의 성격을 지닌 기관으로, 그에 따른 책임을 준수해야 할 의무가 있다(김은설, 박수연, 2010). 보육교사는 영아, 부모, 원장 및 동료교사와의 관계 속에서 다양한 역할을 해내야 하기 때문에 각 역할에 맞는 윤리적 태도를 지녀야 한다.

직업윤리는 모든 직업인에게 일반적으로 요구되는 '직업 일반 윤리'와 각 직종에 따라 특수하게 요구되는 '특정 직업의 윤리'를 포함하는 개념으로 구분된다(양소영, 김남숙, 2020). 일반적인 직업윤리는 동료와의 관계에서 지켜야 하는 윤리와 업무를 하면서 지켜야 하는 윤리를 포함한다. 더불어 누군가에게 서비스를 제공해야 하는 직업, 예를 들어 간호사나 사회복지사와 같은 직업의 직업윤리는 서비스 대상자에게 초점이 맞추어져 있다. 물론 보육교사의 경우에도 보육의 대상이 되는 영유아에 대한 윤리가 그 무엇보다도 중요하며 최우선이다. 하지만 보육교사에게는 영유아에 대한 윤리뿐만 아니라 부모에 대한 윤리 및 부모와의 관계도 매우 중요하기 때문에 이를 고려할 필요가 있다. 원장 및 동료교사에 대한 윤리적 태도 역시 보육교사가 지녀야 할 직업윤리 중 하나이다. 교직윤리의 내용을 자기관리의 윤리, 학생과의 윤리, 교원 상호 간의 윤리, 교원과 가정 · 사회와의 윤리, 직무수행상의 윤리로 분리한 연구도 있다(김기태, 조평호, 2003).

2) 교직윤리

교직윤리란 교사의 직업을 가진 사람들이 지켜야 할 직업윤리를 말한다. 그러므로 교직윤리는 직업윤리보다 좁은 범위의 개념이며, 교직윤리는 더 엄격한 잣대를 지닐 수밖에 없다. 일반적인 직업과 달리 교육을 행하는 일은 인간의 도덕적 품성과 자질을 육성하는 특수한 활동이고, 교직은 이러한 일을 수행하는 전문직이다(양복만, 문승태, 2007). 교사는 가르치는 사람이므로 가르침을 받는 사람들에게 모범이 되어야 한다. 모든 교사는 본인이 가르치는 대로 행동해야 할 책임이 있다. 교사가 올바르지 않은 행동을 하면서, 가르침을 받는 사람들에게 올바르게 행동하라고 가르칠 수는 없다. 예를 들어, B 보육교사가 영유아에게 "아무리 화가 나도 친구를 때리지 말라."고 가르쳤다고 하자. 그런데 B 보육교사는 영유아가 자신의 말을 듣지 않으면 영유아를 때린다. 이 장면을 본 영유아들은 어떤 생각을 하게 될까? 분명 '선생님도 말로는 친구를 때리지 말라고 하지만, 화가 많이 나면 다른 사람을 때리는구나. 나도 화가 많이 나면 때려도 되겠지.'라고 생각할 것이다.

교사의 역할수행은 다양한 교육학적 이론들이나 학문적 지식보다는 교사들이 지니고 있는 각자의 가치, 신념, 태도에 의존한다(Richardson, 1996). 결국 교사가 교육에 대

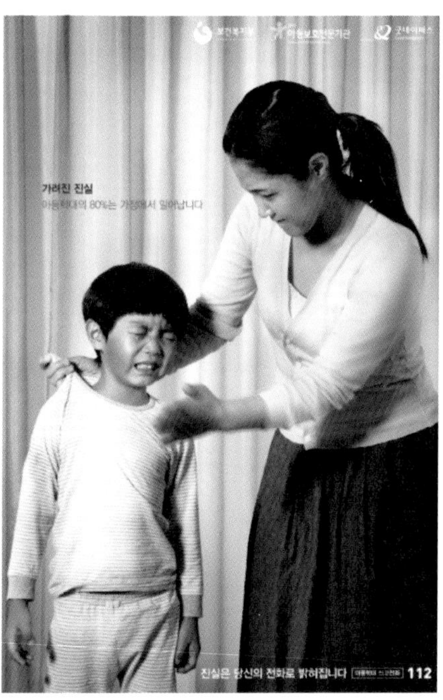

[그림 13-1] 아동학대 예방 포스터 '가려진 진실'
출처: 아동권리보장원(http://korea1391.go.kr).

해 어떠한 가치와 신념을 가지고 있는지, 어떠한 태도와 교직윤리를 가지고 있는지는 교육의 질을 좌우하게 된다. 교사는 일반적인 직업을 가진 사람들보다 훨씬 엄격한 윤리의식을 지녀야 한다. 교사인 나를 보고 모델링하며 배우는 학생들이 있기 때문이다. 보육교사는 대부분의 영유아에게 인생 초기에 만나는 최초의 교사일 확률이 높다. 영유아들은 생애 첫 교사인 '나'를 보고 교사에 대한 생각과 선입견, 어린이집이나 유치원 혹은 학교에 대한 개념을 가질 수 있다. 보육교사가 높은 수준의 교직윤리를 지녀야 하는 이유가 바로 여기에 있다.

2. 보육교사의 교직윤리

보육교사는 '교사'로서 지녀야 하는 일반적인 교직윤리뿐만 아니라 '보육'이라는 특수한 상황 때문에 지녀야 하는 윤리적 기준이 있다. 보육교사는 영유아를 보육하면서 다양한 윤리적 문제와 도덕적 딜레마에 빠질 수 있는데, 이 절에서는 보육교사의 특수성에 기초한 보육교사의 교직윤리에 대해 알아본다.

1) '보육'의 특수성과 교직윤리의 필요성

일반적인 교육현장, 예를 들어 고등학교 현장과 보육현장은 어떠한 차이가 있을까? 교실에서 고등학생 10명을 지도해야 하는 교사와 보육실에서 영아 10명을 지도해야 하는 교사를 상상해 보자. 어떤 점이 같고, 어떤 점이 다른가? 일반 교육현장과는 다른 보육현장의 특수성으로 인하여 보육교사에게는 윤리적인 지침이 필요하다.

첫째, 보육현장의 영유아들은 성인인 보육교사보다 매우 작고 약하다. 영유아들은 교육기관에 맡겨지는 그 어떤 학생보다 작고 어리다. 이러한 신체적 우위는 보육교사가 영유아를 함부로 다루는 원인이 되기도 한다. 어린이집에서 일어나는 각종 학대사건들은 성인인 보육교사의 신체적인 힘에 근거한다. 보육교사는 자신의 신체적 우위를 이용하여 함부로 영유아를 다루는 일을 절대 삼가야 한다. 더불어 보육 상황에서 갖는 보육교사의 지위는 영유아에게 절대적인 것이다. 대부분의 영유아는 보육교사의 지위에 도전하지 않고, 보육교사의 불합리한 부분도 수용하는 경우가 많다. 보육교사는 작고 어린 영유아를 독립된 하나의 인격체로 바라보고, 그들을 존중하려는 노력을 끊임없이 기울여야 한다. 자칫 잘못하다가는 영유아들을 힘으로 제압하거나 신체적으로 함부로 다루게 되는 함정에 빠지기 쉽다. 그러므로 이에 대한 실제적 지침을 제공하는 교직윤리가 반드시 필요하다.

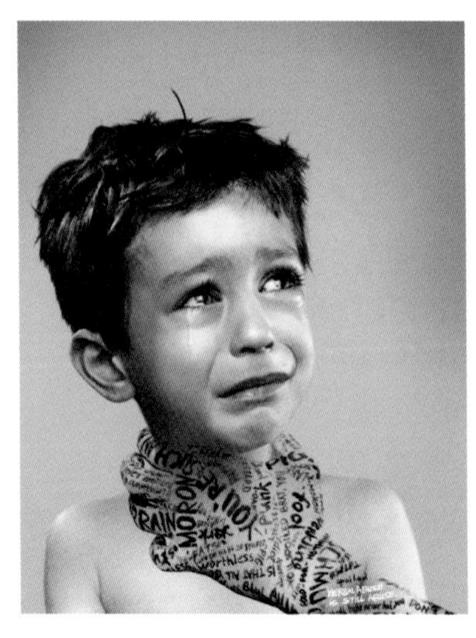

[그림 13-2] 언어학대 예방 캠페인 사진
출처: www.juvenile.org

둘째, 보육현장은 일상생활과 교육이 분리될 수 없는 곳이다. 교육 시간과 쉬는 시간, 놀이 시간이 분리되지 않을뿐더러 보육실이 교실, 놀이터, 화장실(기저귀를 가는 영아의 경우), 식당 등 다양한 용도로 사용되는 경우도 있어서 공간의 분리도 불가능한 경우가 많다. 이러한 이유로 보육교사는 학교 교사와 달리 수많은 역할을 수행해야 한다.

그리고 이러한 다양한 역할수행은 보육교사가 교사, 양육자, 엄마, 놀이 상대자 등의 다양한 역할 속에서 혼란을 느끼게 할 수 있다. 교사의 역할이 어디까지인지, 교사의 역할 중에서 가장 우선시되는 것은 무엇인지에 대한 기준이 필요하다.

셋째, 영유아 보육과정은 영유아의 흥미나 경험, 상황과 과정에 따라 변화할 수 있다. 영유아 보육과정은 영유아의 사전경험이나 흥미, 영유아의 신체 및 정서 상태 등 다양한 요소에 따라 축소되거나 확장될 수 있다. 그러므로 보육교사는 끊임없이 의사결정을 해야 하는 상황에 놓이게 된다. 학교교육과 달리 보육현장에는 교과서가 있는 것이 아니므로, 교사가 보육과정과 보육목표에 대한 명확한 지침을 가지고 있지 않으면 중요한 보육내용을 놓칠 수 있다. 보육교사의 가치와 의사결정에 도움을 줄 수 있는 윤리적인 지침이 필요하다.

넷째, 영유아의 보육은 다양한 사람과의 관계 속에서 이루어진다. 영유아를 보육하는 것은 보육교사 한 명이 아니다. 영유아의 보육과 관련하여 일차적으로 가장 많은 상호작용이 이루어지는 것은 물론 영유아의 부모이지만, 영유아의 보육은 교사, 어린이집, 지역사회, 제도 등 다양한 요인들에 영향을 받는다. 각각의 요인들은 보육에 긍정적인 영향을 미치기도 하지만, 각 요인들의 요구와 이익이 달라서 충돌하게 되는 경우도 있다. 이로 인해 보육교사는 다양한 딜레마 상황에 빠지게 되고, 각 대상들의 의견과 이익을 고려하고 절충하는 역할을 해야 하는 경우가 있다.

이와 같은 보육의 특수성으로 인하여 보육교사에게는 구체적인 윤리적 기준, 윤리강령이 필요하다. 보육교사의 윤리강령은 보육교사가 부적합하고 부도덕적인 활동을 하지 않도록 하는 기준을 제시하며, 올바른 판단을 내릴 수 있도록 한다. 다음은 우리나라 보육교사의 윤리 선언문이다. 보육인 윤리 선언문은 앞서 보육의 특수성에서 살펴보았던 네 가지 내용과 관련하여 영유아, 영유아의 가정(부모), 동료, 사회적 책임에 대한 윤리를 제시하고 있다.

보육인 윤리 선언

나는 영유아의 건강한 성장과 발달을 지원하는 보육교사(원장)로서, 직무상의 윤리적 책임을 다하여 다음 사항들을 지킬 것을 다짐합니다.

1. 나는 내가 영유아에게 지대한 영향을 미치는 존재임을 잊지 않으며, 항상 스스로의 말과 행동에 신중을 기한다.
1. 나는 영유아의 인격과 권리를 존중하며, 어떠한 경우에도 영유아에게 해가 되는 일을 하지 않는다.
1. 나는 영유아 가정의 다양성을 이해하고 존중하며, 상호 신뢰하는 동반자적 관계를 유지한다.
1. 나는 동료를 존중하고 지지하며, 서로 협력하여 최상의 보육서비스를 제공하기 위해 노력한다.
1. 나는 보육의 사회적 책임과 역할을 인식하고, 영유아의 권익과 복지를 위한 활동에 앞장선다.
1. 나는 「어린이집 원장 · 교사 윤리강령」을 직무수행의 도덕적 규준으로 삼아 진심을 다하여 충실히 이행한다.

▣ 활동

다음의 딜레마 상황에서 여러분은 어떻게 하겠습니까? 조별로 토론해 봅시다.

• 딜레마 1: 편식과 급식지도

"우리 반의 혜성이(3세)는 어린이집에서 급식을 먹는 것을 힘들어합니다. 편식을 하기 때문입니다. 혜성이는 처음 접하는 음식뿐만 아니라 김치, 버섯, 나물 등의 다양한 채소류를 먹으려고 하지 않습니다. 오징어, 조개 등의 해산물도 싫어합니다. 혜성이는 마른 체격이고 체구도 또래에 비해 작은 편이지만, 과일, 두부, 계란 등을 잘 먹어서 영양 섭취에 큰 문제는 없습니다. 혜성이는 친구들과 잘 지내고, 어린이집에서 지켜야 하는 규칙들도 잘 지킵니다. 그런데 밥 먹는 것 때문에 어린이집에 오기를 싫어하고, 급식 시간에 많은 스트레스를 받습니다. 혜성이를 어떻게 지도해야 할까요?"

어린이집에서는 혜성이가 편식을 하지 못하도록 지도해야 하며, 다양한 음식을 먹여야 한다. 어린이집에서부터 올바른 식습관을 지도할 필요가 있다. 혜성이가 힘들어 하더라도 급식지도를 해야 한다.

혜성이는 기질적으로 새로운 것을 두려워하며, 꼭꼭 씹는 것을 아직 어려워한다. 음식을 먹는 것은 결국 본인의 선택이며, 나이가 들수록 많은 음식을 먹게 될 것이다. 어른들도 싫어하는 음식이 있지 않은가? 영유아에게 무조건 싫어하는 음식을 먹이는 것은 영유아의 인권을 침해하는 측면이 있다. 혜성이도 선생님도 스트레스를 받는 급식지도는 바람직하지 않다. 건강에 매우 해로운 영향을 미치지 않는 이상 영유아의 음식에 대한 선호를 존중할 필요가 있다.

당신의 선택과 그 이유는?

• 딜레마 2: 영아의 낮잠과 직장맘 엄마의 요청

린이는 만 2세입니다. 우리 반 영아들은 어린이집에서 당연히 낮잠을 잡니다. 보통 1시간 정도 낮잠을 자는데, 린이는 한번 잠이 들면 1시간의 낮잠이 부족해서 더 잠을 자는 경우가 많습니다. 린이의 엄마는 직장에 다니는 워킹맘입니다. 린이의 엄마는 린이가 어린이집에서 낮잠을 자고 오면 밤에 잠을 늦게까지 자지 않아 힘들다며 린이를 어린이집에서 재우지 말라고 합니다. 이 시기의 아이들 대부분은 아직 낮잠이 필요합니다. 하지만 린이 엄마는 린이가 밤늦게까지 잠을 자지 않으면 린이의 동생도 잠을 자지 못해 너무 힘들다며 호소합니다. 린이를 어떻게 지도해야 할까요?

영아의 발달을 위해서도 낮잠은 반드시 필요하다. 낮잠시간은 어린이집에서 이미 정해진 하루의 일과 중 하나이다. 린이 엄마의 개인적인 사정까지 들어주기에는 보육교사인 나도 힘이 든다. 린이가 한번 잠이 들면 오래 잠을 자기는 하지만, 그것은 어쩔 수 없는 일이다.

낮잠 시간에 어차피 잠을 자지 않는 영아들이 일부 있기 때문에, 린이를 재우지 않고 다른 영아들과 놀이를 하도록 하는 것이 좋을 것 같다. 보육교사는 보육서비스를 제공해 주는 것이 의무이므로 불가능하지 않다면 최대한 가정의 요구를 충족시켜 주어야 한다.

당신의 선택과 그 이유는?

2) 교직윤리와 영유아의 인권

보육교사는 영유아의 인권을 적극적으로 보호하고 아동의 권리를 증진시켜야 한다. 영유아의 인권을 보호하는 일은 보육교사가 교직윤리를 지키는 일과 맞닿아 있다고 볼 수 있다. 실제 영유아의 인권에 대한 「아동권리협약」은 보육교사가 영유아에게 지켜야 하는 교직윤리와 다르지 않다.

인권이란 인간의 가장 기본적인 권리로, 인간이 인간이라는 종에 속한다는 이유만으로 가지는 권리를 의미한다. 인권은 성, 인종, 국적, 경제적 배경을 가리지 않고 누구나가 평등하게 가지는 권리이다(Ishay, 2004; 이성옥, 2015). 인권은 시민적 · 정치적 · 사회적 · 경제적 · 문화적 권리 등 다양하게 분류되지만, 영유아의 인권은 주로 생명권과 보호권을 중심으로 논의된다.

1989년 유엔총회는 「유엔아동권리협약」을 만장일치로 채택하였으며, 오늘날 협약은 법적인 근거를 가지고 있다.

「유엔아동권리협약」 아동 4대 기본권리

- **생존권**: 적절한 생활수준을 누릴 권리, 안전한 주거지에서 살 권리, 충분한 영양 섭취, 생명 유지, 건강과 의료혜택을 받을 권리
- **보호권**: 차별, 학대, 방임, 폭력, 고문, 징집, 부당한 형사처벌, 과도한 노동, 약물과 성폭력으로부터 보호받을 권리
- **발달권**: 교육받을 권리, 여가를 즐길 권리, 문화생활과 정보를 얻을 권리, 생각과 양심과 종교의 자유를 누릴 권리
- **참여권**: 자신의 삶에 영향을 주는 문제들에 대한 발언권과 의사를 자유롭게 표현할 수 있는 권리

우리나라의 경우 「아동권리협약」은 「영유아보육법」에 반영되었으며, 2004년 「영유아보육법」의 보육이념 조항은 아동의 권리를 명시하고 있다. 신체의 자유와 안전에 대한 권리, 비인간적이거나 모욕적인 처우와 처벌의 금지, 사생활 및 가족생활을 보호받

을 권리 등의 시민적 권리에서 한 발 더 나아가, 「아동권리협약」은 네 가지의 일반원칙을 제시하고 있다. 아동최선의 이익 우선 원칙, 비차별 원칙, 생존 · 보호 · 발달의 원칙, 아동의 의사존중의 원칙이 그것이다.

아동최선의 이익 우선 원칙은 아동에 관한 모든 활동에 아동의 이익이 최우선적으로 고려되어야 한다는 원칙을 의미한다. 아동에 관한 모든 활동에서 아동을 둘러싼 그 어떤 대상의 이익보다 아동의 이익이 최우선이다. 부모나 보육교사, 보육기관의 편의나 이익이 아동의 이익에 반하는 경우, 보육교사는 아동의 이익을 우선적으로 고려하여야 한다. 비차별 원칙은 아동의 성별, 인종, 종교, 장애 등 어떤 이유에서도 아동을 차별해서는 안 된다는 원칙을 말한다. 생존 · 보호 · 발달의 원칙은 영유아가 안전하고 건강한 환경에서 보호받으면서 생활하고, 최적의 발달을 위해 발달적으로 적합한 교육경험과 교육환경을 제공받아야 한다는 것을 의미한다. 아동의 의사존중의 원칙 역시 아동에 관한 모든 활동에서 아동의 의사를 존중하고 고려해야 한다는 원칙으로, 성인은 아동의 의견을 들어 주어야 할 책임이 있다. 「아동권리협약」은 가족과 동거할 권리, 양육받을 권리, 휴식과 여가 및 문화 활동을 할 권리 등에 대한 내용도 담고 있어서, 아동의 권리에 대한 포괄적인 지침을 제시하고 있다.

다음에 제시할 우리나라의 보육교사 윤리강령은 「아동권리협약」과 「영유아보육법」의 보육이념에 뿌리를 두고 영유아에 대한 윤리를 논의하고 있다.

3) 우리나라의 보육교사 윤리강령

우리나라의 보육교사 윤리강령은 2010년 한국보육시설연합회와 육아정책연구소(김은설, 박수연, 2010)가 공동으로 개발하였다. 어린이집 원장 · 교사 윤리강령은 전문직종으로서 어린이집 원장과 보육교사가 지켜야 할 윤리강령의 기틀을 마련하고 윤리의식을 제고하며, 행동의 기준으로 삼을 수 있는 제언을 제공하는 것을 목적으로 하였다. 보육교사 윤리강령은 보육교사가 해야 하는 다양한 역할에 기반을 두어 영유아에게 지켜야 하는 윤리, 가정에 지켜야 하는 윤리, 동료로서 지켜야 하는 윤리, 사회에 대해 지켜야 하는 윤리를 제시하고 있다. 여기에서는 우리나라의 보육교사 윤리강령인 어린이집 원장 · 교사 윤리강령을 자세히 살펴본다.

어린이집 원장 · 교사 윤리강령

보육은 영유아를 건강하게 양육하고, 안전하게 보호하며, 발달특성에 적합한 교육을 제공하는 복지서비스이며, 보육인은 사랑과 존중과 전문지식을 바탕으로 영유아의 전인적 성장에 영향을 미치는 전문직업인이다. 그러므로 보육인은 윤리적 의식과 태도를 가지고 사회적 본분에 임해야 한다. 이에 어린이집 원장과 보육교사는 스스로 책무성을 발현하여 윤리강령을 제정함을 밝힌다. 본 강령을 직무수행의 규준으로 삼아, 보육현장에서 발생하는 윤리적 갈등을 해결하고, 생존권, 보호권, 발달권, 참여권 등 영유아의 권리를 보장함으로써, 직무상의 윤리적 책임을 다하여 전문직업인으로서의 위상을 공고히 하고자 한다.

더불어 영유아와 그 가정, 동료와 사회의 존엄성을 존중하는 보육의 실천으로 다각적인 신뢰를 구축하고, 영유아의 잠재력을 최대한 발휘시킴으로써 영유아가 긍정적인 자아개념을 형성하고 유능한 사회인으로 성장할 수 있도록 도와, 궁극적으로는 영유아와 그 가정, 동료와 사회의 통합적 · 이상적 복지 실현에 기여하고자 한다.

(1) 영유아에 대한 윤리

보육교사의 교직윤리 중 가장 중요한 윤리는 영유아에 대한 윤리이다. 영유아에 대한 윤리는 그 어떤 윤리보다 우위에 있으며, 영유아에 대한 윤리와 다른 관계(가정, 동료, 사회)와의 윤리가 충돌하는 경우 원칙적으로 영유아에 대한 윤리를 가장 먼저 고려해야 할 필요가 있다. 보육교사는 각 관계의 윤리가 충돌하는 경우라도, 영유아에 대한 윤리를 최우선으로 두는 것이 궁극적으로는 다른 관계와의 윤리에도 이익이 된다는 것을 명심해야 한다.

제1장 영유아에 대한 윤리

1. 영유아에게 고른 영양과 충분한 휴식을 제공하여, 몸과 마음이 건강한 사람으로 자라도록 돕는다.
2. 성별, 지역, 종교, 인종, 장애 등 어떤 이유에서도 영유아를 차별하지 않고, 공평한 기회를 제공한다.

3. 영유아는 다치기 쉬운 존재임을 인식하여 항상 안전하게 보호한다.
4. 영유아에 대한 정서적 · 언어적 · 신체적 학대를 행하지 않는다.
5. 시설 내외에서의 영유아 학대나 방임을 민감하게 관찰하며, 필요한 경우 관련 기관 ("아동보호 전문기관" 등)에 보고하고 조치를 취한다.
6. 영유아의 인격을 존중하고, 개인의 잠재력과 개성을 인정한다.
7. 개별적 상호작용 속에서 영유아의 요구를 수용하기 위해 노력한다.
8. 영유아의 사회 · 정서 · 인지 · 신체 발달을 통합적으로 지원하는 보육프로그램을 실시한다.
9. 특별한 도움을 필요로 하는 경우, 전문가와 협력하여 영유아의 입장에서 최선의 대안을 찾는다.
10. 보육활동을 계획, 실행, 평가하는 모든 과정에 영유아의 흥미와 의사를 반영한다.
11. 영유아의 개인적 기록과 정보에 대해 비밀을 보장한다.

보육교사의 가장 큰 책무는 영유아가 몸과 마음이 건강한 사람으로 자라도록 돕는 것이며, 그 어떤 경우에라도 보육교사는 영유아의 몸과 마음을 안전하게 보호하고 영유아의 요구를 최대한 수용해야 한다. 영유아의 '안전'은 영유아에 대한 윤리에서도 가장 중요한 가치이다. 우리나라의 윤리강령 중 '영유아에 대한 윤리'에서 1~5번에 해당하는 내용이 안전에 대한 것이다. 이는 미국 유아교육협회(National Association for the Education of Young Children: NAEYC)의 윤리강령에서도 강조되는 내용으로, "절대로 영유아에게 해롭게 하지 않는다."는 것이 미국 보육교사의 첫 번째 윤리적 책임이다.

[그림 13-3] 미국 NAEYC 로고
출처: 미국 유아교육협회(www.naeyc.org)

영유아의 안전은 좁은 범위에서는 신체적 안전을 의미한다. 영유아에게 위험하거나 신체적으로 위해를 가하는 환경은 절대 허용될 수 없다. 적절한 신체적 발달을 위해서 고른 영양과 충분한 휴식을 제공하는 것도 매우 중요하다. 보육교사는 영유아가 보육시설 이외의 공간에서 학대나 방임을 당하지 않는지를 확인하고 이를 보고할 의무가 있는 아동학대 신고의무자이다. 보육교사는 영유아의 신체적 안전과 함께 심리적 안전까지 고려해야 한다. 영유아에게 언어적 학대나 정서적 학대를 행하지 않도록 주의하

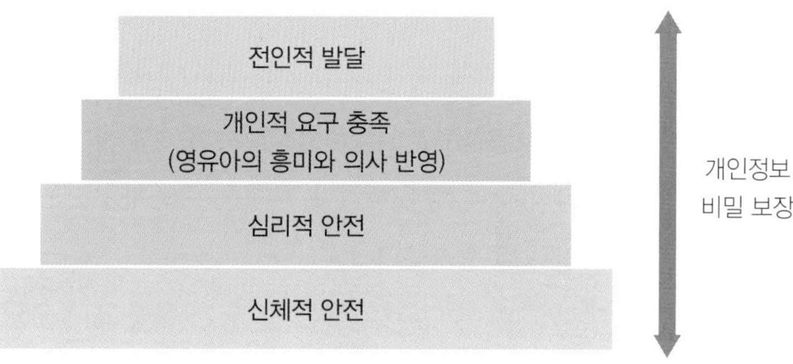

[그림 13-4] 보육교사가 영유아에게 지켜야 할 윤리

고, 영유아의 정서적 발달을 위협하는 요소가 없는지 확인할 필요가 있다. 더불어 보육교사는 영유아가 최적의 발달을 이룰 수 있도록 영유아의 잠재력과 개성을 인정하고, 영유아의 흥미와 의사를 보육활동에 반영해야 하는 윤리적 책임이 있다. 보육의 궁극적 목적은 영유아가 전인적인 발달을 이루도록 하는 것이기 때문에 보육교사는 영유아 개개인의 필요와 요구를 수용하고 최적의 발달을 도모하는 역할을 해야 한다.

[그림 13-4]는 영유아에 대한 윤리, 보육교사가 고려해야 할 책임을 순서대로 나열한 것이다. 보육교사는 가장 기본이 되는 영유아의 신체적 안전과 심리적 안전을 확보하고, 영유아의 개인적 요구를 충족하여 궁극적으로는 영유아가 전인적 발달을 이룰 수 있도록 노력해야 한다. 이와 함께 보육교사는 영유아의 개인정보에 대해 비밀을 보장해야 할 윤리적 책임이 있다.

(2) 가정에 대한 윤리

보육교사는 영유아의 가정과 부모, 양육자에 대한 윤리를 지켜야 한다. 보육교사는 영유아의 가정과 돈독하고 긴밀한 관계를 갖고, 영유아의 성장을 위해 도움을 주고받아야 한다. 가정의 경제적 수준이나 가족형태, 가정의 특성 등 그 어떤 것에 의해서도 영유아의 가정을 차별 대우해서는 안 된다. 보육교사는 불안정한 가정의 영유아에게는

[그림 13-5] 교사와 가정의 동반자적 관계

출처: Canisius Colledge(https://www.canisius.edu/).

중요한 애착의 대상이 될 수 있기 때문에, 불안정한 가정의 영유아에게 많은 관심과 사랑을 가질 필요가 있다. 가정에 대한 윤리는 단순히 영유아의 부모 및 양육자와 좋은 관계를 유지하고 영유아의 가정을 차별하지 않는 것만을 의미하지 않는다. 보육교사는 각각의 영유아 가정이 갖는 양육가치나 결정을 존중하고, 주요한 의사결정에 가정이 참여할 수 있도록 안내를 제공해야 한다.

이와 함께 가정에 대한 윤리 중 간과해서는 안 되는 부분이 정보의 제공에 대한 것이다. 보육교사는 자녀에 대한 정보뿐만 아니라 보육활동, 시설의 운영, 사회적 지원에 관한 정보를 공개하고 제공해야 한다. 자녀에게 어떠한 일이 있었는지, 보육시간 중에 어떠한 보육활동을 했는지, 보육시설은 어떻게 운영되고 있는지, 가정에서 이용할 수 있는 사회적 지원은 무엇인지 등 다양한 정보를 제공하여 영유아 가정의 알 권리와 복리를 증진할 필요가 있다. 가정의 정보와 사생활을 보호하는 것 역시 보육교사에게 요구되는 윤리이다.

제II장 가정에 대한 윤리

1. 상호 신뢰를 바탕으로 영유아의 가정과 동반자적인 관계를 유지한다.
2. 각 가정의 양육가치와 의사결정을 존중한다.
3. 경제적 수준, 가족형태, 지역, 문화, 관습, 종교, 언어 등 어떤 것에 의해서도 영유아의 가정을 차별 대우하지 않는다.
4. 보육활동 및 발달상황에 관한 정보를 정확하게 제공하여 영유아에 대한 가정의 이해를 돕는다. 다문화, 심신장애 등으로 의사소통에 도움이 필요한 경우 문제를 해결할 최선의 방법을 도모한다.
5. 시설 운영 전반에 관한 정보를 공개하여 영유아 가정의 알 권리에 응한다.
6. 보육프로그램과 주요 의사결정에 영유아의 가정이 참여하도록 안내한다.
7. 필요한 사회적 지원, 전문서비스 등 관련 정보를 제공하여 영유아 가정의 복리 증진을 돕는다.
8. 영유아 가정의 사생활을 보호하고 익명성을 보장한다.

(3) 동료에 대한 윤리

동료에 대한 윤리는 보육교사가 동등한 직급의 보육교사에게 지켜야 하는 윤리와 함께, 어린이집의 원장이 보육교사에게 지켜야 하는 윤리를 포함한다. 어린이집의 원장은 최상의 보육서비스를 위한 환경을 조성하기 위해 노력하고, 보육교사에게 적정한 수준의 보상과 복지를 제공하기 위해 힘써야 한다. 보육교사를 차별하지 않으며 보육교사의 개인정보를 보호해야 한다.

한편, 보육교사는 동료와 신뢰 있는 관계를 유지하며 협력하고, 스스로의 전문성 향상을 위해 힘써야 한다. 시설 내에서 보육교사와 영유아에게 비윤리적인 사태가 일어나는 경우 적절한 조치를 취하는 것 역시 보육교사가 지켜야 하는 윤리 중 하나이다.

제Ⅲ장 동료에 대한 윤리

어린이집 원장

1. 최상의 보육서비스 제공에 필요한 인적 · 물적 환경의 조성 및 유지를 위해 노력한다.
2. 보육교사를 신뢰하고 존중하며 전문성과 자율성을 인정한다.
3. 성별, 학연, 지연, 인종, 종교 등에 따라 보육교사를 차별하지 않는다.
4. 업무 관련 의사결정이 필요한 경우, 보육교사의 의견 개진 기회를 보장한다.
5. 보육교사에게 지속적 재교육 등 전문적 역량 제고의 기회를 부여한다.
6. 보육교사에게 적정 수준의 보상(보험, 급여 등)을 안정적으로 제공하며, 복지증진에 힘쓴다.
7. 보육교사 개인의 기록과 정보에 대한 비밀을 보장한다.

보육교사

1. 존중과 신뢰를 바탕으로 협력하며, 서로의 전문성과 자율성을 인정한다.
2. 상호 간 역량계발과 복지증진에 부합하는 근무환경이 되도록 힘쓴다.
3. 원장 및 동료와 영유아보육에 대한 신념을 공유한다.
4. 보육교사로서의 전문성 향상을 위해 스스로 노력한다.
5. 시설 내에서 영유아 및 보육교사의 인권과 복지를 위협하는 비윤리적 사태가 발생한 경우, 법률 규정이나 윤리기준("한국어린이집총연합회 윤리강령위원회" 참조)에 따라 조치를 취한다.

(4) 사회에 대한 윤리

어린이집은 국민의 세금으로 영유아의 보육비를 지원받는 공공의 성격을 지닌 기관이다. 그러므로 보육교사와 어린이집의 직원들은 공공의 이익을 위해 노력해야 하며, 공적인 책임을 다해야 한다. 더불어 영유아는 자신이 당하는 불이익이나 권리 침해를 표현하기 어렵고, 성인에 비해 스스로를 보호할 수 있는 기술이 부족하다. 그러므로 보육교사는 영유아의 안전이나 권익을 보호하기 위해 영유아 대신 의견을 제시하고, 영유아를 위한 정책 결정 등에 적극적으로 참여해야 한다.

제Ⅳ장 사회에 대한 윤리

1. 공보육에 대한 책임을 인식하고, 항상 질 좋은 보육서비스를 제공한다.
2. 영유아의 안전을 위협하는 환경이나 정책이 발견될 시, 관계기관과 협의하여 개선한다.
3. 공적 책임이 있는 시설로서 재정의 투명성을 유지하고, 부정한 방법으로 사적 이익을 취하지 않는다.
4. 영유아의 권익보호를 위해 관련 정책 결정 및 법률 제정에 적극 참여하며, 사회적으로 이를 널리 알리는 데 앞장선다.
5. 지역사회 실정에 맞는 시설의 책임과 역할을 인지하고, 실천하고자 노력한다.

3. 세계 여러 나라의 보육종사자 윤리강령

유엔총회의 「유엔아동권리협약」 제정 이후, 각국은 보육종사자의 윤리강령을 제정하였다. 보육종사자의 윤리강령을 가장 먼저 제정한 나라는 미국으로, 1989년에 윤리강령을 제정하였다. 캐나다와 호주도 2000년과 2003년에 윤리강령을 제정하였으며, 영국 역시 보육 관련 기구에서 시설 및 지역별로 아동 관련 종사자의 윤리강령을 제시하고 있다. 사실 각국의 보육종사자 윤리강령은 유사한 내용을 담고 있다. 윤리강령이 영유아, 가족, 동료, 사회를 대상으로 구분되어 있는지, 각 윤리강령이 우선순위에 두

는 것은 무엇인지에 따라 약간의 차이가 있을 뿐이다.

특히 각국의 윤리강령은 동일한 대전제를 가지고 있는데, "영유아(아동)의 이익과 권리를 최우선에 둔다."는 것이다. 이는 어느 나라를 막론하고 보육종사자 윤리강령의 가장 중요한 원칙이 되고 있다. 보육종사자는 영유아의 이익을 보호하고, 영유아가 최적의 발달을 이룰 수 있도록 도와주어야 한다. 이와 함께 영유아의 가정을 존중하고 가정과 긴밀하게 협력하며 가정의 정보를 누설하지 않는 것도 공통적인 내용이다. 동료에 대한 윤리도 공통적인데, 동료와 지지적인 관계를 갖고 협력하여 긍정적인 근무환경을 위해 노력해야 한다. 사회적으로는 자신의 입장을 대변할 수 없는 영유아를 위해 영유아와 가족의 복지를 위한 정책과 법률 제정에 관심을 가질 필요가 있다. 호주의 보육종사자 윤리강령은 '전문가로서의 내 자신에 대한 윤리' 항목을 따로 제정하였는데, 자신의 역량과 자질을 수시로 점검하고 재교육을 받으며, 동료의 자문을 받을 것을 강조하고 있다. 이러한 각국의 윤리강령은 궁극적으로 '아동을 위한 최적의 환경'을 마련하는 것을 목표로 한다고 볼 수 있다.

한편, 미국의 보육교사 윤리강령은 이상(ideals)과 원칙(principles)을 나누어서 제시하고 있는데, 이 교재에서는 원칙에 대한 내용만을 담기로 한다. 이상은 다소 추상적으로 보육교사가 나아가야 할 전문적이고 바람직한 방향을 알려 주고 있으며, 우리나라의 보육교사 윤리강령과 크게 다르지 않기 때문이다. 미국의 보육교사 윤리강령의 원칙은 이상을 달성하기 위해 요구되거나 금지되는 실천적이고 구체적인 지침을 제시하고 있다. 미래의 보육교사가 될 여러분이 다음에 제시되는 실제적인 원칙을 항상 염두에 두고 잊지 않기를 바란다.

표 13-1 NAEYC의 보육교사 윤리강령

구분	세부 내용
영유아에 대한 윤리적 책임	1. 가장 중요한 원칙은 영유아에게 해가 되지 않는 것. 영유아를 정서적·신체적으로 해롭게 하거나 위협하지 말 것. 이 원칙은 윤리강령의 모든 원칙 중 가장 중요한 원칙임 2. 긍정적인 최적의 환경을 제공할 것 3. 어떤 이유로도 영유아를 차별하지 말고, 영유아에 대한 결정을 할 때는 모든 정보를 고려하여 심사숙고할 것 4. 개별 영유아를 위한 교수학습 전략 및 환경을 준비할 것 5. 학대나 방임을 발견하면 적절한 방법으로 조치할 것 6. 영유아가 위험에 처한 경우 영유아를 보호하거나 부모에게 전할 것
가족에 대한 윤리적 책임	1. 가족에게 보육실 접근을 허용할 것 2. 기관의 철학, 보육과정, 정책 등을 알리고 정책 결정에 참여시킬 것 3. 가족의 언어와 이해 수준에 맞추어 상호작용할 것 4. 영유아 평가 정보를 비밀로 할 것 5. 영유아 포함 연구가 진행될 때 가족에게 알릴 것 6. 가족의 사생활을 비밀로 보장할 것 7. 가족의 갈등이 있을 경우, 영유아 정보를 공유하고 당사자들의 결정을 도울 것
동료에 대한 윤리적 책임	〈동료에 대한 윤리적 책임〉 1. 동료를 비난하지 말 것 2. 동료의 행동에 대한 견해를 표현할 때, 동료를 존중하며 다양성을 인정하는 태도를 취하고 신중할 것 3. 동료를 차별하지 말 것 〈원장에 대한 윤리적 책임〉 1. 어린이집의 정책을 준수하고 영유아 보호를 위한 법과 정책을 준수할 것 2. 영유아의 복지를 위협하는 동료의 행동은 우선 동료에게 문제를 제기하고, 개선이 안 되는 경우 상사나 기관에 보고할 것 3. 어린이집의 환경에 문제가 있는 경우, 원장이나 다른 적절한 기관에 알릴 것
지역사회에 대한 윤리적 책임	1. 어린이집의 특성을 공개하고 정확한 정보를 알릴 것 2. 전문적이고 인성이 바른 교사를 채용하며 부적격인 교사를 채용하지 말 것 3. 영유아 보호에 대한 법률과 규정을 숙지하고 준수할 것. 위반 증거가 있을 때는 적절한 기관에 보고할 것 4. 영유아에게 해가 되는 정책을 바꾸기 위해 집단적으로 노력할 것 5. 영유아 복지서비스를 주시하고 학대 및 방임 영유아를 보호하기 위해 집단적으로 노력할 것

출처: 미국 유아교육협회(www.naeyc.org)의 'Code of Ethical Conduct' 중 일부 내용을 발췌함.

생각할 문제

1. 보육교사의 직업윤리가 지켜지지 않는 상황(보육교사의 아동학대 등)을 유발하는 요인들이 있다면, 무엇이 있을까요?

2. 보육교사 직업윤리 위배 상황을 유발하는 요인들을 적어 보고, 각자 순위를 매겨 봅시다.

3. 이러한 상황을 해결하기 위해 우리가 할 수 있는 일은 무엇일지 생각해 봅시다.

참고문헌

국립국어원(2016). **표준국어대사전**. 서울: 국립국어원.

김기태, 조평호(2003). **미래지향적 교사론**. 경기: 교육과학사.

김은설, 박수연(2010). 보육 시설장, 교사 윤리강령 개발 연구. 서울: 육아정책연구소.

김정기, 김영우(2003). **21세기의 직업윤리**. 서울: 학문사.

양복만, 문승태(2007). 교사들의 직업윤리 척도 개발 및 타당화 연구. **진로교육연구**, 20(4), 103-119.

양소영, 김남숙(2020). 공무원 직업윤리의식과 조직몰입의 관계에서 직업전문성의 매개효과. **한국콘텐츠학회논문지**, 20(2), 678-688.

이성옥(2015). 참여권의 재해석에 기초한 보육현장의 영유아 청문권. 서울대학교 대학원 박사학위논문.

이완정(2005). 보육시설 영유아의 권리보호를 위한 각국의 보육종사자 윤리강령 연구. **아동권리연구**, 9(4), 789-816.

Ishay, M. (2004). *History of human rights: From ancient times to the globalization era*. 조효제 역(2006). **세계인권사상사**. 서울: 길.

Richardson, V. (1996). The role of attitudes and beliefs in learning to teach. In J. Sikula, T. J. Buttery, & E. Guyton (Eds.), *Handbook of research on teacher education* (2nd ed., pp. 102-119). New York, NY: MacMillian.

Robert, B. D. (1991). *Public administration: An action orientation*. Pacific Grove, California: Brooks/Cole Publishing Company.

미국 유아교육협회(NAEYC). www.naeyc.org

아동권리보장원. http://korea1391.go.kr

Canisius College. https://www.canisius.edu/

찾아보기

인명

내용

저자 소개

최인숙(Choi Insuk)
서울대학교 아동가족학과 아동학 전공 박사
현 원광대학교 가족아동복지학과 교수

김혜라(Kim Hera)
서울대학교 아동가족학과 아동학 전공 박사
현 대덕대학교 유아교육과 교수

이정현(Lee Jeong Hyeon)
서울대학교 아동가족학과 아동학 전공 박사
현 한국외국어대학교 교양학부 강사

장유진(Jang Yu Jin)
서울대학교 아동가족학과 아동학 전공 박사
현 가천대학교 유아교육학과 교수

채진영(Chae Jin Young)
서울대학교 아동가족학과 아동학 전공 박사
현 부산대학교 유아교육과 교수

최은정(Choi Eun Jung)
서울대학교 아동가족학과 아동학 전공 박사
현 캐나다 The Hospital for Sick Children 연구원

보육교사 인성론

The Character and Virtues of Childcare Teachers

2022년 2월 25일 1판 1쇄 인쇄
2022년 3월 1일 1판 1쇄 발행

지은이 • 최인숙 · 김혜라 · 이정현 · 장유진 · 채진영 · 최은정
펴낸이 • 김진환
펴낸곳 • ㈜학지사
04031 서울특별시 마포구 양화로 15길 20 마인드월드빌딩
대표전화 • 02-330-5114 팩스 • 02-324-2345
등록번호 • 제313-2006-000265호

홈페이지 • http://www.hakjisa.co.kr
페이스북 • https://www.facebook.com/hakjisabook

ISBN 978-89-997-2584-5 93370

정가 20,000원